Ruth Barnett

NATIONALITÄT: STAATENLOS

Studien und Dokumente zur Holocaust- und Lagerliteratur, Band 3

Herausgegeben für die Arbeitsstelle Holocaustliteratur und die Ernst-Ludwig Chambré-Stiftung zu Lich von Sascha Feuchert, Klaus Konrad-Leder (†), Markus Roth und Kristine Tromsdorf

Ohne die Opfer und Überlebenden der Verfolgung und ihre Zeugnisse bliebe vieles im Dunkeln und hätten wir nur ein sehr viel einseitigeres Bild vom Holocaust. Die Zeitzeugen haben in den letzten Jahrzehnten eine enorme Rolle in der öffentlichen Erinnerung, im Gedenken und vor allem auch in der Bildungsarbeit gespielt. Die Epoche der Zeitzeugenschaft des Holocaust aber neigt sich dem Ende zu. Die vielfältigen Zeugnisse der Ermordeten wie der Überlebenden jedoch bleiben. Ihnen – den Tagebüchern und Erinnerungen, den Romanen und Erzählungen, der Lyrik und den Dramen – und ihrer Erforschung sollen die „Studien und Dokumente zur Holocaust- und Lagerliteratur" auch in Zukunft ein Forum bieten. Hier sollen wichtige Texte, auch in Übersetzung, geboten werden, damit sie gerade in schulischen und universitären Zusammenhängen eine Rolle spielen können.

Die Herausgeber:
Sascha Feuchert und Markus Roth
Arbeitsstelle Holocaustliteratur an der Justus-Liebig-Universität Gießen
Klaus Konrad-Leder (†) und Kristine Tromsdorf
Ernst-Ludwig Chambré-Stiftung zu Lich

Ruth Barnett

Nationalität: Staatenlos

Die Geschichte der Selbstfindung eines Kindertransportkindes

METROPOL

Erstveröffentlichung unter dem Titel „Person of No Nationality“
by David Paul (2010)

Übersetzung: Lukas Guske

Mit Beiträgen von Studenten und Absolventen der Fachakademie für Übersetzen und Dolmetschen, Kempten: Florian Achberger, Dominique Belleda, Fabienne Bartelt, Monika Berchtold, Sarah Engstler, Markus Hörmann, Alexander Kämpf, Wiebke Klein, Vera Kudrin, Nadine Lanzenberger, Michaela Müller, Melanie Olejak, Tatjana Prinzler, Anna Rietzler, Anna Rothärmel, Julian Schluttenhofer, Raphael Wechs und Ann-Kathrin Weißenbach.

ISBN: 978-3-86331-309-8

Metropol Verlag
Ansbacher Straße 70 · D–10777 Berlin
www.metropol-verlag.de

Druck: buchdruckerei.de, Berlin

Inhalt

Widmung

Dieses Buch ist den Kindern auf der ganzen Welt gewidmet, von denen nicht weniger als die Zukunft der Menschheit abhängt, sowie dem Gedenken an mehr als eine Million Kinder, die den Nazis zum Opfer fielen.

Im Andenken an meinen Bruder Martin und meine Schwägerin Maria, die einander innig verbunden waren und 2010 in kurzem zeitlichen Abstand starben. Martin, die Stütze meiner Kindheit, stand mir immer sehr nahe und lebt in meinem Herzen weiter. Mit seinem Kapitel in diesem Buch hat er uns gleichsam ein wertvolles Vermächtnis hinterlassen.

Zur deutschen Ausgabe

Die Familiengeschichte von Ruth Barnett ist einem breiten Publikum in Deutschland seit 2012 in groben Zügen bekannt. Seit Ursula Krechel mit ihrem Roman *Das Landgericht* seinerzeit den Deutschen Buchpreis gewann, sind ihre Leserinnen und Leser mit dem Lebensweg des jüdischen Richters Dr. Richard Kornitzer vertraut – mit der Ausgrenzung im Berlin der dreißiger Jahre, dem Exil in Kuba und der schwierigen Rückkehr nach Deutschland, wo aus den Tätern von einst die Kollegen und die Beamten geworden sind, die über Wiedergutmachungsanträge entschieden. Dieses Schicksal teilten viele derjenigen verfolgten Juden, die noch vor dem Krieg aus Deutschland entkommen konnten und die danach trotz allem dorthin zurückkehrten. Davon zeugen viele Dokumente und Forschungsarbeiten, nun auch Krechels Roman, der sich die Freiheiten nimmt, die sich Literatur nehmen darf. Entstanden ist so eine große und bedeutende Erzählung.

Diese gelingt der Autorin aber nicht völlig losgelöst von der historischen Realität, vielmehr liegt dem Roman ein realer Fall, eine reale Lebensgeschichte zugrunde, auf die sie sich in weiten Zügen stützt, der sie eng folgt: Es ist die Geschichte von Dr. Robert und Luise Michaelis, Ruth Barnetts Eltern, die nun auch aus der Perspektive des Kindes, das Ruth damals war, nachvollzogen werden kann. Die deutsche Fassung von Ruth Barnetts Buch, das 2010, also vor Krechels Roman, in Großbritannien erschien, ist mehr als eine ‚Korrektur' einer literarischen Bearbeitung, mehr auch als eine Brücke zwischen Literatur und Geschichte. Auch deswegen haben wir auf Kommentierungen und Hinweise über Abweichungen zum Roman verzichtet. Die Erinnerungen von Ruth Barnett sind ein Zeugnis, das für sich steht und das von tief greifenden Erfahrungen eines kleinen Kindes und einer Jugendlichen berichtet, die auch heute noch – freilich in anderen historischen Kontexten – Kinder und Jugendliche an vielen Orten dieser Welt machen müssen: Verfolgung, Hass, Außenseitertum, Flucht, (vorübergehender) Verlust der Eltern und vieles mehr.

Ruth Barnett, die als Vierjährige kurz vor dem Krieg in einem Kindertransport nach Großbritannien entkommen konnte, versetzt sich zurück in ihre damalige Lage und versucht, aus der Sicht des Kindes, das sie war, ihre Geschichte zu erzählen, mit all den Gefühlen, die sie damals beherrschten. Entstanden ist so ein bewegendes Zeugnis vom erzwungenen Verlust und vom mühsamen und schmerzhaften Wiederfinden einer Identität. Ein Buch, das sich auch besonders an junge Leser richtet.

Die Herausgeber der deutschen Ausgabe danken herzlich der Journalistin Heidrun Helwig, die für den ersten Kontakt zwischen der Autorin und den Mitarbeitern der Arbeitsstelle Holocaustliteratur sorgte. Ebenso gilt ein großer Dank den Übersetzern um Lukas Guske sowie den Mitarbeitern der Arbeitsstelle Kristin Drenkelfuss, Jeanne Flaum, Charlotte Kitzinger, Christiane Menzel, Anna-Lena Panter, Anita-Sara Rotmann und Annika Welle.

Sascha Feuchert und Markus Roth

Vorwort

von Dr. Stephen D. Smith

Wenn je ein Buch von der Vielschichtigkeit unserer Identität gezeugt hat, von einem Leben fern der Heimat ohne Orientierungsgrößen, von der lähmenden Angst im Angesicht ständiger Ungewissheit, der Herzlosigkeit und mangelnden Fürsorge von Erwachsenen sowie der Selbstwahrnehmung, mit der bereits kleine Kinder ihre eigene Identität kategorisieren, so ist es dieses.

Auf den ersten Blick lässt die Geschichte einer Vierjährigen mit einem deutschen und einem jüdischen Elternteil, die im Zuge der Kindertransporte bei Pflegefamilien in England untergebracht wird, kaum Unwägbarkeiten erwarten; der Leser wähnt sie und sich in Sicherheit. Als Kind wusste Ruth schließlich nichts von den nationalsozialistischen Gräueltaten, und als sie älter wurde, musste sie weder durch die Hölle der Ghettos noch der Deportationen oder der Konzentrationslager gehen. Dennoch zeigt gerade diese Geschichte, welche weitreichenden und zerstörerischen Auswirkungen der Nationalsozialismus tatsächlich hatte. Denn obwohl dieses Kind, weit entfernt von dem Geschehen, in Sicherheit war und behütet aufwuchs, wurde seine Identität in den Mühlsteinen der Nazis zerrieben – auch dieses Mädchen konnte ihrem Hass nicht entkommen.

Ruth Barnett ist auf der Suche nach ihrer persönlichen Wahrheit. Es erfordert innere Kraft, sich mit unangenehmen Realitäten auseinanderzusetzen und den bösen Geistern ins Auge zu blicken, die sie seit jeher umgeben. Wenn sie über Ruthchen spricht, das kleine Mädchen, das Deutschland verlassen musste, und Ruth, das Mädchen, das während des Krieges in Großbritannien aufwuchs, ringen die beiden in ihrer Seele miteinander. Schlussendlich geht aus ihnen jedoch eine dritte Person hervor – eine gereifte Persönlichkeit, die zwar tiefe Narben aus der Vergangenheit davongetragen hat, aber voller Kraft und mit klarem Blick in der Gegenwart steht.

Obwohl sich Ruth der Fehlbarkeit des Gedächtnisses bewusst ist, zeichnet sie dennoch ein lebendiges und präzises Bild ihrer Vergangenheit. Es entfalten sich Porträts von Menschen und Orten, Erinnerungen an Pflegeheime, Schulen, Spiele, Landschaften und Streiche. Seite um Seite zeugt von ihrer inneren Zerrissenheit, von der Sehnsucht nach einer Familie, dem verzweifelten Wunsch, es allen recht zu machen, und von der Angst, wieder und wieder zurückgewiesen zu werden.

Als Psychotherapeutin versteht Ruth die komplexen psychologischen Prozesse nur zu gut, die in ihrer Kindheit abliefen und sie prägten. Sie weiß, dass sie ihre Selbsterkenntnis erst im Nachhinein erlangen konnte, und diese Tatsache ermöglicht es ihr, den Leser an ihren persönlichen Kämpfen teilhaben zu lassen, was ohne diesen einzigartigen Blickwinkel kaum möglich gewesen wäre. Sie weiß, weshalb sie der Überzeugung sein musste, dass ihre Mutter tot war. Sie weiß, weshalb sie bei den Tieren auf dem Bauernhof Trost suchte. Sie versteht, weshalb es für ein vierzehnjähriges Mädchen, das zehn Jahre fernab der deutschen ‚Heimat' verbracht hatte, unmöglich war, auf Geheiß der Eltern dorthin zurückzukehren. Und sie weiß auch, weshalb sie sich so sehr nach einer Familie sehnte und deshalb jedes Mal bitter enttäuscht war, wenn sie ein vermeintliches Licht am Horizont entdeckt hatte, das sich letztendlich wieder nur als Trugbild entpuppte.

Die Themen, auf die die Leser stoßen, umfassen Identität, Religion, Verrat, Versäumnisse der Erwachsenen, Sprache, Zugehörigkeit, Hoffnung, Angst, Vertrauen, Misstrauen, Orientierungslosigkeit, Familie, Depression und Sehnsucht nach Liebe, Sicherheit und Geborgenheit. „Kinder lassen sich nicht hinters Licht führen", konstatiert Ruth mit einer Klarheit, über die nur ein Kind verfügen kann, das sich zweifelsohne nie täuschen ließ. Aber auch wenn man sie vielleicht nicht hinters Licht geführt hat, so hat man ihr auch nicht geholfen. Obwohl sie stets von Erwachsenen umgeben war und ihr vordergründig alle zum Überleben nötige Hilfe zuteil wurde, gab es niemanden, der ihr ein Gefühl der Sicherheit und Geborgenheit vermitteln konnte.

Während der ganzen Reise durch das verwirrende Labyrinth ihrer Identität geht dem Leser eine Frage nicht mehr aus dem Sinn – wie es möglich sein kann, dass aus einem Mädchen, das so viele Rückschläge erleiden musste, eine so lebenstüchtige Frau hervorgehen konnte, die einen großen Beitrag zum Wohlergehen der eigenen Familie und anderer Menschen geleistet hat.

Vor allem aber werden Sie merken, dass Ruth Barnett immer absolut aufrichtig ist, obwohl es viele Jahre lang unvorstellbar schwierig gewesen sein muss, der Wahrheit, der sie sich mit dieser Aufrichtigkeit stellt, ins Auge zu sehen, geschweige denn, sie niederzuschreiben. Sie beschreibt ihre Gefühle genauso ehrlich wie ihre Taten und die Reaktionen anderer darauf, und sie sagt ganz offen, wer ihr zur Seite stand und half und wer nicht. Sie unternimmt nicht den Versuch, ihre eigene Orientierungslosigkeit oder Wut zu verbergen, sondern bemüht sich, ihre Gefühle deutlich zu beschreiben. Sie schreckt auch nicht vor jenen Dingen zurück, die es ihr fast unmöglich machten, sich mit ihren ersten Lebensjahren auseinanderzusetzen, obwohl sie an deren Verlauf gänzlich unschuldig war.

Auf diese Weise hilft Ruth Barnett uns, ihre leidvolle Reise zu verstehen. Sie gewährt uns Einblicke in das Seelenleben jener unzähligen Kinder, deren Geschichte wohl niemals erzählt werden wird. Sie tut das, damit es den Kindern zugute kommt, die sich heute hilfesuchend an uns Erwachsene wenden und für die es den entscheidenden Unterschied machen könnte, ob wir sie an die Hand nehmen und ihnen zur Seite stehen oder nicht.

Dr. Stephen D. Smith ist geschäftsführender Direktor des Shoah Foundation Institute an der University of Southern California. Er war Mitgründer und Vorsitzender des ersten britischen Holocaustzentrums und der regierungsunabhängigen britischen Organisation Aegis Trust, die sich weltweit dafür einsetzt, Völkermord zu verhindern. Zudem ist er Autor der Bücher „Creating Britain's First Holocaust Centre“ und „The Holocaust in the Christian World“. Für seinen Beitrag zur Vermittlung der Holocaust-Thematik an Schulen wurde ihm der britische Verdienstorden verliehen.

Danksagungen

Zuallererst möchte ich der britischen Regierung des Jahres 1938 dafür danken, dass sie mich und meinen Bruder Martin mithilfe der Kindertransporte aus den Fängen der Nazis befreit hat. Mein Dank gilt dabei auch den Quäkern für ihre finanzielle Unterstützung. Ohne diese beispiellose Rettungsaktion hätte meine Geschichte wahrscheinlich ein vorzeitiges Ende gefunden.

Ferner möchte ich mich bei all jenen bedanken, die dieses Buch erst möglich gemacht haben: bei meinen insgesamt acht Elternteilen, von denen jeder auf seine Weise maßgeblich dazu beigetragen hat, dass ich zu einem aufrechten Mitglied der Gesellschaft heranwuchs; bei den Eltern, die mir das Leben schenkten, bei meinem Bruder, der ihren Platz einnahm, als sie in Berlin zurückbleiben mussten, und bei meinen drei Pflegefamilien, die mir großzügig die Tür zu ihrem Zuhause öffneten.

Auch meinem Mann Bernard möchte ich für seine fortwährende Geduld danken, die mir dabei half, nach dem Schock und dem Gefühl des Verrats, mit dem ich die zwangsweise Rückführung nach Deutschland durchlebte, das Vertrauen in die Menschheit zurückzugewinnen. Ich möchte mich außerdem bei meinen mehr als engagierten Lehrern des Gymnasiums in Petersfield bedanken, das nun bedauerlicherweise einem Wohnblock weichen musste. Mein Dank gilt auch den Dozenten in meiner psychotherapeutischen Ausbildung, die nicht nur meine Liebe zum Lernen entfachten, sondern auch den Grundstein dafür legten, dass ich die Unterschiede, die den Menschen ausmachen, respektiere und wertschätze. Sie alle formten und prägten mich, und ohne sie gäbe es keine Geschichte zu erzählen. Natürlich möchte ich mich auch bei meinem Lektor und Verleger David Paul bedanken.

Darüber hinaus schulde ich auch all jenen Dank, die mich dazu ermutigten, das vorliegende Buch zu schreiben, und mir während des Schreibprozesses zur Seite standen – insbesondere meinem Ehemann dafür, dass er, mein Weggefährte, nie den Humor verliert, Bertha Leverton und Iris Guske für ihr Interesse an meiner persönlichen Geschichte, der großartigen Familie Smith vom Beth Shalom Holocaustzentrum in

Nottinghamshire und Tessa aus Berlin, von der ich so viel über Menschenrechte lernte.

Schließlich möchte ich auch meinen drei Kindern Dank sagen: Bruce, der Korrektur las, sowie Barry und Tania, mit denen ich wertvolle Diskussionen führte, meinen Enkeln Adele und Raphael, die mich maßgeblich inspirierten, meiner Nichte Miriam und meinen beiden Neffen Markus und Martin, meinen neun Pflegegeschwistern, den Goodrickes, Ursula, John, Susan, meiner lebenslangen Freundin Joan, Guy und den vier Haltings. Mein Dank gilt selbstverständlich auch all jenen Kindern, mit denen ich während meiner Tätigkeit als Lehrerin zu tun hatte, und dabei insbesondere den Jugendlichen, die schwierige Zeiten durchmachten. Von ihnen habe ich gelernt, die wahre Bedeutung der Kinderpsychologie zu verstehen.

Ruth Barnett im Sommer 2016

Für das Kind in uns allen

Wenn wir heranwachsen, verschwindet das Kind, das wir alle einmal waren, nicht vollständig, sondern es bleibt in unserem Gefühlsleben als Erwachsene unser ständiger Begleiter.

Viele Jahre lang schämte ich mich für das Kind, das ich einst gewesen war, und verstieß es, indem ich es in der hintersten Ecke meines Gedächtnisses wegschloss. Jedoch ist das Kind in mir, das Kind in uns allen, die Quelle unserer Kreativität, der Neugierde, der Belastbarkeit und unseres Lebenshungers. Dadurch, dass ich die Existenz dieses Kindes bestritt, war mein Ich im Erwachsenenalter nicht vollständig, und im Rückblick kann ich heute sagen, dass ich dementsprechend mein Potenzial auch nur in Ansätzen entfalten konnte.

Ich wurde 1935 geboren und besaß wie meine Eltern die deutsche Staatsbürgerschaft. Diese erkannten mir die Nazis acht Monate später jedoch im Zuge der Nürnberger Gesetze ab, weil mein Vater als Jude zur Welt gekommen war. Vier Jahre später kam ich zusammen mit meinem siebenjährigen Bruder Martin als Flüchtling nach England. Wir waren zwei von rund zehntausend Kindern, die mithilfe der Kindertransporte nach England in Sicherheit gebracht wurden. Bis zu meinem 18. Lebensjahr, in dem ich die britische Staatsbürgerschaft beantragen konnte, prangte das Wort „Staatenlos“ auf meinen Reisedokumenten. Dass ich keiner Nationalität angehörte, beraubte mich des Gefühls der Zugehörigkeit und wirkte sich nachhaltig auf mich aus.

Ich verleugnete meine deutschen Wurzeln und versuchte, die englische Wesensart besser als die Engländer selbst zu verkörpern. Verzweifelt bemühte ich mich, zu sein wie alle anderen beziehungsweise so, wie ich mir alle anderen vorstellte.

Den Namen Ruthchen, die Koseform von Ruth, assoziierte ich mit meinem ersten Ich, denn so nannten mich alle in Deutschland. In der unergründlichen, beängstigend neuen Welt, in der ich dann in England gelandet war, hatte ich jedoch das Gefühl, dass alle Ruthchen ablehnten, und so tat ich es auch. Alle nannten mich fortan Ruth – selbst Martin. Die neue Ruth wusste, dass Ruthchen von ihren Eltern von Zuhause weggeschickt worden war und dies daran gelegen haben musste, dass sie ein unsagbar böses Mädchen gewesen war. Als Ruth bemühte ich mich verzweifelt darum, als braves Kind akzeptiert zu werden.

Allerdings war das Leben als Ruth nicht einfach, denn ich lebte bei drei Pflegefamilien und in einem Heim. Zehn Jahre lang wusste ich nicht einmal mit völliger Gewissheit, ob meine Eltern noch lebten oder tot waren. Und selbst als Ruth bekam ich oft Ärger, denn es fiel mir sehr schwer herauszufinden, was die Erwachsenen genau von mir wollten. Es schien mir, als schimpften sie mich immerzu aus und wiesen mich fortwährend ab, sodass ich zu dem Schluss kam, das Kind Ruth müsse genauso böse sein wie Ruthchen.

Ich wuchs in der von Entbehrungen geprägten Nachkriegszeit auf dem Land auf, umgeben von Bauernhoftieren, Feldern und grünen Hügeln. Ich habe manches über Tiere in diesem Buch geschrieben, über Pferde, Schweine, Kühe und andere, an die ich voller Zuneigung denke, denn für ein Kind, das nur wenige Dinge sein eigen nennen konnte, hatten sie einen hohen Stellenwert. Sie waren meine Gefährten und spendeten mir Trost. Und sie waren die einzigen, die sich niemals über mich beschwerten und mich niemals ausschimpften.

Dann traten plötzlich meine Eltern wieder in mein Leben, und ich musste nach Deutschland zurück, wo ich wieder Ruthchen genannt wurde. Dennoch waren meine Eltern inzwischen für mich zu Fremden geworden. Außerdem war ich mittlerweile vierzehn Jahre alt und nicht länger das goldige vierjährige Mädchen, das um jeden Preis gefallen und geliebt werden wollte. Stattdessen war ich ein sehr verwirrter und wütender Teenager, der rein gar nichts mehr mit Ruthchen zu tun hatte und sich deshalb weigerte, Ruthchen wieder in sein Leben zu lassen. Ich ignorierte sie und schlug ihnen die Tür vor der Nase zu. Dabei sehnte ich mich die ganze Zeit danach, erwachsen zu sein, um endlich alles verstehen zu können und nicht mehr für unzureichend befunden zu werden.

Natürlich stellte sich später heraus, dass das Erwachsenenalter ganz und gar nicht dem entsprach. Lange war ich mir nicht im Klaren darüber, weshalb alles schief lief, und es war immer noch ein Kampf, Ruthchen und die Ruth aus Kindheitstagen aus meinem Gedächtnis zu verbannen.

Diese beiden Teile meiner Persönlichkeit standen sehr lange Zeit miteinander auf Kriegsfuß. Es sollte noch bis zum 50. Jahrestag des Kindertransports im Jahr 1989 dauern, an dem ich viele weitere Überlebende traf, die allesamt ihre Geschichten teilten und auch meine Geschichte hören wollten. So konnten Ruth und Ruthchen endlich Freundschaft schließen und einander akzeptieren. Dieses Buch ist das Ergebnis ihres gemeinsamen Projekts.

Bis ich mich mehr mit meinen deutschen Wurzeln beschäftigen, sie akzeptieren und erkennen konnte, dass das, was mir zugestoßen war, nicht meine Schuld gewesen war, hatte ich keine Vorstellung davon, wie maßgeblich meine Kindheit meinen Charakter beeinflusst hatte. Wenn man sich seiner Wurzeln entledigt, ist man vergleichbar mit einem Baum, der nicht mehr im Boden verankert ist. Erst als ich wieder einen Zugang zu Ruthchen und meiner deutschen Vergangenheit gefunden hatte, war ich in der Lage, meinen inneren Frieden zu finden und meine Lebensgeschichte niederzuschreiben.

Allmählich begann ich, auch das, was in meiner Kindheit gut gewesen war, zu schätzen und mich an die Momente zu erinnern, in denen ich glücklich gewesen war. Erst dann konnte ich verstehen, an welchem Punkt Ruthchen in ihrer Entwicklung stehen geblieben war und wie ich ihr dabei helfen konnte, doch weiterzuwachsen.

Ich habe das Glück, dass mein Bruder Martin in diesem Buch auch einige seiner Gedanken mit uns teilt. Weil er der Ältere von uns beiden ist, sind ihm einige Dinge anders in Erinnerung geblieben. Wir sind beide der Meinung, dass das Gedächtnis dem jeweils anderen einen Streich spielt, letzten Endes erzählen wir aber beide unsere eigene Wahrheit, und natürlich haben sich unsere Erinnerungen im Laufe der Zeit auch verändert.

In meiner Geschichte finden sich allerdings auch Lücken, denn manchmal wussten wir einfach nicht, was damals um uns herum genau vor sich ging. So war meine Mutter beispielsweise zu keiner Zeit imstande, über das zu sprechen, was in den zehn Jahren unserer Trennung passierte. Sie konnte es schlichtweg nicht ertragen, darüber zu sprechen – und wir hätten es nicht ertragen, ihre Geschichte zu hören.

Die Eltern vieler Kinder, die in Großbritannien Zuflucht gesucht hatten, wurden von den Nazis ermordet. Über ihrem Leben wird daher für immer ein schrecklicher, leiderfüllter Schatten liegen. Uns Kindertransportkindern, die überlebt haben, wird immer bewusst sein, dass mehr als eine Million Kinder auf dem europäischen Festland nicht die Chance bekamen zu fliehen, sondern umgebracht wurden. Deshalb hatte ich immer das Gefühl, meinen Platz im Kindertransport durch harte Arbeit rechtfertigen zu müssen. Auch heute ertappe ich mich noch bei dem Gedanken, dass eines jener Kinder, das nicht dieselbe Chance bekam wie ich, vielleicht ein berühmter Musiker geworden wäre oder ein Heilmittel gegen irgendeine unheilbare Krankheit entdeckt hätte, wenn es nur überlebt hätte.

Dadurch, dass ich wieder Freundschaft mit Ruthchen schließen und zulassen konnte und sie mir dabei half, die innerlich zerrissene heranwachsende Ruth zu verstehen, nahm meine Geschichte einen glücklichen Ausgang. Ich habe einen wundervollen Mann, mit dem ich im Jahr 2008 goldene Hochzeit feierte, drei großartige Kinder und zwei entzückende Enkel. Außerdem gehe ich interessanten Tätigkeiten nach, die ich genauer beschreiben werde. Dazu gehören auch Vorträge über Kindertransporte. All diese Dinge halten mich geistig fit und sorgen dafür, dass ich mein Leben genießen kann.

Meine Hoffnung ist es nun, mit meiner Geschichte einen angeregten Dialog anzustoßen. Sollte sie dazu beitragen, dass die Leser – ob nun jung oder nicht mehr ganz so jung – lernen, einander zu respektieren und zu vertrauen, die Gefühle des anderen zu verstehen und Mitgefühl zu zeigen, dann wäre dies ein Zeichen dafür, dass ich einen nicht unbeachtlichen Teil der Aufgabe, die mir von Ruth und Ruthchen gestellt wurde, erfüllt habe.

Das Leben geht weiter, und meine Geschichte ist natürlich nicht mit diesem Buch zu Ende. Seitdem es 2010 zuerst veröffentlicht wurde, ist vieles passiert, was meine Familie nachhaltig beeinflusst hat. Die Darstellung dieser neuen Entwicklungen stelle ich im Nachwort in den Mittelpunkt meiner Betrachtungen, die eng verknüpft sind mit den Büchern „Shanghai fern von wo“ (2009) und „Landgericht“ (2012) von Ursula Krechel und dem Artikel „Ankommen der Generationen“ meines Neffen Martin Bernd Michaelis in der „Frankfurter Allgemeinen Zeitung“ vom 10. Dezember 2012.

Ruth Barnett, im Dezember 2009 und im Sommer 2016

Teil I

Berlin vor dem Zweiten Weltkrieg: Mein erstes Zuhause

Kapitel 1
Meine erste Familie

Mein erstes Zuhause war Berlin. Am 23. Januar 1935 kam ich in einem Krankenhaus im Stadtteil Charlottenburg per Kaiserschnitt zur Welt, was damals eine nicht ganz ungefährliche Operation war. Nachdem mein Bruder drei Jahre zuvor auf dieselbe Weise geboren worden war, hatte ein Arzt meiner Mutter davon abgeraten, noch ein Kind zu bekommen, da ein weiterer Eingriff dieser Art zu gefährlich für sie sei. Aber meine Mutter hatte schon immer ihren eigenen Kopf, und wenn sie sich etwas vorgenommen hatte, dann setzte sie es auch in die Tat um. Hier bin ich nun also. Hätte sie auf den Arzt gehört, würde ich dieses Buch jetzt nicht schreiben und die Geschichten darin wären nie passiert.

Als ich geboren wurde, waren meine beiden Großmütter, Oma Clara und Oma Emma, noch am Leben. Ich hatte auch eine Tante, Ella, und einen Onkel, Erich, die Geschwister meiner Mutter.

Tante Ella war nie verheiratet und hatte auch keine Kinder. Zu jener Zeit war es üblich, dass ein Kind zu Hause blieb, um sich um die Eltern zu kümmern, wenn diese älter wurden und Hilfe benötigten. Da Tante Ella das älteste der drei Kinder war, fiel ihr nach dem Tod meines Großvaters die Aufgabe zu, für Oma Emma zu sorgen. Schließlich konnten sich die meisten Familien keine privaten Pflegeheime leisten und waren deshalb im Alter auf die Hilfe ihrer Kinder angewiesen.

Meine Großmutter starb erst mit über 80 Jahren, als Tante Ella schon fast 50 war und daher keine Kinder mehr bekommen konnte. Das fand ich immer traurig, weil sie sehr geduldig und liebevoll war und eine gute Mutter gewesen wäre.

Oma Emma starb im Jahr 1944, also zu einer Zeit, in der Berlin von Bombenangriffen schwer getroffen wurde und das reine Chaos herrschte. Während des Kriegs war es schwer, eine angemessene Beerdigung zu organisieren, und Tante Ella hatte nicht genug Geld, um ein Bestattungsunternehmen zu bezahlen. Deshalb wickelte sie ihre tote Mutter in Betttücher und brachte sie in der Dunkelheit der Nacht in einer Schubkarre zum Friedhof. In der Kriegszeit war keine Straßenbeleuchtung zugelassen, und alle mussten zur Verdunkelung an den Fenstern Vorhänge aus dickem schwarzen Tuch anbringen. Also konnte niemand Tante Ella dabei beobachten, wie sie eigenhändig das Grab aushob und ihre Mutter beerdigte. Später hat sie mir einmal erzählt, dass das damals viele Menschen gemacht und einander sogar beim Graben geholfen haben. Hätten sie es nicht selbst getan, dann hätte die Stadtverwaltung die Leichen von Menschen, die nicht von Angehörigen beansprucht wurden, oder von Familien, die sich kein Bestattungsunternehmen leisten konnten, in einem Massengrab beerdigt. Es tut mir weh, daran und an all die anderen fürchterlichen Dinge, die die Menschen im Krieg machen mussten, zu denken. Ich kann mir nicht vorstellen, einen Leichnam zu begraben. Tante Ella muss sehr tapfer gewesen sein, um das durchzustehen. Sie hat ihre Mutter geliebt und wollte die Möglichkeit haben, ihr Grab zu besuchen, was nicht möglich gewesen wäre, wenn sie der Stadtverwaltung die Arbeit überlassen hätte.

Zwar lebten noch einige entfernte Verwandte meiner Eltern, aber ich kann mich nicht daran erinnern, sie jemals getroffen zu haben. Einige von ihnen flohen nach San Francisco, andere wurden von den Nazis ermordet. Ich habe noch nicht einmal Fotos von ihnen, weil die Nazis so viel zerstört haben. Nach dem Krieg wollten meine Eltern nicht über ihre Verwandten reden.

Mein Vater, Robert Bernd Michaelis, war ein Einzelkind. Sein Vater, Martin Ludwig Michaelis, war Buchbinder. Er starb, als mein Vater noch sehr jung war. Ich kann mich noch daran erinnern, dass wir meine andere Großmutter, Oma Clara Michaelis, besuchten, kurz bevor wir Berlin verließen. Das ist eine der flüchtigen Erinnerungen, die ich noch an die Stadt habe. Mein Vater hatte mich zu dem Besuch mitgenommen, und als wir an einem Spielzeugladen vorbeikamen, kaufte er mir ein winziges, goldglänzendes Stofftier – einen Teddybären. Als Oma Clara ihn kurz haben wollte, fing ich an zu weinen, weil mein Vater mich dazu bewegte, ihn ihr zu geben. Ich hatte Angst davor, dass sie ihn mir nicht zurückgeben würde, aber das tat sie natürlich doch. Ich kann mich nicht daran erinnern, was mit dem Teddy passiert ist. Wahrscheinlich haben wir ihn zurückgelassen, als wir nach England gingen, und so steht er symbolisch für den Teil meiner frühen Kindheit, der für immer in Berlin verloren gegangen ist.

Oma Clara hatte eine Schwester, meine Großtante, aber ich kann mich nicht daran erinnern, sie jemals gesehen zu haben, obwohl das bestimmt der Fall war. Wie sie heißt oder ob sie überhaupt in Berlin gewohnt hat oder anderswo, weiß ich nicht. Nach dem Krieg habe ich herausgefunden, dass sie und ihr Mann von den Nazis umgebracht wurden. Es gibt vieles, was ich nicht weiß, weil ich in Berlin noch so klein war, dass mir die Erwachsenen nicht alles erzählten. Aber ich wusste, dass schlimme Dinge passierten, weil ich mich erinnere, dass ich mich fürchtete, aber nicht wusste, wovor. Nach dem Krieg war es dann zu schmerzlich und aufwühlend, Fragen zu stellen, und meine Eltern wollten ohnehin über nichts reden, was mit der Zeit des Nationalsozialismus zu tun hatte. Sie konnten es nicht ertragen, an all die schrecklichen Geschehnisse erinnert zu werden.

Meine Großtante, Oma Claras Schwester, hatte nur ein Kind – Georg, den Cousin meines Vaters. Nach dem Krieg lebte er in Paris, und ich besuchte ihn dort sogar einmal. Meine Mutter, Louise Maria, hatte einen Bruder, Erich, und eine Schwester, Ella. Sie lebten bei meiner Großmutter, Emma Ventzke, in einem Teil der Stadt, der nach dem Krieg zu Ostberlin gehören sollte. Ich verbrachte viel Zeit mit Oma Emma und Tante Ella, und auch Onkel Erich lebte in der Nähe. Ich fühlte mich bei ihnen recht sicher vor der Gestapo und anderen Bedrohungen, da die Familie meiner Mutter nicht jüdisch war.

Ich habe noch eine weitere flüchtige Erinnerung an diese Zeit. Als mein Vater erfuhr, dass die Gestapo nach ihm suchte, nahm er mich mit zu Oma Emma und Tante Ella, und ich kann mich daran erinnern, wie er sich im Besenschrank versteckte. Tante Ella bemühte sich, einen Spaß daraus zu machen, aber ich glaubte ihr nicht, da ich sehen konnte, wie mein Vater vor Angst zitterte. Das tut man nämlich nicht, wenn man etwas nur aus Spaß macht. Tante Ella versuchte, mich davon zu überzeugen, dass das Ganze ein Scherz war und er vor lauter Lachen zitterte, aber ich hatte das Entsetzen in seinen Augen gesehen. Kinder kann man einfach nicht an der Nase herumführen. Normalerweise ist es das Beste, ihnen die Wahrheit zu sagen und nicht zu versuchen, sie vor ihnen zu verbergen. Denn Kinder spüren, wenn ihnen irgendetwas Wichtiges verschwiegen wird, und entwickeln dann Fantasievorstellungen darüber, was in Wirklichkeit passiert ist. Damals habe ich mir vorgestellt, dass mein Vater sich in die Hose gemacht hatte und sich versteckte, weil er Angst hatte, man könne es herausfinden. Schließlich kommt es vor, dass sich Menschen aus Angst in die Hose machen, und vielleicht habe ich etwas gesehen, das wie eine nasse Hose aussah. Ein bisschen später, als ich mir in England selbst öfter in die Hose gemacht habe, habe ich mich immer aus Angst, dass die Gestapo mich finden würde, versteckt. Ich wusste natürlich nicht, wer oder was das war, aber ich wusste, dass die Männer der Gestapo sehr böse und angsteinflößend waren und sie einen besser nicht entdecken sollten. Das wusste ich, weil mein Vater sich ja vor ihnen gefürchtet hatte, obwohl er ein großer, starker Mann war, dem eigentlich nichts so schnell Angst machte.

Ich war gerne bei Oma Emma, denn Tante Ella war sehr geduldig und lieb. Sie las mir immer viele Geschichten vor und gab mir zur Belohnung Süßigkeiten, wenn ich etwas gegessen hatte, das mir nicht besonders gut schmeckte, wie zum Beispiel Spinat. Nach dem Mittagessen machte Oma Emma immer einen Mittagsschlaf, und eigentlich sollte ich dann auch schlafen, obwohl ich gar nicht müde war. Kaum hatten sie mich in mein Kinderbettchen gesteckt, konnte ich meine Oma schon schnarchen hören. Mir war langweilig, und um mir die Zeit zu vertreiben, tat ich so, als ob ich ein Löwe wäre. Ich vergrub mich also unter der Matratze meines Bettes und brüllte wie ein Löwe. Dadurch wurde Oma Emma wach und setzte sich im Bett auf. Als sie sah, wie ich unter meiner Matratze kauerte, prustete sie vor Lachen. Dabei sah ihr Mund so groß und furchteinflößend aus, dass ich schrie wie am Spieß. Aber da kam schon Tante Ella angerannt und nahm mich auf den Arm, denn sie verstand sofort, was mir Angst machte, und zeigte mir das Glas mit Oma Emmas Gebiss. Das steckte Oma sich dann schnell in den Mund, und schon lachten wir alle zusammen.

Martin kam nicht zu Oma Emma zu Besuch, denn er war etwas älter und ging aus Sicherheitsgründen in einen Kindergarten außerhalb Berlins. In der Wohnung meiner Eltern in der Cicerostraße Nummer 6 waren wir aber oft zusammen und besuchten alle gemeinsam Oma Clara. Wir hatten auch ein Kindermädchen, das aber eher eine Haushaltshilfe war, weil meine Mutter als Sekretärin für meinen Vater arbeitete. Dass meine Mutter einen Beruf hatte, war sehr wichtig, weil die Nazis Juden aus guten Positionen entließen, um diese dann mit Mitgliedern der Nationalsozialistischen Partei Deutschlands zu besetzen. Mein Vater war Richter, aber nach seiner Entlassung waren wir auf das Einkommen meiner Mutter angewiesen. Sie konnte eine andere Arbeit bekommen, was für meinen Vater unmöglich war. Ihr konnte man die Arbeit nicht wegnehmen, da sie keine Jüdin war – sie war, was die Nazis eine ‚Arierin' nannten. Den Nazis zufolge waren ‚Arier' die einzig wahren Deutschen, und nur ‚Arier' konnten deutsche Staatsbürger sein. Allen Juden hingegen wurde die deutsche Staatsbürgerschaft entzogen, da die Nazis eine ‚Herrenrasse' schaffen wollten. Das wollten sie erreichen, indem sie jeden, der nicht gut genug war, um ‚Arier' zu sein, vertrieben oder töteten.

Als wir in der Cicerostraße wohnten, hatten wir einen riesigen Spielzeughund. Er war viel größer als ich, und ich wollte immer auf seinem Rücken reiten, aber ich fiel jedes Mal herunter, wenn ich auf ihn kletterte. Dann hatten wir auch noch ein Schaukelpferd, das Martin zum Geburtstag bekommen hatte. Es war ziemlich groß und hatte einen recht wilden Gesichtsausdruck, vor dem Martin sich so fürchtete, dass er sich dagegen wehrte, auf das Pferd gehoben zu werden. Ich wollte gerne auf dem Schaukelpferd reiten, aber es hieß nur, ich sei zu klein und würde herunterfallen. Doch das führte nur dazu, dass mein Wunsch noch stärker wurde. Also kletterte ich selbst hoch, aber fiel natürlich doch herunter und heulte dann los. Die Erwachsenen dachten wohl, das sei das Ende der Geschichte, aber dem war nicht so. Ich trug nämlich alle Kissen aus der Wohnung zusammen und legte sie rund um das Schaukelpferd auf den Boden. Dann ritt ich immer schneller und schneller auf dem Pferd, bis ich mit einem Freudengeheul hinunterfiel! Danach traute sich dann auch Martin, und ich war sehr stolz darauf, einmal etwas vor ihm geschafft zu haben, weil normalerweise er immer alles zuerst machte. Er konnte so vieles, was ich nicht konnte. Zum einen, weil er drei Jahre älter war als ich, zum anderen, weil er sehr schlau war.

Schon in den ersten vier Jahren meines Lebens hatten meine Eltern große Probleme, weil die Nazis den Juden das Leben so schwer machten. Sie kümmerten sich aber sehr um Martin und mich und beschützten uns so gut es ging vor all dem, was in der Welt außerhalb unserer kleinen Familie vor sich ging. Und so kann ich mich an viele Glücksmomente erinnern, wenn ich etwa sonntags in das Bett meiner Eltern kroch, auf dem Schoß meines Vaters saß oder auf seinen Schultern ritt. Ich habe mich oft gefragt, wie es wohl für sie gewesen sein musste, so schwere Entscheidungen für die Zukunft zweier kleiner Kinder zu treffen, als die Lebensumstände für Juden immer schwieriger wurden. Es ist fast unmöglich, sich in die Lage seiner Eltern hineinzuversetzen, weil sich das Leben in der Zeit zwischen zwei Generationen so sehr verändert. Wenn ich an 1939 zurückdenke, kann ich mir nicht vorstellen, wie ich als Mutter von zwei kleinen Kindern gehandelt hätte.

Kapitel 2
Die Dinge spitzen sich zu

Als ich ein Baby war, konnte ich natürlich nicht wissen, was in Deutschland vor sich ging. Zwei Jahre bevor ich geboren wurde, kamen die Nazis im Januar 1933 an die Macht und begannen sofort damit, jüdischen Familien das Leben schwer zu machen. Im September 1935, noch bevor ich ein Jahr alt war, hatten sie bereits angeordnet, dass nur Personen, die nachgewiesenermaßen ‚Arier' waren, auch Reichsbürger mit vollen Rechten sein konnten. Deshalb wurden Juden in Deutschland nun Menschen zweiter Klasse, und obwohl Martin und ich nur Halbjuden waren, machte das für die Nazis keinen Unterschied. Bereits mit nur einem jüdischen Großelternteil, war man für sie ein Jude. Da ich zwei jüdische Großeltern hatte, war gar nicht daran zu denken, dass sie mich als gut genug ansehen würden, um Deutsche zu sein. Erst lange nach dem Krieg habe ich erfahren, dass auch ‚Arier', die keine jüdischen Verwandten hatten, nicht sicher vor den Nazis waren. Wenn ein Nicht-Jude mit Juden befreundet war oder gegen das, was die Nazis taten, protestierte, wurde er festgenommen und brutal behandelt. Manchmal waren sie so grausam und verprügelten oder folterten die Festgenommen, dass sie starben.

Schon vor dem Krieg wuchs die Akzeptanz einer „rassischen Auslese" bis hin zur Tötung missgebildeter Neugeborener und behinderter Kinder. Ab Anfang 1939 begutachtete ein geheimes Gremium solche Fälle und eigens ermächtigte Ärzte töteten in einigen Fällen behinderte Kinder auf Antrag der Eltern, sofern diese noch bei ihnen wohnten. Nach Kriegsbeginn gingen die Nationalsozialisten zur systematischen Ermordung Behinderter über und töteten auch Erwachsene. Gegen Ende des Krieges brachten sie sogar ihre eigenen Soldaten um, die aufgrund ihrer Kriegserlebnisse an der Ostfront mit psychischen Störungen zurückgekehrt waren. Die Nazis waren besessen davon, eine perfekte ‚Herrenrasse' mit blonden, blauäugigen und körperlich starken ‚Ariern' zu erschaffen, die allen anderen Völkern überlegen war. Zu diesem Zweck hätten alle ‚Nicht-Arier' entweder umgebracht werden müssen, oder sie hätten versklavt werden müssen, um der überlegenen ‚Herrenrasse' als Arbeiter zu dienen.

Meine Eltern beschützten mich vor dem, was in der Welt außerhalb unserer Wohnung vor sich ging, und so verbrachte ich viel Zeit bei Oma Emma und Tante Ella. Aber wahrscheinlich habe ich schon gespürt, dass etwas Schlimmes vor sich ging, wenn die Erwachsenen miteinander flüsterten. Schließlich durfte unser Kindermädchen nicht länger für uns arbeiten, da es Juden verboten wurde, ‚Arier' zu beschäftigen. Deshalb musste Tante Ella sich um mich kümmern, und ich verbrachte noch mehr Zeit bei Oma Emma, während Martin einen Kindergarten außerhalb Berlins besuchte. Wenn ich mit Tante Ella einkaufen ging, versuchte sie immer, mich von Menschenansammlungen fernzuhalten und einen anderen Weg zu nehmen. Auch wenn ich nicht genau wusste, was vor sich ging, wusste ich doch, dass es etwas Schlimmes sein musste, da Tante Ella sehr besorgt wirkte. Kleine Kinder orientieren sich immer an der Stimmung der Erwachsenen, d.h. wenn diese ruhig sind, sind die Kinder auch nicht aufgeregt, aber wenn die Erwachsenen sich Sorgen machen, dann spüren die Kinder das sofort.

Dann kam es am 9. November 1938 zur Reichskristallnacht, die so genannt wird, weil in jener Nacht so viel Glas zerbrochen wurde. In ganz Deutschland fingen Horden von Nazis gleichzeitig an, Läden von jüdischen Besitzern zu zerstören und Synagogen in Brand zu setzen, während gleichzeitig die Männer der Gestapo die Wohnungen und Häuser von jüdischen Familien durchsuchten. Dabei verhafteten sie alle jüdischen Männer und brachten sie in Konzentrationslager, wo sie misshandelt wurden und viele starben. Die Überlebenden kehrten oftmals mit geschundenem Körper und gebrochener Seele zurück. Einige begingen sogar Selbstmord. Mein Vater wäre mit Sicherheit auch festgenommen worden, wenn er zu Hause gewesen wäre, Martin vielleicht auch. Aber an jenem Abend war er eben nicht zu Hause geblieben, sondern mit Martin durch die Straßen Berlins gegangen und hatte sich immer am äußersten Rand der randalierenden Menge aufgehalten, bis alles vorüber war und sie sicher zurückkommen konnten. Ich war währenddessen in Sicherheit bei Oma Emma.

Das Ganze muss für einen kleinen Jungen, der noch nicht einmal sieben Jahre alt war, ein schreckliches Erlebnis gewesen sein. Viel später erzählte Martin mir, dass er damals von einer Sekunde auf die andere erwachsen werden musste und begriff, dass man sich nicht darauf verlassen kann, dass Erwachsene sich besser verhalten als Kinder. Man hatte ihn dazu erzogen, Erwachsenen mit Respekt zu begegnen, weil man sich bedingungslos auf sie verlassen könne, doch dann sah er sich Menschenmassen gegenüber, die brüllten und Fensterscheiben einwarfen. Er wusste genau, dass so etwas bei Kindern nicht ungestraft geblieben wäre. Dieses Ereignis prägte ihn für seine Zukunft und ließ ihn vorzeitig erwachsen werden, denn ihm wurde bewusst, dass man für sich selbst denken und seine eigenen Entscheidungen treffen muss. Dazu sollten Kinder in so jungen Jahren eigentlich nicht gezwungen sein, und dennoch gibt es auch heute noch Kinder, für die selbst in einem Land wie unserem keine verlässlichen Erwachsenen sorgen, und die stattdessen selbst sehen müssen, wie sie überleben.

Die Nazis schafften es normalerweise zwar gut, vor der restlichen Welt zu verbergen, was eigentlich vor sich ging, aber bei der Reichskristallnacht ging das nicht, denn darüber wurde in allen Zeitungen berichtet. Aber die Nazis stellten es so dar, als hätte sich ein „spontaner Volkszorn" gegen die Juden als „Drahtzieher" des Pariser Attentats entladen. Sie sorgten sogar dafür, dass die Juden am nächsten Tag die ganzen Scherben aufräumen und die entstandenen Schäden bezahlen mussten, aber niemand glaubte den Nazis, denn alle wussten, dass sie diejenigen waren, die alles geplant und die aufgebrachten Massen angestachelt hatten.

Als Reaktion auf die Reichkristallnacht ließ die britische Regierung zu, dass eine unbegrenzte Anzahl deutscher Kinder nach England in Sicherheit gebracht werden durfte, allerdings ohne ihre Eltern. Für jedes Kind musste sich jemand finden, der die Verantwortung übernahm und eine finanzielle Garantie abgab, damit die britische Regierung keine Kosten tragen musste.

Ich mache der Regierung dafür keinen Vorwurf, denn sie musste alle ihre Ressourcen für den bevorstehenden Krieg bündeln; dennoch war es eine unglückliche Entscheidung, nicht auch den Eltern die Einreise zu erlauben. Denn wenn die Eltern ihre Kinder zu ihrer eigenen Sicherheit nach England schicken wollten, mussten sie Entscheidungen treffen, die ihnen das Herz zerriss. Viele fürchteten dabei nicht zu Unrecht, dass sie ihre Kinder wohl nie wiedersehen würden. Sie wussten nicht, wie es ihren

Kindern in England ergehen würde, ob sie gut oder schlecht behandelt werden oder wie sie die Trennung bewältigen würden.

Mein Vater entschloss sich, zum Christentum zu konvertieren, um unsere Familie zu schützen. Vieles von dem, was vor sich ging, begriff ich erst viel später in meinem Leben. So ging ich jahrelang davon aus, dass er bereits sechs Jahre früher zum christlichen Glauben übergetreten war, als er nämlich 1932 meine Mutter heiratete. Damals war Oma Emma gegen die Heirat meiner Mutter mit einem Juden gewesen, da Antisemitismus in Berlin bereits weitverbreitet und es gefährlich war, Umgang mit Juden zu pflegen. Und Oma Clara hätte es lieber gesehen, wenn ihr Sohn eine Jüdin geheiratet hätte. Der Übertritt meines Vaters nach der ‚Kristallnacht' ermöglichte es meinen Eltern aber, darum zu bitten, Martin und mich in England als Christen zu erziehen. Sie hielten das für sicherer für uns.

Zwischen der Kristallnacht im November 1938 und dem Kriegsausbruch im September 1939 wurden fast 10.000 Kinder hauptsächlich aus Deutschland und Österreich nach England gebracht. Da sie mit Sonderzügen, die von den Organisatoren bereitgestellt worden waren, nach England kamen, wurde die Aktion als „Kindertransport" bekannt. Es gab nicht genug Privatpersonen, die bereit waren, Gutes zu tun, und die genug Geld hatten, um finanzielle Garantien für Kinder abzugeben. Die meisten Kinder wurden daher von jüdischen oder christlichen Wohltätigkeitsorganisationen unterstützt. In unserem Fall waren das die Quäker. Es war traurig, dass die britische Regierung den Eltern der Kindertransportkinder die Mitreise verweigerte, denn diese wären mehr als froh gewesen, im Kampf gegen Hitler für die Regierung zu arbeiten. Sie hätten in Fabriken kriegswichtige Güter herstellen können, was nur zum Nutzen der Regierung gewesen wäre.

Bereits kurz nachdem Hitler 1933 an die Macht gekommen war, verließen Tausende von jüdischen Familien Deutschland, aber wie die meisten glaubten auch meine Eltern, dass alles bald vorbei sein würde, wie es bei so vielen Übergriffen auf Juden zuvor der Fall gewesen war. Damals konnten sich nur wenige Menschen vorstellen, welch verheerende Ausmaße der Judenhass der Nazis annehmen würde. Bereits zum Zeitpunkt der Reichskristallnacht hatten die Nazis die jüdischen Familien fast völlig enteignet, und kein Land war bereit dazu, völlig mittellose Menschen aufzunehmen. Zwar erkannten die deutschen Juden nun, in welcher Gefahr sie sich befanden, aber die Eltern konnten nicht ausreisen und viele Eltern von Kindertransportkindern wurden von den Nazis getötet und sahen ihre Kinder nie wieder. Für die Kinder, die wie Martin und ich nach dem Krieg wieder mit ihren Eltern zusammengeführt wurden, war es nicht einfach. Die meisten stellen sich wahrscheinlich vor, dass es wunderbar ist, nach so einer tragischen Trennung wieder vereint zu sein. Wenn man es aber nüchtern betrachtet, ist es sehr schwierig, eine Beziehung dort wieder aufzunehmen, wo sie zehn Jahre zuvor unterbrochen wurde. Sowohl für die Eltern als auch die Kinder hatte die Zeit während der Trennung ja nicht stillgestanden, und so waren sie danach einfach nicht mehr dieselben wie davor. Sie hatten grauenhafte Dinge erlebt, über die man, wenn überhaupt, nur ganz schwer sprechen kann.

Kapitel 3
Die Reise nach England

Ich weiß weder, wie meine Eltern unsere Ausreise aus Deutschland in die Wege leiteten, noch, wie mein Bruder und ich für den Kindertransport ausgewählt wurden. Martin kann sich daran erinnern, dass er einige Zeit, bevor wir aufbrachen, von der Ausreise nach England erfuhr und er speziellen Englischunterricht bekam, damit er nicht ganz unvorbereitet war. Ich weiß nicht, ob ich in irgendeiner Form vorbereitet wurde, aber ich kann mich an nichts Derartiges erinnern. Martin hingegen weiß noch jede Einzelheit des Tages, an dem wir Berlin verließen. Es war der 21. Februar 1939, und da er drei Jahre älter war als ich, kann er sich an die ganzen Vorbereitungen vor unserer Abreise erinnern, also daran, wie Kleidung und Spielzeug für die Reise ausgesucht wurde und wie er seinen Koffer packte. Er war sieben und ich erst vier, und diese drei Jahre machen einen riesigen Unterschied aus.

Woran ich mich erinnern kann, ist, dass wir alle zusammen mit dem Auto zum Bahnhof Zoo in Berlin aufgebrochen sind. Da ich aber oft bei Oma Emma und Tante Ella war, war ich daran gewöhnt, dass wir Koffer packten und auf Reisen gingen, und das normalerweise im Auto. Deshalb hielt ich diese Fahrt anfangs auch für nichts Besonderes. Vermutlich habe ich gedacht, wir würden wieder einmal Tante Ella oder eine meiner Großmütter besuchen, aber in einen Zug zu steigen, das war schon etwas ganz Spezielles.

An die eigentliche Reise nach England kann ich mich sehr genau erinnern. Es ist eigenartig, dass man später Verbindungen zu eigenen Erlebnissen herstellen und Erinnerungen wachrufen kann, von denen man gar nicht wusste, dass man sie hatte. Als ich viel später einmal als Erwachsene nach Berlin reiste, riefen einige Orte solche Erinnerungen hervor, und einer davon war der Bahnhof Zoo. Ich konnte mich plötzlich erinnern, dass ich einen Wutanfall gehabt hatte, weil ich in den Zoo und nicht nach England gehen wollte. Was „England" war, konnte ich damals ja noch nicht wissen, aber was ein Zoo war, wusste ich, und ich ging gerne dorthin. Tante Ella hatte mich einmal mit in den Zoo genommen, und ich weiß noch, wie sich mich hochhob, damit ich die Affen sehen konnte – meine Lieblingstiere. Sie klatschten in die Hände, damit wir ihnen Nüsse in den Käfig warfen. Tante Ella gab mir dann natürlich auch immer eine Tüte mit Nüssen, die ich ihnen zuwarf, aber wenn die Affen anfingen zu klatschen, machte ich es ihnen nach, und jede Menge Nüsse fielen hinunter.

Ich kann mich noch an die endlos scheinende Zugfahrt nach England erinnern, bei der Martin, meine Mutter und eine andere Frau, die ihr half, dabei waren. Ich fragte immer wieder, ob wir schon in England seien, bis ich schließlich müde wurde und einschlief. Nachdem ich wieder aufgewacht war, fragte ich erneut, ob wir denn nun endlich da seien. Aber wir waren immer noch in Deutschland, und ich weiß noch, dass ich von der Größe des Landes beeindruckt war, da es so schien, als würde es nie aufhören.

Das Nächste, an das ich mich erinnern kann, ist der Moment, in dem wir geweckt wurden, weil wir aussteigen mussten. Es war dunkel, ich hatte Angst und wusste nicht, wo ich war. Ich hatte tief und fest geschlafen und konnte mich kaum auf den Beinen halten, sodass Martin mich mitschleifen musste, als wir auf dem Kai neben einem riesigen Schiff liefen. Ich staunte, als wir immer höher und höher über eine Gangway an Deck gingen, wo Berge von Koffern standen, die von Helfern in Gepäckträgern verstaut wurden.

Viele Menschen liefen umher und verschwanden über irgendwelche Treppen im Inneren des Schiffes, während gleichzeitig immer mehr Menschen über die Gangway ins Schiff strömten. Das machte mir auf einmal große Angst, denn wie konnte es sein, dass so viele Menschen und Koffer hier waren? Wie konnte ein so großes Schiff mit so viel Ladung überhaupt schwimmen? Ich war mir sicher, dass es untergehen würde – genauso wie Spielzeugboote in der Badewanne, wenn man sie mit zu viel Gewicht belädt.

Ich fragte Martin nach seiner Meinung, aber er sagte nur, ich solle keine dummen Fragen stellen. Er schien überhaupt keine Angst zu haben, sondern war vielmehr aufgeregt und genoss alles, sodass es auch für mich nicht mehr so beängstigend wirkte. Er war mein großer Bruder, und wenn er bei mir war und sich nicht ängstigte, dann war sicher alles gut. Meine

Erinnerungen an diese Momente sind zwar sehr genau, aber seltsamerweise fanden die Gespräche auf Englisch statt. Erinnerungen sind seltsamer und komplexer als man annehmen mag. Als ich später Psychologie studierte, habe ich gelernt, dass es unmöglich ist, sich genau an das zu erinnern, was passiert ist, da man eine Erinnerung jedes Mal automatisch aktualisiert, wenn man sie wachruft. Das heißt, dass man ihre Bedeutung mit all dem in Einklang bringt, was einem im Leben widerfahren ist, seitdem man sie sich das letzte Mal vergegenwärtigt hat.

Dann stiegen auch wir auf einmal die Stufen in das Innere des Schiffes mit all den Menschen und Koffern hinab. Die Gänge waren endlos lang, es roch seltsam, alles war sehr dunkel und voller Menschen. Ich hatte Angst verlorenzugehen, und klammerte mich deshalb am Mantel meiner Mutter fest. Nachdem wir uns in einen winzigen Raum mit vier Etagenbetten gezwängt hatten, zog mich meine Mutter aus und sagte zu mir, dass ich die kleine Leiter in das eine Stockbett hochklettern solle. Martin kletterte auf das andere Bett, und meine Mutter und ihre Helferin schliefen jeweils in den unteren Betten.

Aber ich war gar nicht mehr müde, und Martin und ich schubsten uns gegenseitig. Wir alberten herum und redeten solange miteinander, bis die Helferin meiner Mutter böse auf uns wurde. Ich muss dann doch recht schnell eingeschlafen sein, weil ich nur noch weiß, dass ich aufwachte und es mir schlecht ging. Die ganze Zeit hörte man ein seltsames Dröhnen, und man hatte das Gefühl, auf einer Wippe zu sein. Es war zwar dunkel, aber ich konnte die Umrisse von Martins Bett sehen. Ich hielt mich am Rand des Bettes fest und schaute über die Kante bis zum Boden, der sehr weit weg schien. Ich rief nach meiner Mutter, und als sie zu mir heraufschaute, erbrach ich mich über ihr. Dabei war mein ganzes Bett bereits voller Erbrochenem. Meine Mutter hob mich also aus dem Bett und nahm mich mit in den Waschraum, um mich zu waschen. Als wir beide wieder sauber waren, hörte das Schaukeln auf. Martin sagte, dass wir in England angekommen seien, aber ich war so schwach und erschöpft, dass mich das gar nicht interessierte. Es war schwierig genug, mich anzuziehen und durch die ganzen Korridore und Treppen zurück an Deck zu laufen.

Ich kann mich nicht daran erinnern, dass wir durch den Zoll mussten, aber vielleicht nur deswegen nicht, weil ich auch ein- oder zweimal ohnmächtig geworden bin. Nach dem Krieg hat mir meine Mutter erzählt, wie sie damals Schmuck nach England geschmuggelt hat, indem sie mir erlaubte, meine Lieblingspuppe Christine mitzunehmen. Meine Mutter hatte ihr viele verschiedene Puppenkleider übereinander angezogen und sie mir dann in die Hand gegeben. Natürlich erregte die Puppe den Argwohn der Zöllner, die meine Mutter aufforderten, sie auszuziehen. Als sie das tat, löste sie damit lautes Protestgeschrei von mir aus, womit sie tatsächlich gerechnet hatte. Als die Puppe dann nichts mehr anhatte, wollte der Zöllner uns einfach nur noch durchwinken. Wie meine Mutter gehofft hatte, machte ich ein Riesentheater, bis Christine wieder komplett angezogen war. Zu dem Zeitpunkt war der Zöllner dann so genervt, dass er nur einen Koffer durchsuchte – zum Glück nicht den, in dem meine Mutter den Schmuck versteckt hatte. Damals durfte niemand wertvollen Schmuck aus Deutschland ausführen, und wenn der Zöllner ihn entdeckt hätte, hätte er ihn konfisziert, und sie hätte ihn erst auf ihrer Rückreise wieder abholen können. Es war ja aber gerade ihre Absicht, den Schmuck aus Deutschland herauszubringen, und ich glaube, sie hat damit die Schiffspassage meines Vaters von Southampton in England nach China bezahlt.

Nachdem unser Schiff in Harwich im Südosten Englands angedockt hatte, stand noch eine weitere lange Zugfahrt nach London vor uns, und ich war fürchterlich enttäuscht. Erstens, weil wir wieder in einen engen Zug gequetscht wurden und ich vom Zugfahren die Nase voll hatte, und zweitens, weil sich England überhaupt nicht von Deutschland unterschied – man fuhr genauso an Feldern und Bäumen vorbei. Ich weiß nicht, was ich von England erwartet hatte, aber sicher nicht, dass es genauso aussah wie Deutschland. In London kamen wir am Bahnhof in der Liverpool Street an und mussten dann noch durch die halbe Stadt zu einem anderen Bahnhof namens Victoria Station fahren, um anschließend einen weiteren Zug nach Maidstone in der Grafschaft Kent im Südosten Englands zu nehmen.

London schien mir ganz anders zu sein als Berlin, obwohl ich nicht wirklich erklären kann, wieso – abgesehen von den Doppeldecker-Bussen. Ich war total irritiert, als ich die knallroten Busse sah, die an Blut erinnerten, wo sie doch eigentlich eine freundliche, beruhigende Farbe wie etwa die gelben Busse in Berlin haben sollten. Ich fragte Martin, wieso die Busse hier rot seien, und er sagte mir, dass die Engländer eine grellere Farbe bräuchten, da sie viel schlechtere Augen hätten und sonst von den Bussen überfahren werden würden, „Daran", fügte er hinzu, „solltest du dich besser gewöhnen, denn in England sind alle ein bisschen verrückt." Da er mein großer Bruder war, genügte mir das als Erklärung.

Unsere Helferin verließ uns in London, weil sie noch irgendwo anders hinmusste. Wir nahmen also erst den Zug nach Maidstone, dann einen nach Sittingbourne und schließlich einen nach Merston, wo das Pfarrhaus *Merston Rectory* unser erstes Zuhause in England wurde. Ich kann mich nicht mehr daran erinnern, ob wir am Bahnhof abgeholt wurden oder ein Taxi nahmen, und auch nicht an unsere erste Begegnung mit Pastor Stead und seiner Frau.

Ich weiß noch, dass wir alle um einen großen polierten Holztisch saßen und es Tee und Kuchen gab. Es war alles so ähnlich wie bei unseren Besuchen bei Verwandten und Freunden in Berlin, die für mich ganz normal waren, sodass mir das Ganze wie einer unserer üblichen Ausflüge schien. Nach dem Abendessen brachte unsere Mutter uns ins Bett und las uns eine Gutenacht-Geschichte vor. Mir kam alles ein bisschen wie ein Abenteuer vor – bis ich am nächsten Morgen aufwachte und unsere Mutter nicht mehr da war.

Weder Martin noch ich können uns daran erinnern, unserer Mutter Auf Wiedersehen gesagt oder gesehen zu haben, wie sie aufgebrochen ist. Martin glaubt zwar, dass sie noch einige Tage in *Merston Rectory* geblieben ist, aber ich bezweifle das stark, da die Steads kein Deutsch sprachen und meine Mutter kein Englisch. Es wäre daher recht schwierig für sie gewesen, länger zu bleiben. Allerdings kann ich mir auch nur schwer vorstellen, dass sie ohne Verabschiedung heimlich losfuhr, nachdem sie uns zu Bett gebracht hat.

Als Erwachsene habe ich mit vielen Kindertransportkindern zusammengearbeitet, und sie haben entweder eine Gedächtnislücke, was den Abschied von ihren Eltern angeht oder die Erinnerung daran ist schmerzlich bis ins kleinste Detail in ihr Gedächtnis gebrannt. Das menschliche Gedächtnis verfügt über zahlreiche Selbstschutzmechanismen, und einer davon sperrt Erinnerungen an Ereignisse, die so traumatisch sind, dass man sich nicht unmittelbar mit ihnen auseinandersetzen kann, in einer dunklen Ecke des Gedächtnisses fort. Manchmal kann man die Tür zu diesen Erinnerungen später wieder aufschließen und sie dann verarbeiten, aber unter Umständen hat man später, selbst wenn man sich sehr bemüht, den Schlüssel nicht mehr und kann sich deswegen keinen Zugang zu diesen Erinnerungen verschaffen. Wenn man ein Erlebnis zum Zeitpunkt des Geschehens weder verarbeiten und verstehen noch wegsperren kann, dann ist es in das Gedächtnis eingebrannt, sodass es schwer ist, nicht ständig von der Erinnerung daran übermannt zu werden, und das Ganze einen durchaus auch nachts als Albtraum heimsuchen kann. Unsere Gedächtnislücke in Bezug auf die Abreise meiner Mutter half Martin und mir vermutlich dabei, uns an das Leben in England ohne unsere Eltern zu gewöhnen.

Ich habe meine Mutter fürchterlich vermisst. Mrs. Stead und ihre Bekannte Miss Wright, die die meiste Zeit auf uns aufpasste, wurden aber sehr wütend, wenn ich weinte. Daher musste ich gegen meine Tränen ankämpfen, um die beiden nicht zu verärgern. Wenn ich Martin fragte, wo unsere Mutter sei, antwortete er mir, dass sie Verschiedenes zu erledigen habe und bald wiederkommen werde. Das leuchtete mir ein, weil ich ja normalerweise viel Zeit bei Tante Ella und Oma Emma verbrachte – allerdings waren die aber nie böse auf mich und brachten mich auch immer bald wieder zu meinen Eltern zurück. Nach einiger Zeit wurde auch Martin wütend, wenn ich ihn andauernd nach unserer Mutter fragte, also ließ ich es irgendwann sein.

Anders als in Berlin schienen die Erwachsenen die meiste Zeit wütend auf mich zu sein, ohne dass ich mir einen Reim darauf machen konnte, was sie eigentlich von mir wollten. Irgendwann fing ich an zu glauben, sehr ungezogen zu sein, da ich immer gemaßregelt wurde. Schließlich war ich überzeugt davon, meine Eltern hätten mich weggeschickt, weil ich so böse war. Auch wenn ich ein wenig später begriff, dass wir Deutschland wegen der Nazis verlassen mussten, dachte ich dennoch, ich sei so ungezogen gewesen, dass meine Eltern mich einfach nicht mehr wollten und deswegen weggeschickt hatten. Martin bekam nicht so oft Ärger wie ich. Er war zum Glück da, um auf mich aufzupassen. Irgendwann kam ich auch zu der Schlussfolgerung, dass meine Mutter tot sein musste, denn sie kam ja nicht zurück, um mich abzuholen. Der Gedanke, dass sie freiwillig woanders leben könnte und mich nicht bei sich haben wollte, war einfach unerträglich. Wenn sie aber tot war, dann konnte sie schlicht und ergreifend nicht bei mir sein, aber eben auch bei niemandem sonst. Mit diesem Gedanken konnte ich leben. Ich fing also an, den Leuten zu sagen, dass sie tot sei, und niemand widersprach mir. Ohne Mutter, erkannte ich, musste ich für mich selbst sorgen, auch wenn Martin da war.

Kapitel 4
Das Pfarrhaus in Merston

Das Pfarrhaus in Merston war ein großes altes Herrenhaus, das zwischen Feldern und einem kleinen Wäldchen am Ende einer langen Zufahrt lag. Vor dem Haus gab es einen wunderschönen großen Rosengarten, dessen Duft einen auf den Stufen hinauf zu dem von griechischen Säulen umrahmten Eingangsportal begleitete. Rechts neben dem Haus stand eine große Zeder mitten auf dem Rasen, der von Blumenbeeten eingefasst war, und auf der linken Seite war ein Wäldchen. Hinter dem Haus gab es noch mehr Blumenbeete sowie einen großen Gemüsegarten und Ställe, in denen jedoch keine Pferde gehalten wurden, sondern Gartengeräte und Kohle gelagert wurden. Gleich hinter der Eingangstür und einem kleinen Empfangsraum war der Flur. Auf der rechten Seite lagen all die besseren Zimmer. Das Esszimmer, das Arbeitszimmer des Pastors und einige andere Räume, die wir nur selten betraten. Auf der anderen Seite lagen die einfacheren Zimmer und die Küche. An den jeweiligen Enden des Flurs führten Treppen ins Obergeschoss: rechts eine schöne Treppe mit Teppichboden und links eine einfache Treppe ohne Teppichboden. Ein ähnliches Bild bot sich auch im ersten Stock, in dem wieder ein Flur zu den schöneren Schlafzimmern auf der rechten und zu den einfachen Schlafzimmern und dem Klassenzimmer auf der linken Seite führte.

Pastor Stead war ein großer, schlanker, ein wenig gebückt laufender älterer Herr, der dünnes weißes Haar hatte und eine Brille trug. Er hatte immer einen dunklen Anzug an, der jedoch an seinen Knien ein wenig ausgebeult war, weil er viel in seinem Arbeitszimmer saß. Er war ein ruhiger und liebenswürdiger Mann, in dessen Gegenwart ich mich immer sicher fühlte. Er nahm Martin und mich oft auf lange Spaziergänge mit, bei denen er uns auf einen Stock gestützt begleitete und uns zurückrief, wenn wir wieder einmal zu weit vorausgelaufen waren. Einer der Spaziergänge, der mir am besten gefiel, führte um den *Green Lake* herum, eine riesige Kalkgrube, in deren Mitte man früher Kalk ausgehoben hatte, bevor sie dann mit Wasser aufgefüllt worden war. Vor dem Hintergrund der weißen Kreidefelsen schimmerte dieses Wasser ganz besonders grün, fast smaragdartig. Diese Farbe mag ich seither ganz besonders gerne, weil sie mich immer an unsere schönen Spaziergänge erinnert. Am Anfang hatte ich auf dem Weg, der ganz um den See herumführte, ein wenig Angst, da er sehr eng war und ich fürchtete, auszurutschen und ins Wasser zu fallen. Martin nannte mich einen Angsthasen, beruhigte mich jedoch, indem er mir versicherte, dass selbst wenn ich hineinfallen würde, nichts passieren würde, da er mich herausfischen würde, denn er könne ja schließlich schwimmen. Natürlich glaubte ich ihm und hatte von da an keine Angst mehr vor dem Weg.

Mrs. Stead war in fast jeder Hinsicht das genaue Gegenteil ihres Mannes. Sie war viel kleiner und runder als er, und ihr Haar, das sie zu einem ordentlichen Dutt frisierte, war noch nicht einmal grau, weil sie sehr viel jünger war als ihr Mann. Normalerweise trug sie ein elegantes wollenes Twinset und einen Tweedrock. Beinahe jedes Mal, wenn ich ihr begegnete, war sie zornig auf mich. Ich aber versuchte mein Bestes, damit sie mich nur ja mochte und meinen Eltern erzählte, dass ich brav war, sodass sie mich wieder zu sich nach Hause holen würden. Aber ich konnte einfach nicht verstehen, was ich falsch machte. Und das kann nicht nur an der Sprache gelegen haben, da Martin und ich ziemlich schnell Englisch lernten.

Die meiste Zeit passte Miss Wright auf uns auf, eine Freundin von Mrs. Stead, die sogar noch jünger war und lockiges goldbraunes Haar hatte. Sie war unser Kindermädchen und unterrichtete uns auch. Ihre Stimmung schwankte stark, sodass sie manchmal sehr fröhlich und manchmal sehr grausam war, weshalb ich nie verstand, was sie eigentlich von mir wollte. Mein Leben in *Merston Rectory* war ein Albtraum, in dem ich völlig orientierungslos war.

Der Pastor und seine Frau hatten keine eigenen Kinder, und er sah in der Aufnahme von uns beiden wohl seinen humanitären Beitrag zum Kriegsgeschehen. Dabei bedachte er nicht, dass es für seine Frau vielleicht nicht einfach war, sich um fremde Kinder zu kümmern. Ich möchte eigentlich lieber glauben, dass sie und Miss Wright schlichtweg nicht wussten, wie man mit Kindern umgeht, als dass sie absichtlich so böse zu uns waren. Martin hat mir erzählt, wie er Mr. Stead nach Kriegsende einmal besucht hat, aber ich hätte zu viel Angst davor gehabt, ihn zu begleiten, auch wenn ich damals schon in meinen 20ern war.

Viele Jahre lang verfolgte mich die Erinnerung daran, dass ich erst Essen bekam, wenn ich in perfektem Englisch darum gebeten hatte. Ich dachte, sie verlangten das, damit ich rasch Englisch lernen würde, da Martin es bereits gut genug sprach, um sich bei Tisch auf Englisch verständigen zu können. Bei mir führte ihr Verhalten aber dazu, dass ich oftmals vor Hunger nicht einschlafen konnte. Wir schliefen nicht im selben Zimmer, aber Tür an Tür.

Ich hatte Angst vor der Dunkelheit, da wir Stadtkinder waren und es in der Stadt wegen der Straßenbeleuchtung nie ganz dunkel war. *Merston Rectory* aber lag auf dem Land, und nachts war es stockfinster. Wenn ich aufwachte, fürchtete ich mich sehr und zwickte mich, um zu sehen, ob ich noch am Leben war oder nicht. Ich klopfte dann an die Wand, um Martin zu signalisieren, dass ich wach war. Wenn es ruhig im Haus war und alle schliefen, ging er immer nach unten und durchsuchte die Speisekammer, um mir etwas zu essen zu geben. Unser Gedächtnis ist nicht immer zuverlässig, vor allem, wenn man erst vier Jahre alt ist. Als ich Jahre später Psychologie studierte, wurde mir klar, dass es für Kinder ganz normal ist, Essen von fremden Personen zu verweigern, und genau das habe ich vermutlich getan. Die meisten Eltern sagen ihren Kindern ja auch, dass sie keine Süßigkeiten von Fremden annehmen sollen, und das war bei uns sicher nicht anders. Unser Mitternachtsessen hat immer viel Spaß gemacht, aber Martin war verwundert, dass keiner der Erwachsenen merkte, wieviel Essen in der Speisekammer fehlte. Einmal erzählte er mir, dass er gehört hatte, wie sie darüber gesprochen hatten, dass Ratten in der Speisekammer gewesen waren und sie deswegen vergiftetes Essen ausgelegt hatten, um sie zu töten. Allerdings war er sich nicht sicher, ob sie wirklich Ratten meinten oder uns als Ratten bezeichneten. Da wir nicht durch Rattengift sterben wollten, hörte Martin auf, die Speisekammer zu plündern. Aber das war damals dann schon egal, weil es mir nichts mehr ausmachte, zu den normalen Essenszeiten zu essen. Kurz darauf mussten wir ohnehin im Keller schlafen, der der Familie als Luftschutzbunker diente, sodass Martin sich sowieso nicht mehr in die Speisekammer schleichen konnte. Das Essen, das wir bekamen, schmeckte eigentlich immer ziemlich gut, aber leider gab es nie einen Nachschlag, weshalb wir oft auch noch nach dem Essen hungrig waren. So wuchsen wir zwar, wurden aber auch immer dünner.

Von Anfang an hatten wir im Klassenzimmer des Hauses Unterricht bei Miss Wright, an dem auch andere Kinder teilnahmen, die wohl auch Kindertransportkinder waren und bei anderen Familien untergebracht waren. Als sie irgendwann nicht mehr zum Unterricht kamen, brach der Kontakt zu ihnen allerdings ab. Jeder Schultag fing mit Sprechunterricht an. Wir mussten in einen kleinen Handspiegel schauen und mit unserem Mund die richtige Form machen, damit wir die englischen Wörter auch richtig aussprachen. Ich hasste das Fach, weil ich die Laute nie richtig hinbekam. Eines Tages habe ich es aber dann doch geschafft und lernte schließlich, Englisch ohne Akzent zu sprechen. Damit wir die Sprache leichter lernten, hatte man uns verboten, Deutsch zu sprechen. Ich fand es blöd, dass wir nicht einmal in unserer Muttersprache reden durften, wenn wir alleine waren. Martin sagte, es sei zu gefährlich, Deutsch zu sprechen, da englische Soldaten in der Nähe Manöver abhielten und auf uns schießen würden, sobald sie uns hören würden. Natürlich glaubte ich Martin und sprach von da an nie wieder ein Wort Deutsch.

Er hatte bereits ein bisschen Englisch gelernt, bevor wir nach England gekommen waren, und ich wünschte, ich hätte das auch gedurft, weil es mir geholfen hätte, zu verstehen, was die Leute in England von mir erwarteten. Martin hatte in Deutschland schon Lesen gelernt, und so dauerte es nicht lange, bis er auch auf Englisch lesen konnte. Zwar wollte ich immer alles können, was mein Bruder auch konnte, aber Lesen zu lernen, fiel mir furchtbar schwer. Dabei war ich dafür einfach noch zu jung. Andererseits fiel es mir leicht, Gedichte auswendig zu lernen. Wenn Martin Gedichte lernen musste, bat er mich immer, ihm beim Üben zuzuhören, und so habe ich sie ganz einfach mit ihm zusammen auswendig gelernt. Warum Miss Wright etwas dagegen hatte, wollte mir nicht in den Kopf. Es fiel mir auch leicht, bis tausend oder noch höher zu zählen, aber wenn es darum ging, Zahlen untereinander zu schreiben und dadurch neue Zahlen zu errechnen, verstand ich schlichtweg gar nichts mehr. Martin sagte, dass ich dumm sei so wie alle Mädchen, und Miss Wright war zornig und schimpfte mich, weil ich angeblich nicht zuhören oder aufpassen würde. Wir hatten auch Kunst- und Erdkundeunterricht. Malen und Zeichnen gefiel mir sehr, und Martin fand meine Bilder durchaus gut, aber Miss Wright war nicht wirklich beeindruckt davon.

Sie regte sich über die unmöglichsten Dinge auf und verlangte seltsame Sachen von uns. So mussten wir direkt nach dem Frühstück auf die Toilette gehen und unser großes Geschäft erledigen. Sie kontrollierte uns sogar dabei, damit wir ihr nicht nur etwas vormachen würden. Deshalb habe ich immer, wenn einfach nichts kommen wollte, eine Wurst aus geknetetem Matsch in die Kloschüssel fallenlassen, die ich für den Fall immer in meiner Schürzentasche dabei hatte. Das einzige Problem daran war, dass Miss Wright sehr ungehalten war, wenn ich dann später wirklich auf Toilette gehen musste, weil wir ja nur jeweils nach dem Essen auf die Toilette gehen sollten, auch wenn wir nur unser kleines Geschäft machen mussten. Wollte man also zu einer anderen Tageszeit aufs Klo, wurde sie sehr wütend. Es war unglaublich schwer, zurückhalten zu müssen. Tagsüber ging es zwar noch, aber nachts war es einfach unmöglich, und deswegen machte ich oft ins Bett. Darüber war Miss Wright natürlich extrem erbost. Ich wusste, dass man nicht in sein Bett machen soll, und ich gab mir auch alle erdenkliche Mühe, um das nur ja nicht zu tun, weil ich doch ein braves Mädchen sein sollte.

Wir schliefen im Keller unter dem Pfarrhaus, weil die deutschen Bomber nachts auf ihren Weg nach London auch über der Grafschaft Kent einige Bomben abwarfen. Er war dunkel und roch feucht, und die Toilette lag am Ende eines langen, unheimlichen Flurs. Eines Nachts lief ich barfuß über den feuchten, eiskalten Boden und tastete mich an der Wand entlang zum Klo. Dann spürte ich die kalte Klobrille an meinem Po, und in der nächsten Sekunde war alles warm und nass! Vor Schreck wachte ich auf, denn ich hatte das Ganze nur geträumt und in Wirklichkeit wieder ins Bett gemacht.

Miss Wright schimpfte ganz fürchterlich und rief Mrs. Stead, die mit einem Lederriemen kam, mich mit dem Gesicht nach unten aufs Bett warf, meine Nase in die nasse Bettwäsche drückte und dann mit dem Ledergurt auf meinen Rücken einschlug. Wie sollte man da nicht laut losheulen? Aber wenn ich weinte, setzte es nur noch mehr Hiebe. Während sie mich schlug, rief sie: „Das wird dir das Bettnässen schon austreiben!“, und ich glaubte ihr sogar. Doch leider half nichts, so sehr ich mich auch bemühte, nicht ins Bett zu machen. Ich wurde so oft mit dem Riemen geschlagen, dass mein Rücken voller wunder Striemen war und ich nur noch auf dem Bauch schlafen konnte. Oft setzte ich mich also einfach im Bett auf und fing an, an meinen Fingern zu kauen, was Kinder oft tun, wenn sie sich irgendwie beruhigen wollen. Deshalb schmierte Miss Wright meine Finger mit so ekligen Sachen wie Senf ein, aber ich steckte sie trotzdem in den Mund – so dringend musste ich mich selbst trösten und beruhigen. Daraufhin zogen sie mir Fäustlinge an und banden meine Hände an der Bettkante fest, sodass ich mit dem Mund nicht hinkam. Natürlich konnte ich so nicht besonders gut schlafen, und als ich dann doch irgendwann in tiefen Schlaf verfiel, wachte ich mit einem Albtraum auf und hatte wieder ins Bett gemacht.

Martin machte sich wegen der Striemen auf meinem Rücken Sorgen und bat deshalb den Doktor, der gekommen war, um uns zu impfen, ob er sich das Ganze einmal anschauen könnte. Danach wurde ich zwar nicht mehr geschlagen, das Ende der Bestrafungen bedeutete das aber nicht. Jedes Mal wenn ich ins Bett gemacht hatte, bekam ich kein gutes Essen, also Hühnchen oder Würstchen, sondern nur Kartoffeln, Gemüse und Brot ohne Butter. Aber ich aß gerne Gemüse, also machte mir das nicht allzu viel aus.

Mein Körper wusste aber, dass er Proteine brauchte. Als wir beim Spielen im Garten waren, fand ich auf dem Komposthaufen ein großes, dickes Stück Käserinde unter einem Haufen verrotteter Äpfel. Es war noch ziemlich viel Käse an der Rinde, also rieb ich das Stück an meiner Schürze sauber und nagte den Käse ab, bis nur noch ein bisschen Rinde übrig war. Genau in dem Moment kam Miss Wright nach draußen, riss mir das Stück aus der Hand und verlangte eine Erklärung von mir. Ich antwortete nur, dass ich Käse mochte und hungrig sei. Voller Wut nannte sie mich eine „ungezogene kleine Diebin“, aber Martin nahm mich in Schutz und sagte, dass ich keine Diebin sei, weil die Käserinde als Müll weggeworfen worden sei. Miss Wright war aber so zornig, dass sie vermutlich nicht einmal gehört hat, was er sagte. Sie rief Mrs. Stead herbei, die auch mit mir schimpfte und mich eine „dreckige deutsche Diebin“ nannte. Martin versuchte mich abermals in Schutz zu nehmen, indem er sagte, dass Müll zu essen kein Diebstahl sei und ich mehr zu essen bekommen müsse. Dann sagte er noch, dass wir Juden seien und keine Deutschen und dass wir eben deswegen nach England gekommen seien. Mrs. Stead hörte ihm zwar zu, aber erwiderte, dass man mir das Diebeshandwerk legen müsse. Beim nächsten Essen lag also außer den Resten der Käserinde nichts auf meinem Teller, und mir wurde befohlen, sie zu essen. Weil ich so hungrig war, hätte ich das sogar getan, aber Martin sagte mir, dass sie schimmelig sei und ich davon sehr krank werden und sogar sterben könne. Also weigerte ich mich, die Rinde zu essen, auch wenn sie mir bei jeder Mahlzeit von Neuem aufgetischt wurde und ich nichts anderes bekam. Gott sei Dank war Martin aber so schlau, dass er, als Miss Wright gerade einmal wegschaute, heimlich etwas von seinem Essen in die Hosentasche steckte, um es mir später, als wir alleine waren, zu geben. Ich weiß nicht, wie lange das so weiterging, aber es hörte auf, als Pastor Stead uns mit auf einen Spaziergang nehmen wollte und Martin ihm sagte, dass wir zu hungrig zum Laufen seien, weil wir zu wenig zu essen bekommen hätten. Pastor Stead bestand darauf, dass wir uns zusammen mit ihm in die Küche setzten, und da gab es dann eine Festmahlzeit.

Dann gab es noch die Badezeit, in der Martin und ich unter der Aufsicht von Miss Wright im Badezimmer waren. Ich hasste diese Zeit deswegen, weil erstens das Wasser kochend heiß war, was sehr wehtat und die Haut unter Wasser krebsrot werden ließ, und wir uns zweitens mit einer grobkörnigen Seife waschen mussten, die sich auf der Haut unangenehm anfühlte und streng roch. Danach wusch Miss Wright dann immer alles mit einem großen Schwamm ab. Diesen drückte sie mir dabei oft ganz fest ins Gesicht und sagte dann, ich würde nicht richtig atmen, wenn ich keine Luft bekam und das Wasser prustend ausspuckte.

Martin erzählte mir später, dass er sie dabei beobachtet und gesehen hatte, wie sie das mit Absicht tat. Ich kann mich zwar nicht mehr daran erinnern, aber einmal hat er gesehen, dass sie mir den Schwamm so fest ins Gesicht gedrückt hat, dass ich nach hinten in das Wasser gefallen bin und fast ertrunken wäre. Er hat Miss Wright dann zur Seite geschoben und mich aus dem Wasser gezogen. Ich lag dann kurze Zeit reglos und bleich auf der Badematte, bevor ich mich übergeben habe. Martin hatte mir also das Leben gerettet und kam deswegen in Schwierigkeiten, weil Miss Wright die Geschichte Mrs. Stead so erzählt hat, als habe Martin sie angegriffen. Als er dann sagte, was wirklich geschehen war, wurde er von beiden nur als Lügner bezeichnet. Obwohl er erst acht oder neun war, ließ er sich davon nicht einschüchtern und warnte die beiden, dass er die Polizei holen würde, sollte Miss Wright so etwas noch einmal machen. Martin hat die Geschichte natürlich ein bisschen anders in Erinnerung, weil er im Gegensatz zu mir keine Angst vor Miss Wright hatte. Was hätte ich damals nur ohne meinen großen Bruder getan? Meinen eigenen Kindern habe ich später erlaubt, viel Spielzeug mit in die Badewanne zu nehmen, und wir haben zusammen geplanscht und Spaß gehabt. Die abendliche Badezeit war immer ein großes Vergnügen für sie, und es macht mich traurig, wenn ich an die fürchterlichen Erlebnisse mit Miss Wright zurückdenke.

Wir waren im Februar 1939 nach *Merston Rectory* gekommen, und im Hochsommer – es muss Juli oder August gewesen sein – bekamen wir Besuch von unserem Vater, der auf seinem Weg nach Shanghai in China war und dessen Schiff in Southampton im Süden Englands ablegte. Ich war sehr überrascht, aber glücklich, ihn zu sehen. Als Geschenk brachte er mir ein aufblasbares Pferd auf Rädern mit. Ich glaube, es hat nicht sehr lange gehalten, denn es fiel immer wieder in sich zusammen und man musste es dann wieder aufblasen. Mein Vater nahm Martin für ein paar Tage mit nach London, was fürchterlich für mich war, da ich sehr gerne mitgefahren wäre. Wahrscheinlich wäre es zu anstrengend für ihn gewesen, auf Martin und mich aufzupassen. Das Schlimme an der Sache war, dass sie mir vorher nichts davon gesagt hatten. Ich weiß nicht mehr, was ich gerade gemacht habe, aber auf einmal fiel mir auf, dass Martin nicht mehr da war. Überall suchte ich nach ihm, konnte ihn aber nicht finden und wurde immer panischer und verzweifelter. Natürlich wurde Miss Wright sehr böse und nannte mich eine Heulsuse. Sie sagte, dass die beiden bald wiederkommen würden, aber ich glaubte ihr nicht und dachte, ich sei nun ganz auf mich alleine gestellt. Meinen Vater vermisste ich nicht wirklich, weil ich schon an seine Abwesenheit gewöhnt war, und meine Mutter vermisste ich nicht, weil ich ja der Überzeugung war, dass sie schon längst tot sei. Ihren Platz hatte Martin eingenommen, der immer alles in Ordnung brachte, egal wie furchteinflößend oder leidvoll eine Situation war. So wie die meisten Vierjährigen nicht ohne ihre Mutter auskommen, kam ich nicht ohne Martin aus. Deswegen war ich wie gelähmt vor Angst, saß nur da und kaute an meinen Fingern, was Miss Wright nur noch mehr aufregte. Ich konnte mich weder auf meine Hausaufgaben konzentrieren noch etwas essen, was sie auch wieder erzürnte. Weinen konnte ich nicht, weil es verboten war. Schließlich kam Martin aber zurück und versicherte mir, dass er mich nie mehr alleine lassen würde. Ich glaubte ihm, und das half mir sehr, mich wieder zu beruhigen.

Wann immer das Wetter schön war, war ich draußen im Garten. Bei den Ställen war eine große Freifläche aus Kopfsteinpflaster, die nie matschig wurde, sodass wir sogar spielen konnten, wenn es gerade erst geregnet hatte. Im angrenzenden Wäldchen fanden wir ein bisschen Holz und einen alten Gummiball und spielten unser eigene Version von Kricket, die wir aus irgendeinem Grund „Gummi-Mond" nannten. Wir formten kleine Tassen und Untertassen sowie Teller und Teekannen aus Matsch, indem wir sie modellierten wie Knete, und spielten „Teeparty".

Meistens mussten wir jedoch das Unkraut jäten, und der Garten war wirklich groß. Wenn man gerade fertig war, fing das Unkraut auf der anderen Seite schon wieder an zu wachsen, aber wenigstens war die Stimmung meistens friedlich und ruhig. Miss Wright kam nur selten raus, sondern beobachtete uns nur vom Fenster aus. Deswegen redeten wir aber auch sehr viel und jäteten nicht so viel Unkraut wie wir sollten, sodass wir dann getrennt arbeiten mussten. Wir beide hatten eine kleine Schubkarre, die wir, wenn sie voll war, auf einem Komposthaufen im Wald ausleeren sollten, den man vom Haus aus wegen der ganzen Bäume nicht sehen konnte. Martin pfiff einfach, um mir zu signalisieren, dass seine Schubkarre voll war, und ich beeilte mich dann immer, damit wir zusammen beim Komposthaufen ankamen, um dort ein bisschen zu reden und spielen. Martin plante immer alles sehr genau und hatte einen guten Überblick, sodass wir nie gleichzeitig in das Wäldchen hineingingen oder von da zurückkehrten, um keinen Verdacht zu erwecken.

Am Sonntag gingen wir alle zusammen in die Kirche. Nach dem Frühstück mussten wir uns waschen und unsere Sonntagskleider anziehen – ich ein hübsches Kleidchen und Martin einen kleinen Anzug. Mir gefiel dieses sonntägliche Ritual durchaus, da es viel besser war als die üblichen Schulstunden an den anderen Wochentagen. Wir stiegen alle in das polierte schwarze Auto, das von der Größe einem Taxi glich, aber keins war. Die Fahrt dauerte nicht lange, aber zum Laufen wäre es trotzdem zu weit gewesen. Damals erschien mir die Kirche riesig, aber als Martin und ich dreißig Jahre später noch einmal dorthin fuhren, fiel mir auf, dass sie eigentlich winzig war. Pastor Stead hielt immer die Predigt, sodass wir stets vor den anderen Leuten da sein mussten. Wir saßen in einer speziellen Kinderecke mit interessanten Bildern an der Wand, vielen Bilderbüchern und Malbüchern, die man mit Buntstiften ausmalen konnte. So vergaßen wir jedes Mal die Zeit, bis jemand uns abholte und zu unserer Kirchenbank brachte.

Das war alles sehr neu und ungewohnt für mich, weil wir in Berlin nie zur Kirche oder in die Synagoge gegangen waren. Mir gefielen vor allem die Musik und das Singen sehr gut, auch wenn ich überhaupt kein Wort verstand. Ich benahm mich auch immer sehr gut. Die Chormitglieder sahen engelsgleich aus mit ihren weißen Gewändern über den langen roten Röcken, und ich starrte sie entzückt und voller Ehrfurcht an. Bevor dann die Predigt begann, nahm Martin mich an die Hand und wir gingen zurück in die Kinderecke, wo wir jede Menge Spaß hatten. Nach der Predigt wollten alle Kirchenbesucher Pastor Stead die Hand schütteln, und sie lächelten uns an. Alle waren fröhlich und freundlich, aber nur solange, bis das Auto am Pfarrhaus vorfuhr. Dann begann der alltägliche Albtraum mit den Schimpftiraden und den Grausamkeiten von Neuem. Dadurch lernte ich, was „Heuchelei“ ist, auch wenn ich das Wort an sich damals noch nicht kannte. Als ich genug Englisch konnte, verstand ich, dass all die netten Dinge, die sie in der Kirche predigten, im wirklichen Leben außerhalb der Kirchenmauern wenig zählten.

Aber es war bei weitem nicht alles schlecht, denn neben den regelmäßigen Spaziergängen, die immer sehr friedvoll waren und die ich sehr genoss, gab es noch Weihnachten. Wir spielten im Schnee und bauten Schneemänner, und es gab viele Feste. Das Haus wurde mit Stechpalmen und Efeu dekoriert, und in der Eingangshalle stand der große Weihnachtsbaum. Er wurde mit Christbaumkugeln und Kerzen geschmückt, die an den zwölf Abenden zwischen dem ersten Weihnachtsfeiertag und dem Dreikönigstag am 6. Januar angezündet wurden. Die Feiern waren eigentlich für die Erwachsenen gedacht, aber manchmal durften wir kurz vorbeischauen. Martin musste dann die auswendig gelernten Gedichte rezitieren, und obwohl ich es eigentlich nicht sollte, sagte ich trotzdem auch das ein oder andere Gedicht auf. Denn ich wusste, dass Miss Wright niemals vor den ganzen Gästen mit mir schimpfen würde und hoffte, dass sie danach vergessen haben würde, dass sie eigentlich böse auf mich war. Ich wollte einfach immer nur das machen, was mein großer Bruder auch tat. Bei dem eigentlichen Festschmaus durften wir zwar nicht dabei sein, aber am nächsten Tag bekamen wir immer noch Reste davon. Auch die Kirche war zu dieser Jahreszeit immer mit grünen Zweigen und wunderschönen weißen Blumen geschmückt.

Eine Feier gefiel mir besonders: Der ganze Kirchenchor kam in das Pfarrhaus, versammelte sich um den Weihnachtsbaum und sang Weihnachtslieder. Im Schein der flackernden Christbaumkerzen war das einfach wunderschön. Große Teller mit Konfekt und süßem und salzigem Gebäck wurden herumgereicht. Danach sang der Chor noch einmal, und jeder bekam eine Flasche Bier oder ein anderes Getränk mit auf den Nachhauseweg.

Im Sommer wurde im großen Garten des Pfarrhauses immer ein Gartenfest gefeiert, wozu extra ein oder zwei Tage vorher ein großes Festzelt aufgestellt wurde, damit es auch bei Regen stattfinden konnte. Zwar regnete es tatsächlich nie, dennoch wurde der Tee im Festzelt serviert, in dem Klapptische und -stühle standen. Alles strahlte Eleganz aus, und die Gäste sahen in ihren Sommerkleidern und Blazern einfach wundervoll aus. Viele kleine Stände waren aufgebaut, und es gab auch Preise zu gewinnen, aber Martin und ich gingen jedes Mal leer aus, weil die Spiele zu schwierig für uns waren. Dann gab es aber auch eine Kiste oder ein kleines Fass, in dem Geschenke versteckt waren. Wir zahlten also ein bisschen Geld und durften unsere Arme in das Sägemehl stecken und ein kleines Päckchen herausziehen. Wir waren uns sicher, dass wir gewinnen würden, oftmals bekamen wir aber nur einen Apfel oder eine Orange. Es lohnte sich dennoch, da wir ab und zu auch mal eine Puppe oder ein Spielzeugauto herausfischten. Viele Menschen kamen und genossen das Fest, bei dem sie gerne ordentlich Geld ausgaben, da der gesamte Erlös in die Kriegsanstrengungen floss.

Kapitel 5
Die Schule der Quäker

Viele kleine Kinder sind sehr unglücklich, wenn sie auf ein Internat müssen. Kinder, die sehr an ihren Eltern und ihrem Zuhause hängen, haben oftmals starkes Heimweh und fühlen sich erbärmlich im Internat. Hinzu kommt, dass die älteren Kinder, die sich bereits an das Internatsleben gewöhnt haben, den Jüngeren das Leben oft schwer machen. Und in jeder Schule sehnen sich die meisten Kinder nach den nächsten Ferien und können das Ende des Schuljahres kaum erwarten. Das war bei Martin und mir jedoch ganz anders, denn wir konnten das Ende der Ferien kaum erwarten, um endlich wieder auf die *Friends' School*, die von Quäkern unterhalten wurde, gehen zu können. Es war nämlich eine große Erleichterung, endlich nicht mehr herrisch und grausam behandelt zu werden, wie es bei den Steads der Fall war. Wir hätten jede Schule dem Pfarrheim in Merston mit Miss Wright und Mrs. Stead vorgezogen.

Die *Friends' School* war ein Paradies für uns, was zum großen Teil daran lag, dass die Quäker ganz besondere Menschen sind, die versuchen, einander zu verstehen, indem sie alles miteinander bereden und jede Form von Gewalt ablehnen. Sie ziehen ein geruhsames Leben unserem hektischen vor und vermeiden, laut oder zornig zu werden. Sie würden sich, auch wenn sie jegliche Form des Kampfes und des Krieges ablehnen, doch gegen Angreifer verteidigen. Sich zu verteidigen, heißt aber nicht automatisch zurückzuschlagen. Da die meisten Menschen die Quäker aber schätzen und respektieren, werden sie eher selten angegriffen.

Fast zwei Jahre nachdem wir in England angekommen waren, brachte uns Miss Wright an einem Septembermorgen zum Bahnhof in der Liverpool Street in London. Martin war fast neun, aber ich war noch keine sechs Jahre alt. Im Zug waren allerdings noch ältere Schüler der *Friends' School*, die auf uns aufpassten. An einem kleinen Bahnhof in der Grafschaft Essex nordöstlich von London mussten wir in einen speziell für die Schule vorgesehenen Zug umsteigen, der nach Saffron Waldon fuhr, wo Lehrer die neuen Schüler am Bahnhof begrüßten, um dann gemeinsam mit ihnen den kleinen Hügel zu unserer Schule hinaufzulaufen. Da unser

Gepäck separat zur Schule gebracht wurde, hatte ich nur meine Puppe Christine im Arm. Martin ging mit einigen älteren Kindern in ein Gebäude, das *School House* genannt wurde, während ich in das *Junior House* für jüngere Schüler gehen musste. Ein sehr netter Lehrer versicherte uns, dass die zwei Gebäude so nah beieinander standen, dass wir uns immer treffen und so oft miteinander spazieren gehen konnten, wie wir wollten.

Die Schule selbst war ein wunderschönes, beeindruckendes altes Gebäude mit Gewölbebögen, Türmen und Rankengewächsen, die an den Wänden hochwuchsen, sowie einem Rasen auf der Vorderseite. Alles war viel größer als das Pfarrhaus in Merston, und das war mir schon riesig vorgekommen. Martin verschwand hinter einem Torbogen, und ich wurde seitlich davon zum *Junior House* gebracht, das ungefähr so groß wie das Pfarrhaus war, aber eher wie ein normales Wohnhaus aussah. Zusammen mit den anderen neuen Mädchen wurde ich von einer Lehrerin in den Schlafsaal gebracht, damit wir uns ein Bett aussuchen konnten. Als ich die langen Bettreihen sah, fing ich an zu weinen, was Mrs. Stubbs, die Hausmutter, hörte. Sie kam zu mir, nahm mich auf den Schoß und begann mich ein wenig zu wiegen, um mich zu trösten, was niemand mehr gemacht hatte, seit ich mein Zuhause in Berlin verlassen hatte. Ich vertraute ihr sofort und erzählte ihr, wie sehr ich mich davor fürchtete, ins Bett zu machen. Sie beruhigte mich jedoch gleich, indem sie sagte, dass das überhaupt kein Problem sei, und zeigte mir dann, dass in jedem Bett eine Gummiunterlage unter dem Bettlaken lag. Danach erzählte sie mir, dass es vollkommen normal sei und die meisten neuen Internatsschüler ins Bett machen würden. Außerdem sagte sie, dass es eine große Reinigung gebe, in der man sich um die nassen Laken kümmern würde. Ich glaube aber, dass ich danach nie mehr in mein Bett gemacht habe, weil ich einfach keine Angst mehr davor hatte.

Wir waren zwar nur etwas mehr als zwei Jahre auf der *Friends' School*, ich genoss aber jede einzelne Minute davon. Zwar bekam ich manchmal Ärger, weil ich ein sehr lebhaftes Kind war, das alles mitmachte, aber „Ärger zu bekommen" bedeutete hier nur, dass man über das, was verbotenerweise passiert war, redete und dann erklärt bekam, was man in Zukunft anders machen solle. Das konnte ich ohne Probleme verstehen, wohingegen ich nie verstanden hatte, was Mrs. Stead und Miss Wright von mir wollten oder worüber sie sich so aufregten. Die Lehrer im *Junior House* lebten nach ihren Grundsätzen und wurden nie wirklich zornig. Sie halfen uns lieber und erklärten uns alles in Ruhe. Deshalb fand ich sie einfach nur wunderbar.

Die meisten Kinder waren gegen Ende des Halbjahres sehr aufgeregt, weil es bald nach Hause gehen würde, aber bei Martin und mir war das anders. Uns graute vor der Rückkehr ins Pfarrheim. Aber es war nicht mehr ganz so schlimm, weil wir ja wussten, dass die Ferien irgendwann auch zu Ende gehen würden und wir wieder in die Schule gehen durften.

Im *Junior House* lebten ungefähr 50 Jungen und Mädchen unter neun Jahren, die auf zwei Klassen aufgeteilt waren. Ich war die Kleinste und Jüngste von allen. Wenn wir nach draußen oder zum Schwimmen gingen, war ich immer am Ende der Schlange, zumindest während des ersten Jahres. Aber obwohl ich die Jüngste war, war ich die Einzige in meiner Klasse, die richtig lesen und schreiben konnte, was mich ziemlich überraschte. Aber das lag wohl einfach daran, dass ich versucht hatte, Miss Wrights Erwartungen zu erfüllen und meinem Bruder in nichts nachstehen wollte. Ihre Strenge und der Druck, den sie auf mich ausgeübt hatte, waren so wenigstens nicht völlig nutzlos gewesen. Sie hatte mir auf einem speziellen Papier Schreiben beigebracht, bei dem die Linien so gezogen waren, dass man die Buchstaben genau dazwischen schreiben musste und nur die Auf- und Abstriche darüber hinausgehen durften. Wenn man Lücken zwischen den Buchstaben ließ oder krakelig schrieb, war sie sehr ungehalten. Dank ihres Sprechunterrichts, den ich eigentlich gehasst hatte, sprach ich Englisch ohne ausländischen Akzent, weswegen auch keines der anderen Kinder bemerkte, dass ich aus Deutschland kam.

Die Lehrer zeigten viel Verständnis und sorgten dafür, dass mir nie langweilig wurde. Miss Barry fragte mich, welche Art von Geschichten ich am meisten mochte, und als ich ihr sagte, dass ich am liebsten Tiergeschichten las, besorgte sie mir aus dem Schulgebäude für die größeren Kinder einige schöne Bücher. „Bambi" war zwar meine Lieblingsgeschichte, aber ich hatte stapelweise anderen Lesestoff. Während die anderen Lesen lernten, saß ich ganz hinten im Klassenzimmer und las meine Bücher, wobei ich lernte, meine Umgebung völlig auszublenden, weil die Bücher so interessant waren und mich fesselten. Das zu können, ist wirklich oft nützlich. Verglichen mit anderen Schulen waren die Lehrmethoden in der *Friends' School* sehr modern und fortschrittlich, und die Lehrer taten sehr viel für Martin und mich. Das half, die Schäden, die wir in unserer ersten Pflegefamilie erlitten hatten, ein bisschen abzumildern. Außerdem weckte der für Naturwissenschaften zuständige Lehrer in Martin dessen lebenslanges Interesse an diesem Fach.

Wie die meisten Kinder wollte ich einfach sein wie alle anderen und machte deswegen eigentlich bei allem mit. Am liebsten ging ich schwimmen, auch wenn ich lange Zeit brauchte, um es zu lernen, weil es mir mehr Spaß machte, einfach im Wasser herumzuplanschen. Die Lehrer waren aber zum Glück sehr geduldig mit mir.

Die Quäker haben spezielle, ganz ruhige und friedvolle Zusammenkünfte, bei denen sie beten. Die unterschieden sich sehr von den Gottesdiensten, die ich aus der Kirche in Merston gewöhnt war. Anfangs nahmen die Kinder aus dem *Junior House* nur kurz an den Treffen teil, indem sie jeweils erst gegen Ende hinzukamen. In meinem zweiten Jahr blieben wir dann die ganze Zeit, also etwas mehr als eine Stunde, in der wir einfach still und zufrieden dasaßen. Beteiligen mussten wir uns nicht. Manchmal schwiegen alle, manchmal stand aber auch einer der Erwachsenen auf und sprach einige Worte. Es war immer eine sehr ruhige und freundliche Atmosphäre, was sich auch nach dem Gottesdienst nicht änderte. Die Leute waren einfach immer freundlich. Natürlich stritten sich einige Kinder ab und zu, aber niemals während der Gebetstreffen. Wenn es mal Streit gab, wurde er von den Lehrern schnell geschlichtet. Es gab aber auch wenig Anlass für Streitereien, da wir stets beschäftigt und zufrieden waren, denn der Unterricht war interessant und in unserer Freizeit konnten wir spielen, auf Bäume hinaufklettern oder auf dem großen Gelände einfach nur herumtoben. Wir hatten sogar unsere eigenen kleinen Beete, in denen wir Blumen und Gemüse ziehen und anbauen konnten.

In meinem Beet baute ich Kartoffeln und Astern für das Erntedankfest an, aber in den zwei Jahren, die ich auf der *Friends' School* war, verpasste ich das Fest leider beide Male, weil ich Fieber bekam und ins Sanatorium musste, in eine Art kleines Privatkrankhaus nur für die Schule. Darin gab es zwei Abteilungen, eine für Jungen und eine für Mädchen, sowie einen kleinen Quarantäneraum, der für Kinder mit ansteckenden

Krankheiten gedacht war. Ich war zwar nur einen oder zwei Tage krank, aber man behielt mich zur Sicherheit noch ein bisschen länger da. Als es mir besser ging, hatten wir jede Menge Spaß, indem wir zum Beispiel zur Schlafenszeit Kissenschlachten veranstalteten oder uns manchmal aus den niedrigen Fenstern nach draußen schlichen und dann durch den Garten tobten. Einmal riss sogar ein Kissen, und wir ließen es Federn schneien.

Am Wochenende durften wir viel im Garten spielen, und die Lehrerin, die auf uns aufpasste, zeigte uns immer neue Spiele. Ich durfte sogar zusammen mit Martin weggehen. Er kam dann immer zum *Junior House* gelaufen und holte mich ab, damit wir alleine auf Entdeckungstouren gehen und miteinander reden konnten. Wir spielten oft Räuber und Gendarm und versuchten, uns gegenseitig zu fangen. Ich ging aber nicht nur mit Martin spazieren, sondern auch mit der Lehrerin, weil sie mir die Namen von Bäumen und Blumen beibrachte. Mit der Zeit fing ich an, das Leben auf dem Land und in der Natur zu lieben.

Am Sonntag nach den Gebetstreffen gingen die Schüler aus dem *Junior House* immer gemeinsam Wandern. Im Winter hatten wir einen Riesenspaß dabei, Schneebälle zu machen. Einmal haben wir einen ganz großen Ball gemacht und ihn dann einen Hügel hinuntergerollt, sodass er immer größer und schneller wurde und wir kaum noch neben ihm herlaufen konnten. Am Fuß des Hügels war er dann sogar größer als ich.

Ich kann mich zwar nicht daran erinnern, dass ich nach den Mahlzeiten jemals hungrig gewesen wäre, aber ich hätte sicherlich mehr gegessen, wenn mehr da gewesen wäre. Wegen des Krieges waren die Lebensmittel rationiert, und sogenannte Luxusgüter gab es kaum. Man bekam nur eine halbe Scheibe Weißbrot, dafür aber zwei Scheiben dunkles Brot, was mir nur recht war, da mir weißes Brot nie besonders schmeckte. Deswegen habe ich auch immer eine halbe Scheibe Weißbrot gegen eine ganze Scheibe dunkles Brot getauscht. Wenn es Ofenkartoffeln gab, tauschte ich immer das Innere gegen die Schalen zweier Kartoffeln, weil ich die viel lieber mochte. Süßigkeiten gab es nur in Form von Essensmarken, die wir einmal in der Woche in einem Laden, zu dem wir jeweils in Zweierreihen liefen, gegen Süßigkeiten eintauschen konnten. Mein Eindruck war, dass wir für unsere Marken mehr Schokolade als irgendwelche anderen

Süßigkeiten bekommen konnten, und so entschied ich mich fast immer für Schokolade. Daher kommt wahrscheinlich meine große Leidenschaft für Schokolade. Zu der Zeit hatte ich eine Jugendliebe namens Glen. Er war der einzige, mit dem ich jemals meine Schokoladenration teilte.

Wenn man Geburtstag hatte, durfte man das Essen für den Tag bestimmen, mit Ausnahme des Frühstücks, das immer aus *Porridge*, einer Art Haferbrei, und Toast bestand. Für meinen Geburtstag wünschte ich mir zum Mittagessen einen Gemüse- und Kartoffelbrei sowie mit Eierteig überbackene Bratwürste. Am Nachmittag gab es dann eine Geburtstagstorte mit Kerzen, und ich durfte wieder auswählen, wer bei mir an meinem eigenen kleinen Tisch sitzen durfte. Natürlich entschied ich mich für Glen. Zum Abendessen wünschte ich mir Brotpudding mit viel Rosinen und Mandelgeschmack.

Nach dem Abendessen durfte man dann noch eine Geschichte aussuchen, die vorgelesen wurde. Ich wählte „Dr. Dolittle und seine Tiere" aus, und ich glaubte wirklich, dass er mit den Tieren in ihrer Sprache reden konnte. Das versuchte ich auch und grunzte und quiekte deshalb in ihrer Nähe, was manchmal sogar funktionierte. Viel später, als der Krieg schon längst vorbei war und wir eines Abends in Deutschland aus dem Theater nach Hause gingen, fing ich laut zu jaulen an, und die Hunde in der Nachbarschaft stimmten mit ein.

Jedes Jahr wurde in der Schule ein Theaterstück aufgeführt, an dem alle Schüler in irgendeiner Form beteiligt waren. An das Stück selbst kann ich mich gar nicht mehr erinnern, nur noch daran, dass ich einen Soldaten spielte und eine große schwarze Bärenfellmütze aus Pappmaché anhatte. Außerdem trug ich einen roten Mantel und hielt einen Besenstiel als Lanze in der Hand. Es machte großen Spaß, sich zu verkleiden und all die Dinge, die wir für das Theater brauchten, im Kunstunterricht anzufertigen. Das Einzige, was mich traurig machte, war, dass die Eltern oder Verwandten der meisten Kinder gekommen waren, um sich das Stück anzuschauen, und mir die Abwesenheit meiner Eltern schmerzlich bewusst wurde. Die Steads kamen natürlich nicht, aber das hätte ich auch nicht gewollt, da sie mich nur eingeschüchtert hätten. Wenigstens hatte ich Martin, der mit ein paar anderen Kindern aus dem *School House* herübergekommen war, um mir zuzusehen.

Gegen Ende des Sommerhalbjahres, als alle anderen Kinder nach Hause fuhren, wurde uns gesagt, dass wir nicht in das Pfarrhaus nach Merston zurückkehren könnten, da der Pastor sehr krank sei und Mrs. Stead keine lauten Kinder im Haus haben wollte. Im ersten Moment waren wir deshalb überglücklich, fragten uns dann aber bald, was denn nun aus uns werden sollte. Wollte uns denn wirklich niemand bei sich haben? Mussten wir nun die ganzen Sommerferien über in der Schule bleiben?

Ohne die anderen Kinder war es recht langweilig. Eine Zeitlang aßen wir bei der Familie des Direktors und gingen ganz oft spazieren, doch dann wurden wir eines Tages ganz plötzlich von einer Lehrerin in einen Zug nach London gesetzt, wo wir von einer fremden Frau am Bahnhof abgeholt und in eine Jugendherberge nach Richmond im Südwesten Londons gebracht wurden. Zu der Zeit hatten wir noch keine Ahnung, dass wir nie mehr an die *Friends' School* zurückkehren würden, an den Ort, an dem wir uns so wohlgefühlt hatten und glücklich waren. Wir konnten noch nicht einmal unseren Freunden „Auf Wiedersehen" sagen, da sie alle schon zu Hause waren, und auch die meisten Lehrer waren nicht mehr da. So endete eine weitere Phase unseres Lebens völlig abrupt – ohne Zeit für Erklärungen.

1996, fünfzig Jahre später, organisierte die *Friends' School* eine Wiedersehensfeier für all die Schüler, die während der Kriegsjahre die Schule besucht hatten. Da sie die Schülerlisten aufgehoben hatten, kontaktierten sie alle, die sie ausfindig machen konnten. Martin und ich gingen natürlich zu der Feier und trafen dort eine Reihe von Leuten, die wir von unserer Zeit in Saffron Walden kannten. Für uns war es interessant zu erfahren, dass die *Friends' School* während des Krieges viele Flüchtlingskinder aufgenommen hatte, von denen auch einige bei der Wiedersehensfeier anwesend waren. Ich konnte mich sogar noch an den einen oder anderen erinnern, hatte aber damals nicht gewusst, dass sie auch Flüchtlinge waren. Es tat mir leid zu hören, dass Benita, meine beste Freundin, schon in jungen Jahren an Krebs gestorben war, wie ihr Bruder, der Martins bester Freund gewesen war, ihm erzählte. Ich sah auch Glen wieder, doch die Magie von damals war lange verflogen. Nichtsdestotrotz war es ein sehr bewegendes Wochenende, an dem wir viel miteinander redeten, alte und neue Freunde trafen, und einiges über die Vergangenheit und ihre Auswirkungen auf die Gegenwart erfuhren.

Kapitel 6
Das Heim für heimatlose Kinder in Richmond

Martin und ich gingen von September 1942 bis Juli 1943 auf die *Friends' School*. Gerne wären wir noch länger geblieben und hätten unsere gesamte Schulzeit in Saffron Walden verbracht, aber wir hatten keine Wahl, denn wie ich jetzt weiß, hatte das *Jewish Refugee Committee*, das jüdische Flüchtlingskomitee, unser Sponsoring übernommen.

Man kann sich sicher gut vorstellen, wie verwirrt, verängstigt und verunsichert Martin und ich im Juli 1943 waren. Denn zu Beginn der Sommerferien fuhren alle anderen Kinder nach Hause, während uns gesagt wurde, dass wir noch einige Tage in der Schule bleiben müssten, da der Pastor sehr krank war und wir nicht zurückgehen konnten. Währenddessen suchte das *Jewish Refugee Committee* eine neue Pflegefamilie für uns. Wir konnten unser Glück, dass wir nicht wieder in das Pfarrheim mussten, kaum fassen, fragten uns aber auch, was aus uns werden würde. Was, wenn die neue Pflegefamilie genauso unverständliche Erwartungen an uns stellen würde und ebenso herzlos wäre oder möglicherweise sogar noch schlimmer? Das wenige Schulpersonal, das noch da war, versuchte, uns so gut es ging zu beschäftigen, damit wir nicht verzweifelten und uns nicht allzu viele Sorgen machen würden, aber die Schule war sehr ruhig und leer und sogar ein bisschen unheimlich. Ein paar Tage später waren dann die letzten Lehrer abgereist, und auch wir mussten gehen. Mrs. Stubbs, die gütige Hausmutter, begleitete uns samt unserem Gepäck zum Zug nach London. Die Zugfahrt machte uns zwar ein bisschen Angst, aber mit elf bzw. neun Jahren kamen wir uns recht erwachsen vor, weil wir alleine unter vielen Fremden reisen durften. Unsere Freude war allerdings ein bisschen gedämpft, weil wir ja nicht wussten, wohin unsere Reise gehen sollte, sobald wir einmal in London waren, oder ob wir uns überhaupt zurechtfinden würden.

In London wurden wir von einer uns vollkommen unbekannten Frau abgeholt. Ich weiß nicht, woran sie uns erkannt hat, aber vermutlich waren wir die einzigen kleinen Kinder, die ohne Begleitung aus dem Zug ausstiegen. Wir waren sehr erleichtert, als wir merkten, dass sie geschickt worden war, um uns abzuholen, und sie nett und freundlich zu uns war. Während wir quer durch London mit ihr fuhren, redete sie über alles Mögliche. Das letzte recht lange Stück mussten wir zu Fuß gehen, bis wir schließlich an ein riesiges Haus kamen, das hinter Büschen und Bäumen versteckt lag. Es war ein Heim für heimatlose Kinder in Richmond, einem Stadtteil im Südwesten Londons, das von außen aussah wie ein ganz normales Haus. Deshalb war ich auch so überrascht, dass es voller Menschen und sehr heruntergekommen und dreckig war. Es war furchtbar laut, und der Gestank war entsetzlich. Es schien, als würden hunderte kleiner Kinder die Treppen rauf und runter sausen und dabei einen Mordskrawall und ein Riesentheater machen. Da es ein heißer Sommertag war, waren die meisten von ihnen nackt oder hatten nur ein Unterhemd an. Ich war daran gewöhnt, dass Erwachsene für Sauberkeit und Ordnung sorgten, sodass mir das wilde Durcheinander in dem Heim am Anfang ziemliche Angst einjagte, bis Martin mir deutlich machte, dass wir gut auf uns selber aufpassen konnten. Damit konnte ich gut leben – solange Martin sich um mich kümmerte, brauchte ich sonst niemanden.

Meistens war weit und breit kein Erwachsener zu sehen, und es war an den älteren Kindern, auf die kleinen Babys aufzupassen. Irgendeines musste immer gerade gefüttert werden, sodass die Fütterei gar nicht aufzuhören schien. Einige Säuglinge bekamen noch die Flasche, was ich vorher noch nie gesehen hatte. Ich staunte, dass die Fläschchen halbmondförmig waren und an beiden Enden jeweils einen Sauger hatten. Es hieß, die Form müsse so sein, um Luft in die Flasche zu lassen, während die Kinder tranken, aber mir war nicht klar, wieso das nötig war, und ich habe seitdem auch keine Babyfläschchen mit zwei Enden mehr gesehen. Einmal ließ mich einer der Jugendlichen ein Baby halten, und ich war entzückt, als es mich anlächelte, jedoch nur solange, bis es sich übergab und meine Kleider dreckig waren. Danach zog ich es vor, Kleinkindern Essen zu geben, die man schon mit dem Löffel füttern konnte.

Feste Essenszeiten gab es nicht, sodass man nie wusste, wann es das nächste Mal etwas zu essen geben würde. Das gefiel meinem Magen gar nicht, denn er war an regelmäßige Mahlzeiten gewöhnt. Wenn wir hungrig waren und nach der nächsten Essenszeit fragten, wurden wir oft in die Küche geschickt, um uns selbst etwas zu machen. Als mich einmal der Hunger überkam, ging ich in die Küche, in der zwei Teenager gerade Brot in der Pfanne brieten und mir etwas davon anboten. Es sah sehr lecker aus und roch verlockend – es war knusprig braun und mit reichlich Salz bestreut. Das hatte ich zuvor noch nie gegessen, aber es schmeckte wunderbar, und ich wollte mehr. Also zeigten mir die Mädchen, wie man es zubereitet und ließen mich gewähren. Es war so lecker, dass ich immer mehr davon aß, bis ich so satt war, dass ich Bauchweh bekam. In der Nacht war mir ganz furchtbar schlecht, und ich hatte die nächsten Tage Durchfall, sodass ich eine Zeitlang gar nichts essen konnte. Natürlich wurde ich wieder gesund, aber es dauerte Jahre, bis ich mich wieder traute, gebratenes Brot zu essen.

Zurückblickend war es kein Wunder, dass die Abläufe in dem Heim so unorganisiert waren und es kaum Personal gab, denn der Sommer 1943 war der Höhepunkt des Krieges und die meisten Erwachsenen, die nicht bei der Armee waren, arbeiteten in Munitionsfabriken, sodass man niemanden für den Betrieb von Heimen für heimatlose Kinder entbehren konnte. Kein Wunder also, dass wir unbeaufsichtigt waren und in alle nur erdenklichen Schwierigkeiten gerieten. Ich bin mir nicht sicher, ob es uns erlaubt war, das Gelände zu verlassen, aber Martin und ich gingen einfach los und erkundeten die Umgebung. Meistens endeten unsere Touren an der Themse, und da es sehr heiß war, gingen wir natürlich ins Wasser und planschten herum. Im Gegensatz zu Martin konnte ich jedoch noch nicht schwimmen und blieb deswegen in der Nähe des Ufers. Da wir keine Handtücher hatten, machten wir uns mit nassen Unterhosen auf den Rückweg zum Heim und ließen sie einfach auf dem Weg trocknen.

Wir sahen zwar, dass das Flusswasser recht trüb war, aber wir wären nie auf den Gedanken gekommen, dass das Baden darin gefährlich sein könnte, denn viele andere Kinder schwammen und planschten genauso wie wir. Wahrscheinlich lag es aber tatsächlich an dem verschmutzen Wasser der Themse, dass Martin Hepatitis bekam. Allerdings wussten wir zu der Zeit natürlich nicht, dass es Hepatitis war. Er bekam hohes Fieber und konnte nicht mehr aufstehen, aber ich konnte keinen Erwachsenen finden und um Hilfe bitten, und die Jugendlichen waren zu beschäftigt, als dass sie sich für uns interessiert hätten. Also kam auch niemand auf die Idee, einen Arzt zu rufen, obwohl Martin anfing zu halluzinieren und seine Haut ganz gelb wurde.

Ich hatte große Angst, denn ich konnte den Gedanken, ihn zu verlieren, nicht ertragen, konnte aber kaum an etwas anderes denken. Ich las ihm Geschichten vor und kühlte ihm die heiße Stirn und das Gesicht immer wieder mit einem feuchten Waschlappen. Er sagte immer nur den Reim „an apple a day keeps the doctor away", weil er felsenfest davon überzeugt war, dass er nur jeden Tag einen Apfel essen müsse, um wieder gesund zu werden. Also nahm ich die letzte mir verbliebene Puppe, Christine, und ging hinaus auf die Straße. Nach einiger Zeit sah ich eine Frau mit einem Baby im Kinderwagen an mir vorbeigehen und verkaufte ihr meine Puppe für ein paar Geldmünzen, die gerade einmal reichten, um davon eine große Tüte süßer roter Äpfel zu kaufen. Martin war so krank, dass ich mir gar nicht erklären kann, wie er es schaffte, jeden Tag einen Apfel zu essen, aber irgendwie gelang es ihm. Heute denke ich, es waren weniger die Äpfel, die bei seiner Genesung geholfen haben, als vielmehr mein inniger Wunsch, dass er wieder gesund werden möge. Und ich wiederum glaubte alles, was mein Bruder sagte, der sich in meinen Augen gar nicht irren konnte.

Es dauerte zwar lange, bis Martin wieder ganz gesund war, aber als es endlich so weit war, war das eine große Erleichterung für mich. Er war noch recht schwach und schlief viel, als plötzlich viele Kinder in der Jugendherberge von Kopfläusen befallen waren. Ob wir auch welche hatten, weiß ich nicht; jedenfalls kann ich mich nicht erinnern, dass es juckte und wir uns kratzen mussten wie so viele der kleinen Kinder. Die Jugendlichen sahen in Paraffin die Lösung des Problems, also mussten alle ihren Kopf etwa eine Minute lang in ein Behältnis mit dem Gemisch stecken. Der Geruch war fürchterlich, und es war so viel Paraffin verspritzt worden, dass es im ganzen Haus noch tagelang danach roch. Mir wurde ganz schlecht, und nach ein paar Stunden bekam ich viele Blasen am Hals und auf der Stirn – große gelbe Blasen, die aufplatzten und aus denen eine gelbe Flüssigkeit quoll. Es tat schrecklich weh, und ich konnte mich kaum bewegen, ohne dass ich furchtbare Schmerzen hatte. Irgendjemand schmierte die Stellen dann mit Creme ein und verband meinen Hals und die Stirn, aber das brannte fürchterlich. Als Mrs. Goodricke Martin und mich abholte, um uns in unser neues Zuhause zu bringen, steckte ich also in dicken Verbänden.

Kapitel 7
Endlich eine richtige Familie

Ich weiß noch, wie nett ich es damals fand, dass uns Mrs. Goodricke selbst abholte, und wir nicht einfach nur von jemandem in einen Zug gesetzt wurden. Wegen ihres weißen Haars sah sie sehr alt und weise aus, obwohl sie nicht viel älter als 50 Jahre alt gewesen sein kann. Sie hetzte uns auch nicht beim Verlassen der Jugendherberge, sondern bemühte sich ganz im Gegenteil darum, sich mit uns zu unterhalten. Sie fragte uns, was wir die Zeit über gemacht hatten, und bat uns, ihr etwas von uns selbst zu erzählen.

Sie war sehr besorgt wegen des dreckigen Verbandes, der um meinen Hals und die Stirn gewickelt war. Sie erzählte mir, dass sie vor ihrer Hochzeit als Krankenschwester gearbeitet hatte und mir eine Wundcreme auftragen würde, die sie bereits zusammen mit einem neuen Verband dabei hatte. Es hatte ihr also offensichtlich jemand von meinen wunden Stellen erzählt. Anfangs sträubte ich mich dagegen, weil es sehr wehgetan hatte, als mir das Personal zuvor die alte Bandage vom Kopf gerissen hatte, aber Mrs. Goodricke war sehr vorsichtig und nahm sich Zeit, sodass ich kaum Schmerzen hatte. Zusätzlich hatte sie für jeden von uns einen Pullover dabei. Meiner war blauweiß, und ich liebte ihn so sehr, dass ich ihn trug, bis er voller Löcher war. Ich vertraute Mrs. Goodricke von der ersten Sekunde an und wünschte mir, dass sie meine Mutter wäre.

Nachdem sie uns von ihrer Familie erzählt hatte, fragte sie uns, ob wir gerne mit ihr nach Hause fahren wollten. Sie sagte, dass ihre fünf Kinder Ursula, Susan, John, Joan und Guy, uns sehr gerne kennenlernen würden und es viele schöne Orte zu erkunden, Tiere zu sehen und Dinge zu tun gebe. Sie hätten außerdem einen Obstgarten mit Obstbäumen, Hühnern, Kaninchen und eine Koppel mit Ponys. Es klang alles so sehenswert und einladend, dass ich natürlich gerne mit wollte, da sie auch ähnlich freundlich und liebevoll wie die Quäker war und mir keine Angst einjagte wie etwa Mrs. Stead oder Miss Wright. Das machte es mir viel einfacher, wieder in eine unbekannte Welt aufzubrechen und alles, an was wir uns im Heim und in Richmond gewöhnt hatten, hinter mir zu lassen.

Die Reise war zwar nicht lang, aber anfangs etwas angsteinflößend, da wir mit dem Bus durch Gegenden Londons fuhren, die von den Bomben schwer beschädigt worden waren. Mrs. Goodricke versicherte uns aber, dass es draußen auf dem Land, wo sie lebte, keine Bombenschäden gebe und wir dort vor Angriffen sicher seien. Als wir am Bahnhof ankamen, pfiff die Dampflok schon und wir mussten ganz schnell in den Zug springen. Damals gab es nur Dampflokomotiven, die während der Fahrt „tschu-tschu-tschu" machten und große weiße Dampfwolken ausstießen. Trotz des Rauchs waren die Züge immer sauber und auf Hochglanz poliert, da die Lokomotive der ganze Stolz der Lokführer und der Besatzung war.

Mrs. Goodricke unterhielt sich mit uns und gab uns ein paar Bücher: Ich bekam ein Bilderbuch mit Bauernhoftieren und Martin ein Buch, das mehr Text enthielt als Bilder. Damit verging die Reise wie im Flug. Am Bahnhof in Maidstone angekommen, brachte uns ein Bus nach Horsmonden in der Grafschaft Kent südöstlich von London. Von dort mussten wir bis zum Haus der Goodrickes nur noch ein kleines Stück laufen. Es war ein bezauberndes Fachwerkhaus und hatte sogar einen eigenen Namen – *Westenhanger*. Es war viel kleiner als das Pfarrhaus in Merston und auch als das Schulhaus der *Friends' School*. Ja, es war sogar kleiner als die weitläufige, dreigeschossige Jugendherberge, aber dafür war es ein wunderschönes Häuschen mit Glyzinien, die die Wand hochrankten, und üppig wachsenden Rosen im Vorgarten. Es gab auch ein recht marodes Nebengebäude, das Malzhaus, in dem einst Hopfen gelagert und getrocknet worden war, bevor er zu Bier weiterverarbeitet wurde.

Irgendein Bauer nutzte das Gebäude als Scheune für sein Heu. Innen war es dunkel und staubig, aber es war der perfekte Ort, um sich zu verstecken und herumzutollen. Wir hatten einen Heidenspaß dabei, vom oberen Stockwerk hinunterzurutschen und dann unten in das Heu zu fallen.

Als wir ankamen, sollte Martin die Eingangstür des Hauses aufmachen. Damals war es zumindest auf dem Land völlig normal, die Tür nicht abzuschließen, weil man den Leuten aus der Umgebung vertrauen konnte und von niemandem Gefahr ausging. Außerdem hatte so gut wie jede Familie einen Hund, der durch Bellen ankündigte, wenn jemand ins Haus wollte. So war es auch hier. Kaum hatte Martin den Türknauf gedreht, hörte man Rover auch schon bellen, was Mr. Goodricke und den fünf Kindern genug Zeit gab, sich hinter der Tür zu versammeln. Mrs. Goodricke stellte uns einander vor und schickte uns dann zum Händewaschen, da das Abendessen bereits fertig war. Auf dem Land war es üblich, gegen 17 oder 18 Uhr zu Abend zu essen, und das war dann auch die letzte Mahlzeit des Tages, abgesehen von einem Glas Milch zur Bettzeit. Deshalb gab es um diese Zeit in der Regel auch nicht nur Brot, Marmelade und Tee, sondern zum Beispiel auch ein Ei, Bratkartoffeln oder Ofenkartoffeln. Und sonntags gab es immer Kuchen.

Bei diesem ersten gemeinsamen Essen waren wir Kinder eher ruhig und schüchtern, während wir uns gegenseitig beäugten. Ich war ganz aufgeregt, denn die Goodrickes waren tatsächlich eine richtige Familie so wie ich sie von den Bildern in den Büchern der *Friends' School* kannte und nicht so wie die Steads, wo wir unser Essen im Klassenraum bekamen und in Anwesenheit von Miss Wright aßen, während der Pastor und seine Frau alleine im Esszimmer an einem polierten Tisch auf handgeschnitzten Stühlen saßen.

Nun war ich also endlich bei einer richtigen Familie, in der gemeinsam gegessen wurde und die Erwachsenen uns Kinder ermutigten, richtige Gespräche miteinander zu führen. Zwar waren auch sie recht streng, aber auf eine andere Art. Man durfte nicht mit vollem Mund sprechen, und es durfte immer nur einer reden, während die anderen warten mussten, bis sie an der Reihe waren. Wir mussten auch Messer und Gabel richtig benutzen, mit geschlossenem Mund kauen und höflich bitten, wenn wir bei Tisch etwas gereicht bekommen wollten. Das letzte Stück auf einem Teller durfte man nur nehmen, wenn man vorher gefragt hatte, ob jeder sich bereits bedient hatte. Wenn ich sie fragte, weshalb es die eine oder andere Regel gab, dann erklärten Mr. und Mrs. Goodricke uns die Gründe dafür, dass wir etwas tun oder lassen sollten. Da ihre Erklärungen Sinn ergaben, hatte ich auch keine Schwierigkeiten damit, mich an diese Regeln zu halten.

Die Goodrickes waren zwar keine Quäker, waren ihnen aber durchaus sehr ähnlich. So waren sie auch der Meinung, dass Krieg oder Gewalt keine Lösung sind, aber das Recht auf Verteidigung fanden sie durchaus wichtig. Natürlich musste England gegen die Angriffe der Nazis verteidigt werden. Alle fürchteten, dass Hitler den Ärmelkanal überqueren würde, um dann in Großbritannien einzumarschieren. Zu diesem Zeitpunkt hatten Hitlers Truppen zwar die Kanalinseln eingenommen, aber Großbritannien ansonsten nur aus der Luft angegriffen. Die Luftschlacht wurde von Jagdflugzeugen ausgetragen, den *Spitfires* auf der britischen und den *Messerschmitts* auf der deutschen Seite. Wir waren das Geräusch der Flugzeugmotoren schon gewöhnt und versuchten immer herauszufinden, ob es „freundliche" oder „feindliche" Maschinen waren, die über unsere Köpfe hinwegflogen.

Obwohl sich Mr. Goodricke gegen Gewalt aussprach und äußerst mitfühlend und sanftmütig war, schloss er sich der Freiwilligenreserve an, in der er als Obergefreiter der Luftwaffe diente. Während des Bombardements Londons zur Zeit des Blitzkriegs arbeitete er auf den Klippen von Dover an einem experimentellen Radar. Das Radar sollte dazu dienen, die elektronische Ausrüstung der Piloten so zu beeinträchtigen, dass sie den richtigen Kurs nicht mehr finden konnten. Als sich sein Gesundheitszustand verschlechterte, konnte er zunächst als Militärpfarrer weiterarbeiten, bevor er schließlich aus gesundheitlichen Gründen ganz aus den Streitkräften ausschied. Zu der Zeit, als Martin und ich bei seiner Familie lebten, leistete Mr. Goodricke als Hilfskraft auf einem Bauernhof seinen Beitrag zu den Kriegsanstrengungen. Das war eine sehr wichtige Aufgabe, da viele Männer als Soldaten fern der Heimat waren. Daher mussten sich die älteren Männer um die Saat und Ernte kümmern, wobei ihnen Frauen aus der eigens dafür rekrutierten Frauenlandarmee halfen.

Manchmal besuchten wir ihn bei der Arbeit auf dem riesigen Bauernhof, auf dem Hopfen und verschiedene Obstsorten angebaut wurden. Dabei hatte ich immer ein bisschen Angst und Ehrfurcht vor ihm, da er sehr stark war und große Säcke und riesige Körbe voller Obst hochheben konnte. Im Herbst musste das Obst von den Bäumen, der Hopfen von den Stangen und die Kartoffeln aus der Erde geerntet werden und anschließend von Hand in speziell dafür vorgesehene Körbe gelegt werden, die dann gewogen wurden, da die Pflücker anhand des Gewichts der Körbe bezahlt wurden.

Eine Vielzahl von Sinti und Roma sowie Leute aus dem Londoner East End, der ärmsten Gegend der Stadt, arbeiteten als Erntehelfer auf den Feldern und waren bei den Einheimischen gerne gesehen, denn ohne die Saisonarbeiter hätten sie die ganze Arbeit nicht bewältigen können. Schließlich waren die meisten Männer aus der Umgebung im Krieg und die Frauen arbeiteten in Fabriken, um Kriegsgut herzustellen. Die Sinti und Roma kamen in ihren Wohnwagen, während für die Londoner Saisonarbeiter provisorische Hütten aufgestellt wurden. Es waren alles sehr freundliche und lebensfrohe Menschen, die während ihrer Arbeit und danach an einem Lagerfeuer Lieder sangen.

Mrs. Goodricke arbeitete zwar nicht auf den Feldern, hatte vermutlich aber auch so enorm viel Arbeit, da sie nicht nur für eine neunköpfige Familie kochen und das Haus sauber halten, sondern sich auch um den Garten, den Obstgarten und die Hühner und Kaninchen kümmern musste. Die älteren Kinder halfen viel, und auch wir versuchten, unseren Teil beizutragen. Es war jedoch damals ganz anders und viel mühsamer, ein Haus sauber zu halten. Es gab keinen elektrischen Wasserkocher, sondern nur einen großen schwarzen Teekessel, der auf dem Kochfeld stand und so schwer war, dass ich ihn nicht einmal hochheben konnte. Es gab auch keine Waschmaschine, sodass man die Wäsche für neun Personen per Hand erledigen musste. Wir Kinder halfen dabei, sie aufzuhängen. Natürlich kannte man so etwas wie eine Spülmaschine noch nicht. Wir wechselten uns alle dabei ab, das gesamte Geschirr abzuwaschen und abzutrocknen.

Während des Krieges waren die Lebensmittel knapp und deswegen rationiert. Jeder erhielt eine bestimmte Anzahl an verschieden Essensmarken – für Fleisch, Fett, Mehl, Süßigkeiten und sogar für Kleidung. Da der Garten der Goodrickes uns mit Obst und Gemüse sowie Eiern von den Hühnern und Honig von den Bienenstöcken versorgte, bekamen wir weniger Essensmarken als die Menschen in Städten. Manchmal gaben Mr. und Mrs. Goodricke sogar ihre Essensmarken an Familien weiter, die sehr arm waren und kaum genug zum Überleben hatten. Außerdem machte Mrs. Goodricke Marmelade und legte Obst und Gemüse für ärmere Nachbarn ein. So war das im Krieg – angesichts des Elends und des Mangels halfen sich die Leute gegenseitig. Man erinnert sich heute immer noch an das Gefühl des Zusammenhalts und des Miteinanders während der Kriegsjahre.

Während des Krieges und auch noch einige Zeit danach konnte es sich die Bevölkerung nicht leisten, Haustiere zu füttern, weswegen viele Menschen zu der Zeit Kaninchen aßen, weil es kaum anderes Fleisch gab und sie sonst Hunger gelitten hätten. Aus diesem Grund durften wir die Kaninchen, die die Goodrickes hielten, zwar füttern, aber liebgewinnen sollten wir sie nicht, weil sie ja nur gehalten wurden, damit sie später geschlachtet werden konnten. Wie ein Tierarzt untersuchte Mr. Goodricke sie stets akribisch nach Krankheiten, wobei sie in seinen Armen immer sehr zappelten, weil sie schließlich nicht zahm waren.

Mrs. Goodricke war sehr streng, wenn es darum ging, nichts zu verschwenden. Wir warfen grundsätzlich nichts weg, was in irgendeiner Form wiederverwendet werden konnte. So wurden Obstschalen oder Gemüsereste als Futter für die Hühner und Kaninchen in einem Kübel gesammelt. Verpackungen wurden erst dann weggeworfen, wenn sie buchstäblich auseinanderfielen. Briefumschläge, Papiertüten und Schachteln waren wertvolle Gegenstände, da es noch keine Plastiktüten und generell nur wenige Produkte aus Plastik gab, auch wenn viel Spielzeug und andere Dinge aus Zelluloid hergestellt wurden. Wenn wir einkaufen gingen, nahmen wir leere Papiertüten und Kartons mit, denn es gab keine abgepackten Lebensmittel, sondern alles wurde aus Säcken und Gläsern abgewogen und direkt in die von uns mitgebrachten Tüten gefüllt. Für ein oder zwei Pennies konnten wir Tüten, die wir nicht brauchten, im Laden abgeben, und diese wurden dann Leuten verkauft, die nicht daran gedacht hatten, welche mitzubringen.

Unter den Kindern war Ursula die Älteste, die mir mit ihren 15 Jahren fast schon wie eine Erwachsene vorkam, denn sie las viel und machte nur selten bei unseren Spielen mit. Die Zweitälteste war Susan, eine fröhliche 13-Jährige, die immer gute Ideen für Spiele hatte, uns aber auch Einhalt gebot, wenn etwas zu gefährlich wurde. John, das mittlere Kind, war zwar die meiste Zeit auf dem Internat, ärgerte uns dafür aber umso mehr, wenn er Zuhause war. Er war stets der Anführer bei allem, was wir taten. John war genau wie Martin 11 Jahre alt, aber die beiden kamen nicht gut miteinander aus, weil sie zu unterschiedlich waren. Dann gab es noch Joan, die wie ich acht Jahre alt war, meine beste Freundin wurde und mit der ich eigentlich die meiste Zeit verbrachte. Guy war mit gerade einmal sechs

Jahren der Jüngste im Bunde. Er war ein sensibler Junge, der unter starkem Asthma litt, uns mit seinen Späßen jedoch immer aufheiterte.

Für mich war das Leben bei den Goodrickes abwechslungsreich und mir gefiel es sehr, aber für Martin schien es nicht das Richtige zu sein, weil er einfach nicht zu den anderen Kindern passte. Sein einziges Interesse waren die Naturwissenschaften – ein Interesse, das leider niemand mit ihm teilte. Dennoch waren Mr. und Mrs. Goodricke sehr tolerant, was seine Experimente anging, die bisweilen ein ziemliches Chaos verursachten. Ich dagegen genoss die Zeit mit den anderen Kindern, auch wenn es oft Sticheleien gab, wir uns beim Rumtoben gelegentlich wehtaten oder Schelte bekamen, wenn wir etwas falsch machten. So aber sieht nun einmal das Leben in einer ganz normalen Familie aus.

Kapitel 8
Unser Leben bei den Goodrickes

Die Kinder der Goodrickes nannten ihre Eltern „Mummy" und „Daddy", und das hätte ich auch gern getan, weil ich unbedingt Teil der Familie sein wollte. Also fing ich an, Mrs. Goodricke „Mummy" zu nennen. Zwar schimpfte sie deswegen nicht mit mir, aber sie nahm mich an die Seite und erklärte mir, dass ich bereits eine Mutter und einen Vater hätte, denen es nicht gefallen würde, wenn ich sie „Mummy" nennen würde. Ich brach in Tränen aus und sagte ihr, dass meine Mutter tot sei und ich deswegen gerne sie als Mutter hätte. Mrs. Goodricke widersprach mir nicht – vermutlich, weil sie nicht einmal wusste, ob meine Mutter noch am Leben war oder nicht.

Mrs. Goodricke wusste, dass mein Vater in Schanghai war, da ich ihr seinen Brief zeigte, den wir mitsamt einem Foto und chinesischem Geld auf Umwegen über das Schweizer Rote Kreuz erhalten hatten, als wir in der *Friends' School* waren. Also sagte sie mir, dass mein Vater sehr traurig wäre, wenn ich sie „Mummy" nennen würde. Sie erklärte mir auch, dass er nach dem Krieg nach England kommen und mich abholen würde oder dass er für Martin und mich eine Schiffsfahrkarte schicken würde, damit wir zu ihm nach Schanghai fahren könnten. Sie redete dann noch darüber, wie aufregend es wäre, ein großes Dampfschiff nach China zu besteigen, und wie froh mein Vater wäre, mich zu sehen, dass es ihm aber nicht gefallen würde, wenn ich jemand anderen Vater oder Mutter nennen würde. Sie bot mir an, dass ich „Tante" zu ihr sagen könnte, aber das wollte ich nicht, weil es mich zu sehr an meine erste Pflegefamilie erinnerte, weil wir Mrs. Stead, die so böse zu uns gewesen war, „Tante" nennen mussten. Deswegen blieb ich dann die ganze Zeit über bei der Anrede „Mr." und „Mrs. Goodricke".

Martin und ich kamen im Oktober im Haus *Westenhanger* an und gingen gleich mit den anderen Kindern zur Schule, die gerade wieder angefangen hatte. Jeden Morgen verließen wir das Haus um fünf vor acht. Mrs. Goodricke hatte bereits belegte Brote oder ein paar selbstgebackene Kekse in die sechs kleinen Stofftaschen gelegt, die wir in der Pause am Vormittag essen konnten, weil es sonst zu lange bis zum Mittagessen gedauert hätte.

Während des Frühstücks lief immer das Radio – ein altes Modell, an dem man die Sender und die Lautstärke mit großen Drehknöpfen einstellte. Wenn der Radiosprecher sagte, „erhebt eure Herzen", um einen Augenblick der Besinnung über die Geschehnisse des Tages anzukündigen, war das das Zeichen für uns, „unsere Füße zu erheben" und aufzubrechen. Bis zur Bushaltestelle, wo der Bus nach Tunbridge Wells abfuhr, waren es gut eineinhalb Kilometer. Ursula und Susan trieben uns zur Eile an, da sie dafür verantwortlich waren, dass wir den Bus nicht verpassten. Wir Mädchen stiegen in Pembury aus, während Martin und Guy bis nach Tunbridge Wells fahren mussten, es waren aber noch andere Schüler ihrer Knabenschule im Bus, die auf die beiden aufpassten.

Ich war nur ein Halbjahr auf der Mädchenschule in Pembury, weil sie am Ende des Jahres nach einem feierlichen Ball geschlossen wurde, an den ich mich noch erinnern kann. Wir trugen alle lange, schöne, bunte Taft-Kleider, die vermutlich nur geliehen waren, weil wir sie nur ein einziges Mal anhatten. Als Abschluss des Festschmauses gab es Wackelpudding und Eiscreme, was angesichts der Lebensmittelknappheit ein ganz besonderer Genuss war. Am Weihnachtsbaum hingen kleine Geschenke für alle Schüler und Lehrer. Wir hatten vorher extra Tanzunterricht bekommen, damit wir den Ball auch genießen konnten. Ich war aber viel zu nervös und tollpatschig und beneidete Joan sehr, weil sie sich beim Tanzen so graziös bewegte.

Dann folgte das Weihnachtsfest bei den Goodrickes, das anders als im Pfarrhaus in Merston von einem wahren Zauber umgeben war. Da kein Geld für Weihnachtsschmuck übrig war, gingen wir zusammen über die Felder in den Wald und kamen vollbeladen mit Eiben- und Stechpalmenzweigen zurück, um daraus alles selbst zu basteln. Das Haus war anschließend mit lauter grünen Zweigen und roten Beeren verziert, und um das Treppengeländer hatte ich Zweige bis ganz nach oben geflochten. Der Weihnachtsbaum war nur mit ein paar Christbaumkugeln und ein bisschen Lametta geschmückt, das Jahr für Jahr in einem Karton aufbewahrt wurde. Dennoch sah er wundervoll aus, wenn die echten Kerzen, die man sehr vorsichtig festmachen musste, angezündet wurden.

Wie in England üblich lagen am Morgen des 25. Dezember für jedes Kind Geschenke unter dem Bett. Außer einer großen und einer kleinen

Puppe hatte ich keine Spielsachen aus Berlin mitnehmen dürfen. Die große Puppe, die ich Püppchen nannte, hatte einen Kopf aus Porzellan gehabt und war längst zerbrochen. Die Spielsachen, die wir bei unserer ersten Pflegefamilie gehabt hatten, waren dageblieben, weil wir direkt vom Internat in das Heim in Richmond gebracht worden waren; und meine andere Puppe, Christine, hatte ich für ein paar Pennies an eine Dame verkauft, um Martin von dem Geld Äpfel zu kaufen, als er krank war. Natürlich vermisste ich meine Teddybären und die anderen Spielsachen, die ich in Berlin zurückgelassen hatte, und man kann sich gut vorstellen, wie glücklich ich war, als ich entdeckte, dass mir der Weihnachtsmann einen Teddybären gebracht hatte. Ich habe keine Ahnung, wie Mr. und Mrs. Goodricke es schafften, während des Krieges, als die Menschen fast kein Geld hatten, Geschenke für sieben Kinder zu kaufen.

Mit den ausgepackten Geschenken im Arm stürmten wir Kinder dann am Weihnachtsmorgen zu Mr. und Mrs. Goodricke ins Schlafzimmer und sangen Weihnachtslieder im Schein des Kerzenlichts, da es noch dunkel war. Die Mahlzeiten und der Gottesdienst – alles war anders als sonst und etwas ganz Besonderes. In der Kirche waren mehr Kerzen aufgestellt als üblich und es wurden auch mehr Lieder gesungen. Ich frage mich oft, ob die Kinder, die heutzutage Dutzende Geschenke an Weihnachten bekommen und das ganze Jahr über Schokolade und Kuchen essen können, sich genauso darüber freuen wie wir es taten, die wir das alles nur an Weihnachten hatten.

Wir hatten zwar nicht besonders viele Spielsachen, aber jede Menge Spaß. An Winterabenden bastelten wir aus Kleidungsstücken, die nicht mehr geflickt oder gestopft werden konnten, unser eigenes Spielzeug. Joan und ich machten perfekte Steckenpferde, die eigentlich nur aus einem alten Socken, der mit Wolle ausgestopft war, als Kopf und einem Stiel bestanden, für uns aber wie echte Pferde waren. Wochenlang ritten wir auf ihnen und taten so, als wären wir auf einem Rodeo oder bei einem Springreitturnier.

John hatte eine richtige Drechselbank im Gartenhäuschen und baute damit verschiedenste Spielsachen aus Holz wie etwa Kegel, Kugeln, Würfel und kleine Boote, die auf unserem Bach schwimmen konnten, während wir versuchten, sie zu torpedieren. Wir bastelten sogar unsere eigenen Brettspiele und Puzzle.

Nach den Weihnachtsferien gingen wir Mädchen auf die *High School* in Tunbridge Wells, sodass wir alle zusammen mit dem Bus bis in die Stadt fuhren. In Pembury waren Joan und ich in derselben Klasse gewesen, aber das änderte sich in Tunbridge Wells. Uns gefiel das natürlich nicht, aber in den Pausen und beim Mittagessen waren wir trotzdem immer zusammen. Zu der Zeit banden wir oft aus Spaß unsere Beine zusammen und gingen dann überall dreibeinig hin. Weil wir uns so an das Laufen mit drei Beinen gewöhnt hatten, gewannen wir beim Sportfest der Schule im Sommer mit Leichtigkeit das Drei-Bein-Rennen. Ich bekam auch einen Preis für eines meiner Bilder, das ein verschneites Schulgelände darstellte, auf dem Kinder eine Schneeballschlacht veranstalteten und auf einer Eisbahn rutschten.

Kurze Zeit nach Weihnachten sorgte ein Arztbesuch wegen eines starken Schnupfens und Kopfweh dafür, dass ich ins Krankenhaus musste, damit mir die Mandeln entfernt werden konnten. Seit meiner Geburt in Berlin war ich nie mehr in einem Krankenhaus gewesen, und es gefiel mir überhaupt nicht. Es fing damit an, dass ich mich, obwohl es noch morgens war, ausziehen und in ein Bett legen musste, das in einem beängstigend großen Schlafsaal mit endlos vielen Betten in Zweierreihen stand. Noch viel schlimmer war aber, dass außer mir nur ältere Frauen da waren, keine anderen Kinder. Ich durfte nichts essen und zu trinken gab es nur Wasser. Abends ging eine Krankenschwester durch den Raum und gab jedem Patienten etwas, das ich für Süßigkeiten hielt, aber Mrs. Goodricke erklärte mir später, dass es Medikamente waren. Ich bekam ein kleines Glas mit einer dunklen Flüssigkeit, die gut roch. Weil ich hungrig war, trank ich das Glas in einem Zug aus und fragte die Krankenschwester, ob ich noch mehr haben könnte. Die anderen Frauen im Zimmer fingen laut an zu lachen, was mich verschreckte, da einige von ihnen keine Zähne mehr im Mund hatten und aussahen wie feixende Hexen. Das war ein grauenvoller Anblick. Die Krankenschwester machte mir klar, dass ich nicht mehr haben könnte, weil der Feigensirup ein Abführmittel war, damit ich auf die Toilette gehen konnte.

Am nächsten Tag stand meine Operation an. Eine der Schwestern drückte mir einen Watteballen voller Chloroform ins Gesicht, das fürchterlich stank. Instinktiv packte ich den Ballen und schleuderte ihn quer durch den Schlafsaal. Die Schwester schimpfte und sagte, ich sei ein böses Mädchen. Das war die letzte Erinnerung, die ich hatte, während mich zwei weitere Krankenschwestern an den Armen nach unten drückten und mir nochmals Chloroform verabreichten. Als ich wieder zu mir kam, konnte ich mich noch an die Worte „böses Mädchen" erinnern. Mein Hals tat schrecklich weh, und ich dachte, das sei die Bestrafung dafür, dass ich ein böses Mädchen gewesen war. Ich wäre vor Hunger fast gestorben, aber ich konnte ja nicht sprechen, weil mein Hals so wehtat. Deswegen läutete ich voller Angst die Glocke, konnte aber nichts sagen, als die Krankenschwester kam. Also hob sie mich aus dem Bett, verfrachtete mich auf die Toilette und ließ mich dort ewig sitzen. Schließlich war Mrs. Goodricke meine Rettung, als sie am Abend zu Besuch vorbeikam, da ich mich alleine nicht getraut hatte, die Toilette zu verlassen. Ich dachte, dass ich dann ein noch böseres Mädchen gewesen wäre.

Die Sonntage waren besondere Tage bei den Goodrickes, die damit anfingen, dass die Kinder Mr. und Mrs. Goodricke das Frühstück ans Bett brachten. Da sie unter der Woche so hart arbeiteten, war es ein gutes Gefühl, ihnen eine Freude zu machen. Wir liebten es, das Frühstück vorzubereiten, auch wenn es immer das Gleiche gab: Würstchen, Toast mit Butter und Tee. Wir wechselten uns ab, sodass jeder einmal die Würstchen braten durfte, was alle am liebsten machten. Die anderen mussten dann alles andere erledigen. Es war immer Ursula, die Älteste, die ihren Eltern das Tablett mit dem Essen brachte, aber nachdem sie mit dem Essen fertig waren, durften wir anderen es abwechselnd wieder nach unten bringen. Susan, die hervorragend Sachen organisieren konnte – wir nannten es Herumkommandieren –, stellte sicher, dass alles nach Plan lief und ordentlich gemacht wurde. Während des Frühstücks saß sie immer auf dem Platz ihrer Mutter. Danach kümmerten wir uns um den Abwasch und sorgten dafür, dass die Küche glänzte, bevor Mrs. Goodricke nach unten kam.

Ich weiß nicht wie, aber Mrs. Goodricke schaffte es immer, dass das Mittagessen bereits kurz nach der Kirche fertig auf dem Tisch stand, obwohl sie ja die ganze Zeit mit uns zusammen in der Kirche gewesen war. Ich kann mich aber auch daran erinnern, dass sie einmal nicht mit uns in die

Kirche gegangen war, weil sie ihre Eltern zu Besuch erwartete, die dann mit uns zu Mittag aßen. Wir Kinder mussten sehr über die Tatsache lachen, dass Mr. und Mrs. Goodricke ihre Eltern mit den lateinischen Bezeichnungen „Mater“ und „Pater“ anredeten, und kicherten wie verrückt, bis wir zum Spielen rausgeschickt wurden.

Der Sonntagnachmittag war immer wie ein Geschenk, denn Mr. Goodricke spielte mit uns. Wenn es regnete, vergnügten wir uns mit Brettspielen oder wir spielten drinnen Verstecken. Ab und zu spielte Mr. Goodricke auch Klavier und wir sangen zusammen, und obwohl ich kein musikalisches Gespür habe, machte mir Singen immer Spaß, weshalb mich die anderen aufzogen, was mich manchmal ärgerte. Wenn das Wetter gut genug war, spielten wir alle zusammen im Garten. Am meisten gefiel es mir, an einer Eisenstange, die Mr. Goodricke mit John zwischen zwei Holzpflöcken befestigt hatte, zu turnen. Ich konnte das zwar nicht wirklich gut, aber es machte Spaß, den anderen dabei zuzusehen. John war besonders gelenkig und wagemutig, sodass es aufregend war, ihm zuzusehen, wenn einem auch manchmal der Atem stockte.

Am Wochenende, an Sommerabenden und während der Schulferien durften wir die Straße vorm Haus überqueren und durch den Kirschgarten zum Bach gehen. Da bauten wir dann Häuser, Burgen, Boote und Panzer aus Abfall und Ästen oder spielten etwas anderes. John war immer unser Anführer, und wir waren mal Soldaten, mal Banditen oder auch Robin Hood und seine tollkühnen Gesellen. Wir verbrachten Stunden damit, Brücken über den Bach zu bauen oder Dämme anzulegen, um dann in den aufgestauten Wasserbecken zu planschen. Joan, Guy und ich wurden meistens hineingestoßen und kamen dann triefend nass zu Hause an.

Ein Stück hinter dem Bach verliefen Eisenbahnschienen, wo wir eigentlich nicht hingehen sollten, aber John führte uns dorthin, wenn er „Angsthase“ spielen wollte. Dabei ging es darum, so lange wie möglich auf den Schienen zu bleiben. Gewonnen hatte der, der als letzter heruntersprang, wenn ein Zug kam. Ich war meistens die erste, die aufgab, während John in der Regel gewann. Ich habe Mr. Goodricke nur einmal rot vor Wut gesehen, als uns nämlich ein Bahnangestellter einen Besuch abstattete und von unserem gefährlichen Spiel erzählte. Danach war sofort Schluss damit.

Mit Rover, einem großen wilden Hund mit rotbraunem Fell, machten wir oft lange Spaziergänge über die Felder und durch den Wald. Wir pflückten dann Pilze oder Blaubeeren oder sammelten Wolle.

Es gab jede Menge Schafe auf den Wiesen und Feldern rund um unser Haus. Schafe haben die Angewohnheit, sich durch Zäune zu quetschen, da das Gras auf der anderen Seite immer grüner und verlockender aussieht. Dabei blieb an den Dornenhecken und scharfen Kanten der Stacheldrahtzäune viel Wolle hängen, was Joan und ich für einen kleinen Wettstreit nutzten. Wir nahmen auf unsere Spaziergänge also jeder eine große Tasche mit, und gewonnen hatte diejenige, die mehr Wolle von den stacheligen Brombeerbüschen und Stacheldrahtzäunen eingesammelt hatte. Es machte sehr viel Spaß, und normalerweise kamen wir beide mit vollen Taschen zurück.

Mrs. Goodricke zeigte uns, wie wir die Wolle mit einem Kratzeisen kardieren konnten, um sie geschmeidig zu machen. Danach musste man sie in eine Reinigungsflüssigkeit tunken, um das ganze Öl herauszubekommen, und sie anschließend zum Färben in Färbungsmittel legen. Benutzte man die Schale von Zwiebeln, so erhielt man einen schönen Gelbton, während Koschinelle, das aus Schildläusen gewonnen wird, sie rot färbte. Dann sponnen wir die Wolle zu einem Faden, wobei wir eine Spindel benutzten, die wir aus einem getrockneten Lehmklumpen gemacht und in dessen Mitte wir einen Bleistift gesteckt hatten. Mit der Zeit stellten wir uns recht geschickt an und es gelang uns, die Lehmspindel zu drehen und gleichzeitig die Wolle zu einem gleichmäßigen Faden zu ziehen. Diesen Faden wickelten wir dann zu einem Wollknäuel auf und verwendeten das Garn zum Stricken oder Weben im Schulunterricht. Wir strickten viel, denn in jedem Dorf wurden Wollquadrate gesammelt, die anschließend nach Art einer Patchworkdecke zusammengenäht und den Soldaten im Ausland geschickt wurden. Genauso strickten manche Leute Socken und Pullover für die Truppe. Manchmal dachte ich an die Soldaten und hoffte, dass unsere selbstgesponnenen und selbstgestrickten Wollquadrate sie wärmen würden.

Als die Schule vorbei war, fingen die Sommerferien an, von denen die Goodrickes normalerweise zwei Wochen bei den Eltern von Mrs. Goodricke in Cornwall oder irgendwo im Norden Englands bei Mr. Goodrickes

Eltern verbrachten. Laut Mrs. Goodricke war das Haus ihrer Schwiegereltern jedoch zu klein, um mehr als fünf Kinder unterzubringen, sodass Martin in eine Jugendherberge für Jungen in Eastborne geschickt wurde, während ich in eine Jugendherberge für Mädchen in Hastings kam.

Obwohl ich traurig war, von Martin getrennt zu sein, und es mir wehtat, ganz offensichtlich kein Teil der Familie zu sein, hatte ich eine schöne Zeit. Ich hatte gerade erst gelernt zu schwimmen, worauf ich sehr stolz war, und nun schwamm ich zum ersten Mal im Meer und war fasziniert von den Wellen. Da Krieg herrschte, konnten Kinder nur einen kleinen, sicheren Teil des Strandes betreten, denn der Großteil des Strandes war voller Panzersperren. Und es hieß, dass Minen vergraben seien. Ich hatte so viel Spaß mit den anderen Kindern, dass ich im Wasser blieb, bis ich vor Kälte ganz blau war. Mir war aber auch klar, dass der Krieg schon sehr lange dauerte, und ich fragte mich, ob er überhaupt irgendwann aufhören und ich meinen Vater je wiedersehen würde.

Zurück im Haus *Westenhanger* bekam ich Verstopfung, hatte keinen Appetit mehr, mir war schlecht, und ich war viele Tage lang völlig teilnahmslos. Damals wurden Depressionen so behandelt, dass man dem Patienten sagte, er solle sich „zusammenreißen". Aber wenn man depressiv ist, schafft man genau das nicht, auch wenn man will. Jede Bewegung war mühsam, es fühlte sich alles an, als wolle man bei Regen über ein frisch gepflügtes Feld laufen und hätte dabei Stiefel an, an denen immer mehr Matsch kleben blieb, sodass sie schwerer und schwerer wurden. Zu der Zeit wusste ich nicht, dass ich vermutlich eine schwere Depression hatte, weil ich mir nicht länger vormachen konnte, Teil der Familie zu sein, nur um nicht ich selbst sein zu müssen. Ich wusste einfach nicht, wer ich war. Von meiner richtigen Familie war ich weggeschickt worden, weil ich nicht gut genug war, um Deutsche zu sein. Und obwohl ich mir viel Mühe gegeben hatte, war ich offensichtlich auch nicht gut genug, um eine Goodricke zu sein. Aber Joan war eine wahre Freundin, die, während alle unten am Fluss spielten und Spaß hatten, bei mir blieb und mir Gesellschaft leistete. Als das Winterhalbjahr in der Schule begann, hatte ich meine Depression überwunden und alles lief wieder ganz normal.

Kapitel 9
Marschflugkörper über Kent

Ungefähr ein Jahr nachdem Martin und ich zu den Goodrickes gekommen waren, begannen die Nazis damit, V1-Raketen mit Ziel London starten zu lassen. Es handelte sich dabei um Flugzeuge ohne Piloten, also eher fliegende Bomben, die wegen ihres knatternden Antriebsgeräusches in England *Doodlebugs* genannt wurden. Da das Haus der Goodrickes in der Grafschaft Kent südöstlich von London stand, lag es genau auf dem Weg, den die *Doodlebugs* nach London zurücklegen mussten.

Sie wurden in Peenemünde an der Ostseeküste mit Hilfe von Katapult-Rampen gestartet und mit gerade soviel Kerosin betankt, dass sie es bis London schafften. Sobald ihnen der Sprit ausging, fielen sie als Bomben auf London, die große Feuer entfachten und gewaltige Schäden anrichteten. Mein Schwiegervater arbeitete während des Kriegs als Feuerwehrmann in London. Er und seine Kameraden löschten die Feuer und retteten die Überlebenden aus den zerstörten Gebieten. Dies war eine ungemein anspruchsvolle, schwere und gefährliche Arbeit, und viele seiner Kameraden starben dabei. Daher tat die Royal Air Force auch, was sie konnte, um die *Doodlebugs* abzufangen, bevor sie London erreichten. Deshalb wurden in Kent Flugabwehrgeschütze stationiert, damit die *Doodlebugs* in weniger stark bewohnten Gebieten abstürzen und nicht so viel Schaden anrichten würden. Das bedeutete aber auch, dass in der Umgebung rund um *Westenhanger* jede Menge Flak-Geschütze waren.

Im Herbst 1944 begannen die Angriffe der *Doodlebugs*, was meistens nachts der Fall war, sodass uns die Warnsirenen aufweckten. Joan, Guy und ich setzten uns dann auf den Fenstersims, ließen die Füße baumeln, und warteten auf den Beginn des Spektakels. Es war ein bisschen wie bei einem Herbstfeuer. Alles fing damit an, dass die roten Leuchtsignale angingen, um die Schützen zu warnen, dass die Radargeräte *Doodlebugs* entdeckt hatten, und um ihnen Zeit zu geben, sich auf den Abschuss vorzubereiten. Dann konnte man hören, wie die *Doodlebugs*, die an den Flammen ihres Antriebs zu erkennen waren, auf uns zudonnerten, und dann fing auch schon das Flak-Feuer an – peng, peng, peng! Wenn die Schützen einen Treffer landeten, fiel die Rakete wie eine Sternschnuppe vom Himmel und explodierte, sobald sie auf dem Boden aufschlug. Daraufhin gingen die grünen Signallichter an, die den Schützen signalisierten, dass keine weiteren *Doodlebugs* mehr auf dem Weg nach London waren, und zuletzt gab es dann Entwarnung.

Wenn eine V1-Rakete in unserer Nähe abgestürzt war, gingen wir am nächsten Morgen an die Absturzstelle, um die Überreste der ausgebrannten Maschine anzugucken und kleinere Überbleibsel als Souvenirs mitzunehmen. Einmal fand ich eine glänzend schwarze Spitze, die ich jahrelang als Trophäe aufbewahrte. Wenn die *Doodlebugs* in Kirsch- oder Apfelbäume stürzten, pflügten sie durch einige Bäume hindurch und entwurzelten sie. Das war ein wirklich beeindruckender Anblick, aber gar nichts im Vergleich zu den Schäden, die sie in London anrichteten.

Bisweilen wurden auch tagsüber *Doodlebugs* nach England geschossen. Man hatte uns eingetrichtert, dass wir, sobald die Fliegeralarm-Sirenen ertönten, Unterschlupf suchen sollten. Eines Tages gingen wir nach der Schule gerade die Straße entlang, als die Sirenen losheulten. Susan schubste Joan, Guy und mich in einen Graben unter einer Hecke und sagte, dass wir den Kopf unten lassen und unsere Hände zum Schutz darüber halten sollen. Eine V1 flog direkt über uns und war schon so tief, dass wir ihre Markierungen sehen konnten. Ich glaube, dass sie bereits getroffen war, weil sie ganz schief flog. Nachdem einige Schüsse ertönt waren, konnte man Bombensplitter auf die Straße krachen hören. Als dann Entwarnung gegeben worden war, krochen wir unter der Hecke hervor, um sie zu suchen, aber die Splitter waren noch so heiß, dass man sie nicht gleich anfassen konnte. Letztendlich hatte ich dann aber doch eine große Flasche voller Splitter beisammen, die man in der Schule hervorragend gegen Süßigkeiten- oder Zigarettenmarken tauschen konnte.

Ich habe zwar nie mitbekommen, dass eine V1-Rakete in irgendein Gebäude in Kent stürzte, aber das ist bestimmt irgendwo passiert. Dennoch habe ich als neunjähriges Kind nie auch nur einen Hauch von Angst verspürt. Es wäre mir nie in den Sinn gekommen, dass unser Haus getroffen werden könnte. Mr. und Mrs. Goodricke müssen sich fürchterlich um unsere Sicherheit gesorgt haben, aber sie haben sich uns Kindern gegenüber nie etwas anmerken lassen. Das hat vor allem uns Jüngeren dabei geholfen, die Kriegsgeschehnisse sorglos zu durchleben, die ansonsten unter Umständen recht traumatisch gewesen wären. Dagegen war das Ganze für die drei älteren Kinder, Ursula, Susan und Joan, wahrscheinlich mit vielen Ängsten verbunden, sodass sie von ihren Eltern vermutlich oft beruhigt werden mussten.

Martin jedoch konnte keiner die Angst nehmen – er litt mehr unter den *Doodlebugs* als alle anderen. Bei einem Angriff verschwand er einfach, versteckte sich und sprach kein Wort darüber. Heute schäme ich mich dafür, dass wir ihn deswegen aufgezogen haben. Er zitterte vor Angst, und unsere dummen Sprüche haben alles sicher nur noch schlimmer gemacht. Für Joan, Guy und mich dagegen bedeuteten die *Doodlebugs* einfach nur jede Menge Spaß.

Martin tat sich mit der Eingewöhnung bei den Goodrickes viel schwerer als ich, und im Grunde ist er dort nie wirklich heimisch geworden. Das lag zum einen daran, dass Martin die Konfrontation suchte, wenn ihm etwas nicht passte. Wir Kinder stritten zwar viel untereinander, aber Martin stritt viel mit Mr. Goodricke, und Widerworte sollte man damals bei Erwachsenen generell nicht geben. Ich akzeptierte das, auch wenn ich es für ungerecht hielt, da ich mir sagte, dass ich eines Tages auch erwachsen sein würde und dann selbst entscheiden könnte, was fair und was unfair ist.

Martin spielte nicht oft mit uns, und man musste ihn sogar dazu überreden, am Sonntag bei unseren Aktivitäten mitzumachen, denn er las lieber und beschäftigte sich mit naturwissenschaftlichen Dingen. Mr. Goodricke gefielen einige Bücher, die Martin aus der Schülerbibliothek auslieh, nicht, dennoch war er insgesamt sehr tolerant.

Martin durfte sogar Chemikalien besitzen und damit experimentieren. So machte er oft Karbid-Bomben in Dosen und zündete sie im Garten. Es war recht lustig, dabei zuzuschauen, wie der Dosendeckel hoch in die Luft geschleudert wurde. Eines seiner Experimente in der Spülküche ging allerdings schief, sodass sich stinkende schwarze Rauchwolken durch die Türschlitze im ganzen Haus verteilten, was ziemlich unangenehm war und einen recht großen Reinigungsaufwand erforderte.

Dann war da noch die Geschichte mit dem Radio. Sein Interesse an Naturwissenschaften führte ihn in Elektrogeschäfte, bei denen er sich in der Mülltonne an Altmetall bedienen durfte. Daraus baute er ein Radio, das weit mehr Sender empfangen konnte als unser normales Radio. Mr. Goodrickes Alarmglocken läuteten, als er mitbekam, dass Martin einen deutschen Radiosender anhörte.

Es war eigentlich offensichtlich, dass Martin Heimweh nach seiner Muttersprache hatte, die stellvertretend für seine Mutter stand, und er selbstverständlich einen deutschen Sender suchte, wenn er nachts nicht schlafen konnte. Aber während des Kriegs war alles anders. Die Leute mussten argwöhnisch sein, weil es um ihre eigene Sicherheit und die anderer Menschen ging.

Mr. Goodricke erzählte also der Polizei von Martins Interesse an deutschen Radiosendern, da er glaubte, deutsche Spione würden ihn benutzen, um an geheime Informationen zu kommen. Martin und ich mussten auf die Polizeistation und wurden befragt, aber ich hatte nicht die leiseste Ahnung, worum es überhaupt ging. Ich wurde gefragt, ob ich irgendwelche Kommunisten kennen würde, dabei wusste ich noch nicht einmal, was Kommunisten waren. In der Folgezeit mussten wir halbjährlich auf der Polizeistation vorstellig werden.

Als Martin wegen der *Doodlebugs* immer angsterfüllter war, entschied sich Mr. Goodbricke erneut dazu, sein Verhalten zu melden, da er fürchtete, Martin könnte verrückt werden. Diesmal nahm er ihn aber nicht mit zur Polizei, sondern zu einem Psychiater. Ich war bei dem Treffen nicht dabei und kenne die Geschichten daher nur aus Martins späteren Erzählungen. Laut Martin redete der Psychiater sehr lange mit ihm und stellte ihm viele Fragen. Dann berichtete er Mr. Goodricke, dass mit Martin alles stimme und dass er Angst vor den *Doodlebugs* habe, weil sie aus dem Land kamen, in dem schließlich seine Mutter lebte.

Der Psychiater empfahl, dass Martin an einen Ort ziehen sollte, der nicht auf der Route der *Doodlebugs* lag. Das Flüchtlingskomitee fand einen Platz für ihn an der *Midhurst Grammar School*, einem Gymnasium, dessen Direktor dafür bekannt war, dass er gut mit Jungen umgehen konnte, die es nicht leicht hatten.

Also verließ Martin die Goodrickes, um bei einer Familie in der Nähe der Schule zu wohnen. Das akzeptierte ich so, denn ich hatte auch keine Ahnung davon, dass es Pläne gab, dass auch ich über kurz oder lang wegziehen würde.

Als der Krieg vorbei war, emigrierte die ganze Familie Goodricke wegen der Kriege in Europa. Sie wollten in ein Land ziehen, in dem es noch nie zuvor einen Krieg gegeben hatte. Ihre Wahl fiel auf Tasmanien in Australien – viel weiter weg von Europa geht es gar nicht. Dennoch blieben Joan und ich in Kontakt, indem wir einander oft schrieben. Als ich einmal in unserem Winter, also im tasmanischen Sommer, die Familie besuchte, gingen wir in ein Museum, das sich mit der Kultur der Ureinwohner Australiens und Tasmaniens beschäftigte. Dort lernte ich dann, dass die ersten europäischen Siedler die *Aborigines* umgebracht hatten.

In den 1990er-Jahre besuchte ich *Westenhanger*. Es war liebevoll restauriert worden. Das Malzhaus, in dem wir oft gespielt hatten, war sogar in ein Mini-Landhaus umgebaut und unter Denkmalschutz gestellt worden.

Kapitel 10
Das Ende des Krieges

Der Krieg dauerte sechs Jahre, was für ein Kind zwischen vier und zehn Jahren eine sehr lange Zeit ist. Er schien niemals enden zu wollen. Ich verstand nicht viel von dem, was vor sich ging. Ich wusste, dass wir aus Deutschland fliehen mussten, weil Hitler uns töten wollte. Im Radio hörte ich mir die BBC-Sendungen an, die uns über die Gräueltaten Hitlers und der Nazis aufklärten. Vieles über den Krieg erfuhr ich jedoch zufällig. Als ich in den Ferien einmal in einer Jugendherberge in Hastings untergebracht war, wurde ich mit ins Kino genommen, in dem schaurige Kriegsbilder gezeigt wurden.

Ich war ziemlich überrascht, dass die Deutschen nicht wie Monster aussahen. Im Gegenteil, die Soldaten, die gefangen genommen worden waren, sahen wie ganz normale Männer aus, nicht anders als die Soldaten der Alliierten. Dabei hatte ich mir immer vorgestellt, sie seien riesige, brutale Kreaturen mit gewaltigen Zähnen und mindestens sechs Armen mit ebenso vielen Gewehren.

Ich machte mir Sorgen wegen Spionen, aber ich wusste, dass wir keine Fragen stellen sollten. An Bushaltestellen und in den Bahnhöfen hingen Plakate mit Aufschriften wie: „Sprich nicht mit Fremden!“ oder „Wände haben Ohren!“. Denn jeder hätte ein Spion sein und Informationen an die Nazis weitergeben können, was den Krieg verlängert hätte und sogar zu einer Niederlage der Alliierten hätte führen können. Je länger der Krieg dauerte, desto mehr fragte ich mich, wer Informationen an die Nazis weitergeben hatte.

Dann endete am 8. Mai 1945 der Krieg in Europa. Die Deutschen stellten die Kampfhandlungen ein und ergaben sich den Alliierten bedingungslos. Die Goodrickes jubelten laut, als sie die Nachricht im Radio hörten. Ich fragte Mrs. Goodricke daraufhin, ob ich jetzt meinen Vater wiedersehen könnte. Sie war sehr lieb zu mir und erklärte mir, dass mein Vater weit weg in China sei und dass es sehr schwer wäre, zu ihm zu reisen, weil all die Züge, Schiffe und Flugzeuge im Krieg zerstört worden seien und zunächst all die Soldaten nach Hause gebracht werden müssten.

Es könnte also noch eine lange Zeit dauern, bevor unser Vater wieder reisen könnte. Wir hatten seit langem keinen Brief mehr von ihm erhalten, und ich begann mich zu fragen, ob er vielleicht auch tot sei wie meine Mutter, die niemand erwähnte, auch Martin nicht.

Als ich älter wurde, fand ich heraus, dass ich mir in meiner Phantasie viel schrecklichere Dinge ausgemalt hatte als tatsächlich passiert waren. Manchmal glaube ich, dass es besser gewesen wäre, mir zu sagen, dass niemand genau wusste, ob meine Mutter den Krieg überlebt hatte oder nicht. Dann hätte ich lernen können, mit der Ungewissheit umzugehen. Kinder sind intelligent, und wenn man ihnen nicht die Wahrheit erzählt, dann entscheiden sie für sich selbst, was wahr und was falsch ist. Es ist also besser, wenn Erwachsene Kindern sagen, was sie wissen, auch wenn es vielleicht schlechte Nachrichten sind. Bisweilen denken Kinder, dass es in Wirklichkeit die Erwachsenen sind, die die Wahrheit nicht ertragen und daran zerbrechen können. Deshalb sagen sie nichts, weil sie Angst davor haben, dass es dann womöglich niemanden mehr gibt, der sich um sie kümmern könnte.

Am *Victory in Europe Day*, dem Tag des Sieges in Europa, kamen in den Straßen von London und im Rest des Landes die Menschen auf den Straßen zusammen, umarmten sich und tanzten voller Freude. Bierbänke wurden draußen aufgestellt, und man konnte bei einer Tasse Tee, Keksen und Musik zusammensitzen. Jeder, der ein Musikinstrument spielen konnte, spielte auf der Straße, aber das erfuhr ich alles erst später aus Filmen.

Mr. Goodricke jedoch sagte, dass es nicht loyal gegenüber unseren tapferen Soldaten sei, zu feiern, bevor alle wieder in der Heimat waren. Aber natürlich kamen nicht alle wieder zurück, zumindest nicht lebendig. Mr. Goodricke erklärte uns, dass es mehr Gründe dafür gab, traurig zu sein als sich zu freuen, aber die meisten Menschen waren einfach nur glücklich und ihnen war nach Feiern zumute. Es war auf jeden Fall gut, dass das Töten ein Ende gefunden hatte.

Die Schulbehörde in Kent fand, dass der *Victory in Europe Day* ein Tag sein sollte, an den sich die Kinder ein Leben lang erinnern würden, und arrangierte daher für alle Schüler einen Besuch im Kino. Es war ein großes Geschenk, einen halben Tag aus dem Klassenzimmer rauszukommen. Wir liefen unbekümmert in Zweierreihen die Straße entlang zum Kino, wo jeder von uns einen Schokoladenriegel und vier *Threepennies* erhielt. Vier davon ergaben zusammen einen Schilling, was für damalige Verhältnisse ziemlich viel Geld war – das Sechsfache meines damaligen Taschengeldes. Heute wären sie vielleicht fünf britische Pfund oder umgerechnet etwa sechs Euro wert, wenn man den Anstieg der Lebenshaltungskosten betrachtet. Wir waren sehr beeindruckt von einem solchen Geschenk. Ein Vertreter der Schulbehörde hielt auf der Bühne des Kinos eine Rede über das Ende des Krieges und legte uns nahe, die Münzen als Erinnerungsstücke aufzubewahren. Leider gab ich meine jedoch aus und weiß nicht einmal mehr, wofür. Joan dagegen hob ihre auf und gab mir zwei davon, als ich sie Jahre später in Tasmanien besuchte.

Nach der Rede wurde dann ein Film gezeigt, und es war „Bambi". 70 Minuten lang war ich völlig verzaubert. Ich kannte die Handlung schon, weil ich das Buch in der Schule gelesen hatte, aber wir hatten damals noch keinen Fernseher, und ich hatte auch noch nie zuvor einen Disney-Film gesehen. Der Film beeindruckte mich so, dass ich danach die Geschichte wieder und wieder las. Ich war wie besessen davon und überredete die Kinder der Goodrickes jedes Mal, wenn wir die Gelegenheit dazu hatten, Theater zu spielen, „Bambi" aufzuführen. Wir verkleideten uns immer mit alten Klamotten und führten originelle Geschichten auf, die wir uns immer wieder neu ausdachten. Das war eine lohnende Beschäftigung, bei der Joan und Guy sowie manchmal auch Susan und Ursula mitmachten. Für sie war es einfach nur ein bisschen Herumalbern, wie jedes anderes Spiel, aber für mich war es unglaublich wichtig.

Erst als ich später Psychologie studierte, erkannte ich, dass Bambis Geschichte meine Geschichte war. Ich war Bambi, das kleine Kind, dessen Mutter von den bösen Nazi-Jägern umgebracht worden war. Bambis Vater war mein Vater, der mir sagte, dass ich niemals aufgeben dürfe, aber lernen müsse, ohne meine Mutter auszukommen. Genauso wie Bambis Vater, der Vierzehnender, war mein Vater aufgrund wichtiger Geschäfte weit weg. Nun sagte er mir, dass ich niemals aufgeben dürfe und er immer für mich da sein werde, wenn ich ihn brauchte.

Das Ende des Krieges in Kombination mit dem Film „Bambi" setzte tief in meinem Inneren etwas in Gang, denn ich merkte, dass nun, nachdem der Krieg vorbei war, Veränderungen anstehen würden. Dennoch war das einzige, das sich geändert hatte, die Tatsache, dass Martin jetzt woanders lebte. Er telefonierte zwar häufig mit mir, sodass ich mir sicher sein konnte, dass er mich nicht im Stich gelassen hatte, aber seine Abwesenheit machte mir sehr zu schaffen. Ich gehörte nicht richtig zu den Goodrickes. Und ich hatte zwar früher einmal Eltern gehabt, aber wo waren sie jetzt? Was würde aus mir werden?

Seltsamerweise schien sich aber nichts zu verändern; das Leben ging einfach so weiter wie vor dem Krieg, und irgendwann hörte ich auch damit auf, Mrs. Goodricke zu fragen, wann ich meinen Vater wiedersehen würde. Dann endete auch schon das Sommerhalbjahr, und die Ferien fingen an. Es war geplant, dass ich zu Martin auf den Bauernhof ziehen und bei den Haltings leben sollte. Ich dachte gar nicht mehr daran, dass der Krieg vorbei war, denn ich freute mich einfach nur darauf, wieder mit Martin zusammenzusein.

Kapitel 11
Die Ankunft auf dem Bauernhof der Haltings

Als ich auf den Bauernhof zu den Haltings zog, dachte ich, es würden ähnliche Sommerferien werden wie das Jahr zuvor. Ich akzeptierte das einfach so, wie ich vordergründig immer alles akzeptierte. Hinzu kam, dass ich wieder mit meinem Bruder vereint war und deswegen alles in Ordnung schien, auch wenn es das vielleicht gar nicht war.

Es war eine lange Zugfahrt von Tunbridge Wells bis Rogate in der Grafschaft Sussex im Süden Englands, wo ich von Mrs. Halting, ihrer Tochter Lavender und Martin am Bahnhof abgeholt wurde. Ihr Auto war ein klappriger, verbeulter alter Austin Seven, der nach Tieren und Tierfutter roch. Sie hielt einige Male an, um Säcke voller Futter oder andere Dinge abzuholen, bis das kleine Auto kaum noch vom Fleck kam, weil es so schwer beladen war. Während der Fahrt redete sie die meiste Zeit mit uns, aber ich war müde und mir war schlecht, sodass ich nur den Wunsch hatte, die Reise möge bald zu Ende sein.

Als Mrs. Halting bemerkte, dass ich das Autofahren nicht besonders gut vertrug, holte sie mich nach vorne auf den Beifahrersitz und sagte, dass ich so weit wie möglich in die Landschaft schauen sollte, was mir wirklich half. Und dann sah ich sie! Eine wunderschöne Hügelkette mit sanften runden Linien am Horizont. Bei diesem Anblick wurde ich auf einmal ganz aufgeregt. Wir fuhren immer weiter in ihre Richtung, bis nur noch eine Reihe Felder zwischen der Straße und den Hügeln lag. Ich konnte es gar nicht glauben, als Mrs. Halting mir sagte, dass diese Felder zu ihrem Bauernhof gehörten. Nachdem sie angehalten hatte, sprang ich hinaus und starrte sehnsüchtig in Richtung der Hügel, die sich vor mir aufbauten und so nahe waren, während am Horizont die Sonne unterging. Es war ein Anblick wie gemalt.

Das war meine erste Begegnung mit den *South Downs*, der hügeligen Kreidelandschaft im Süden Englands, die ihren Zauber bis heute für mich nicht verloren hat und ein wichtiger Teil meines Lebens auf dem Bauernhof wurde. Mr. Halting ließ auf den Feldern Schafe grasen. Später ritt ich auf Pferden durch die Felder, um die Schafe zu zählen und zu kontrollieren, ob es ihnen gutging. In den *South Downs* zu reiten, war eine tolle und aufregende Sache. Jeden Herbst zogen wir mit Spaten und Pickeln über den Kamm der *Downs* in die Wälder, in denen wir eine kleine Tanne für Weihnachten ausgruben. Nach dem Dreikönigstag pflanzten wir den Baum wieder ein, allerdings nicht immer genau da, wo wir ihn geholt hatten, weil es schwer war, exakt die Stelle wieder zu finden. Ich liebte die *Downs* genauso wie ich die Bauernhoftiere liebte.

Erst viele Jahrzehnte später habe ich die Bedeutung der *South Downs* als ein Symbol der Mutter Erde für mich verstanden. Als ich sie das erste Mal sah, war ich erst zehn Jahre alt und hatte meine Mutter seit sechs Jahren nicht mehr gesehen. Ich war davon überzeugt, dass sie tot war, denn sonst hätte sie mir Briefe geschrieben oder auf eine andere Art Kontakt mit mir gesucht. Mir war damals nicht klar, wieso während des Krieges keine Briefe bis nach England gelangen sollten. Aber als ich zum ersten Mal aus der Ferne die weichen Kurven der *South Downs* sah, erschienen sie mir wie der Umriss einer liegenden Frau – wie meine Mutter an einem Sonntagmorgen, wenn ich auf ihr Bett kletterte und mich neben sie legte. Wenn ich durch die *Downs* ritt, stieg ich oft vom Pferd, legte mich ins Gras und blickte nach oben in den blauen Himmel mit den weißen Wolken. Irgendwie wühlten die *South Downs* mich mit ihrer beschützenden Präsenz auf, aber ich sollte erst viele Jahre später herausfinden, warum das der Fall war.

Mit dreizehn oder vierzehn schrieb ich ein Gedicht über die *South Downs*, das ich „Mutter Erde“ nannte.

Mutter Erde

Majestätisch die Hügel sich neigen gegen die raue See
Vom Winde liebkost und umtost,
Wo eine Brise sanft wiegt den Klee
Und der Sturm heult durch manche Allee;
Wo auf der Suche nach Trost
Ich diesen stets fand auf dem Rücken der Pferde
Mit dem Donnern des Hufs auf der Erde;
Im Herzen dann kurz ohne Weh

Auf den schweigenden Hügeln mit dem heilenden Blick
zur schäumenden See.

Die Hügel am Horizont sich endlos verlierend
Wie einst in meinem Blick,
Wenn durch die wilde Natur galoppierend
Ich lass die Sorgen zurück.
Majestätisch die Hügel sich neigen gegen die See
Vom Winde liebkost und umtost;
Werden immer spenden mir Trost,
Wenn deiner Gaben Fülle ich seh'

Viele Jahre später, als mir die symbolische Bedeutung der *Downs* und Mutter Erde endlich klar wurde, fügte ich noch einen Vers hinzu:

Majestätisch die Hügel sich neigen gen See,
Du Mutter Erde im grünen Gewand;
Dein lieblicher Duft schließt die gähnende Leere –
Allein ohne Mutter, die einst mich hielt an der Hand.

Die Sommerferien waren fantastisch, denn es gab so viel zu sehen und zu tun, was neu für mich war. Hinzu kam, dass Mr. und Mrs. Halting besonders liebenswerte Menschen waren und ich sie vergötterte. Sie waren weder grausam wie die Steads, noch waren sie so streng wie die Goodrickes. Sie hatten insgesamt vier Kinder: Jack (16), Lavender (15), die wir Luvvy nannten, Kevin (13) und den kleinen Robin (8). Ich durfte unbeaufsichtigt mit ihnen durch die Gegend toben, und wir hatten viel Spaß dabei. Wir waren den ganzen Tag barfuß, was bei den Steads oder Goodrickes nicht erlaubt war. Das wunderbare Gefühl, mit seinen Füßen in einen warmen, frischgelegten Kuhfladen zu stapfen und dabei zuzusehen, wie er zwischen den Zehen nach oben quillt, ist unbeschreiblich. Selbstverständlich mussten wir unsere Füße waschen, wenn wir von draußen in das Haus kamen – das machten wir mit Scheuerbürste und Seife, die neben der Kaltwasser-Pumpe im Waschhaus bereitlagen.

Wenn man öfter barfuß über Steine und Felder läuft, bekommt man schnell eine dicke Hornhaut, sodass einem nichts mehr weh tun kann. Wir lachten die Kinder immer aus, die ganz vorsichtig über die Felder staksten, wenn sie barfuß waren, und nannten sie „schissige Städter". Um zu beweisen, dass man kein jämmerlicher, schissiger Städter war, musste man kurz nach der Ernte über ein stoppeliges Feld laufen, wenn alles voll stacheliger Disteln und kurzer Getreidehalme war – das war dann eine echte Heldentat.

Es war so ein fabelhafter Sommer, dass ich hoffte, er würde nie zu Ende gehen. Aber eines Tages waren die Ferien leider vorbei, und ich musste zu den Goodrickes zurück. Am Tag bevor das neue Schulhalbjahr begann, brachte Mrs. Goodricke mich in die Schule, wo mir eine Lehrerin erklärte, dass ich einige Tests schreiben müsste, damit ich ein Jahr früher als geplant auf eine neue Schule wechseln konnte. Das störte mich überhaupt nicht, denn die Schule machte mir Spaß und die Tests fand ich eigentlich auch nicht besonders schwer. Ganz im Gegenteil, die Lehrerin merkte an, dass ich alle Aufgaben sogar lange vor Ablauf der regulären Zeit gemeistert hatte.

Kaum hatte die Schule wieder angefangen, da teilte Mrs. Goodricke mir plötzlich mit, dass ich wieder zu den Haltings zurückkehren würde, um mit Martin zusammen zu wohnen. Sie begründete dies damit, dass sie in ein kleineres Haus ziehen würden. Zwar zogen sie auch um, aber in ein viel größeres Haus, das noch dazu direkt in Tunbridge Wells in der Nähe der Schule war.

Die Pflegefamilie zu wechseln, hielten alle für eine gute Lösung in meinem Interesse, da ich dadurch mit Martin zusammensein konnte. Mr. Lucas, der Direktor, hatte Martin in die *Midhurst Grammar School* aufgenommen und die Haltings darum gebeten, ihn bei sich unterzubringen. Mrs. Halting war klugerweise dagegen, ein Geschwisterpaar, das die letzten sechs Jahre ohne Eltern zusammengelebt hatte, voneinander zu trennen. Deswegen nahm sie Martin nur unter der Bedingung auf, dass ich auch kommen würde. Die Sommerferien waren also eine Art Probezeit gewesen.

Ich hatte mir immer eingeredet, dass ich eine Goodricke und damit ein Teil dieser wunderbaren Familie geworden war, deswegen war es ein großer Schock für mich, als ich merkte, dass sie mich nicht als eine der ihren betrachteten. Ich hatte das Gefühl, sie würden mich wegschicken, weil ich zu unartig und unansehnlich für sie sei und sie mich deswegen nicht länger bei sich haben wollten. Das schien der rote Faden zu sein, der sich durch mein Leben zog. Sobald ich mich an einen Ort gewöhnt hatte, wollten mich die Leute dort nicht mehr haben und reichten mich an den nächsten weiter.

Kapitel 12
Das Leben auf dem Bauernhof

Als ich als Zehnjährige im Herbst wieder zu den Haltings kam – diesmal als ihr Pflegekind –, hatte sich einiges verändert. Das lag vor allem daran, dass Robin, ihr jüngstes Kind, bei einem tragischen Unfall gestorben war, als er gerade einmal acht Jahre alt war. An dem Tag spielte er Cowboy und schwang gerade ein Lasso, als er zu nah an die Dreschmaschine geriet, sodass sich das Lasso darin verfing und er hineingezogen wurde. Er starb wenige Tage später im Krankenhaus. Danach durften sich Kinder der Maschine nicht mehr nähern.

Damals hatten Drehmaschinen noch keine Sicherheitsvorrichtungen. Sie wurden von Dampfmotoren angetrieben, die ihrerseits einen Bandförderer antrieben, und waren wirklich gefährlich. In den folgenden Jahren wurden Landwirtschaftsmaschinen mit Sicherheitsvorrichtungen entworfen, sodass Traktoren nun eine kleine Fahrerkabine haben, damit der Fahrer bei Regen nicht nass wird und nicht unter dem Traktor begraben wird, falls dieser umkippen sollte. Fährt man mit einem Traktor eine Steigung hinauf, kann es passieren, dass er umkippt. Wenn dann die Türen nicht geöffnet werden können, ist ein schwerer Unfall nicht auszuschließen. Es kam zwar öfter zu Unfällen auf dem Bauernhof, aber die meisten waren nicht schlimm. Ich habe auch öfter gesehen, wie ein Traktor umgekippte, aber der Fahrer konnte immer abspringen und wurde nicht verletzt.

Mr. und Mrs. Halting waren völlig verzweifelt nach dem Verlust ihres jüngsten Sohnes. Ich bin mir sicher, dass sie nie richtig darüber hinwegkamen, aber wie auch? Damals verstanden die Leute noch nicht, dass man Zeit braucht, um zu trauern und einen solchen Verlust zu beweinen. Zu der Zeit rieten die Ärzte den Eltern, nach einem solchen Schicksalsschlag möglichst schnell wieder ein Kind zu bekommen, anstatt ihnen bei der Trauerarbeit zu helfen. Das nützte Mr. und Mrs. Halting nicht viel, da Mrs. Halting wahrscheinlich schon zu alt war, um noch ein Kind zu bekommen. Also verfielen beide in ihre alte Routine und arbeiteten sehr viel und schwer, aber einen Teil ihrer Fröhlichkeit und heiteren Gelassenheit hatten sie für immer verloren. Mrs. Halting war oft sehr kurz angebunden und schimpfte viel, während Mr. Halting mehr Zeit alleine auf den Feldern und in der Scheune verbrachte. Im Haus hielt er sich kaum auf; ich brachte ihm sein Essen oft aufs Feld.

Wegen des Unfalls hatte ich wieder das Gefühl, ich sei ein böses Mädchen, denn während der wunderschönen Sommerferien hatte ich viel mit Robin gespielt und war sehr eifersüchtig auf ihn gewesen, weil alle ihn liebten. Er schien mit allen gut auszukommen und alles besser zu machen als ich. Ich beneidete ihn um sein unbekümmertes Naturell. Einmal bekamen wir beide ein paar Samen zum Säen, wobei ich die Anweisungen genau befolgte und den Boden perfekt präparierte, bevor ich die Samen hineingab und sie regelmäßig wässerte. Robin dagegen bohrte mit dem Finger nur ein paar kleine Löcher in den Boden und warf die Samen einfach hinein. Ich war sehr wütend, als alle seine Samen sprossen und sogar zu schönen Blumen wurden, während meine von Insekten oder Vögeln gefressen wurden und nur ein paar dürre Sprossen übrig blieben.

Weil ich so neidisch und wütend gewesen war, glaubte ich, dass ich an seinem Unfall mit Schuld war, obwohl ich zu dem Zeitpunkt noch nicht einmal in der Nähe gewesen war und wusste, dass es nicht meine Schuld gewesen sein konnte. Dennoch war ich der festen Überzeugung, ich sei ein böses Mädchen. Jedes Mal, wenn Mrs. Halting mich für ein kleines Fehlverhalten ausschimpfte, was häufig passierte, war das für mich der Beweis, dass ich offensichtlich wirklich sehr böse war. Kinder fühlen sich oft schuldig für das, was um sie herum passiert. Dann bräuchten sie jemanden, der das erkennt und ihnen dabei hilft, ihre Gefühle mitzuteilen.

Ich habe stets mein Bestes gegeben, mich wie die anderen Kinder der Haltings zu verhalten, und sie haben mich auch so behandelt. Dennoch habe ich mich nicht wie ihr Kind gefühlt. Mir war deutlich bewusst, dass Mr. und Mrs. Halting ihre Eltern, aber nur meine Pflegeeltern waren, die mich jederzeit an eine andere Pflegefamilie weitergeben konnten, wenn sie meiner überdrüssig waren. Meine ganzen Mitschüler lebten bei ihren Eltern, nur meine hatten mich weggeschickt. Ich konnte das Gefühl nicht loswerden, dass ich anders war. Ich habe mich nie getraut, die drei Kinder der Haltings zu fragen, wie es für sie war, ihre Eltern mit mir zu teilen, weil ich der Überzeugung war, sie seien sicher dagegen, dass ich ihnen wertvolle Familienzeit stahl. Deswegen versuchte ich auch, nicht ständig nach Aufmerksamkeit zu heischen, obwohl mir nichts wichtiger gewesen wäre.

Als jüngstes Kind wurde ich oft gehänselt und bisweilen auch gemobbt, aber ich biss die Zähne zusammen und tat so, als ob mir das nichts ausmachen würde. Das tat ich deshalb, weil es keinen Spaß macht, jemanden zu hänseln, der sich nicht provozieren lässt. Normalerweise hörte es dann nach einer Weile wieder auf, aber auch wenn es nach außen nicht danach aussah, tat es innerlich sehr weh. Ich fühlte mich anders und einsam, und wollte doch einfach nur so sein wie alle anderen.

Ich versuchte verzweifelt, ein normales Kind zu sein, aber das war nicht möglich, denn die Kinder der Haltings und die in der Schule hatten Eltern, während ich „Erziehungsberechtigte" hatte. Jedes Mal, wenn es darum ging, ein Formular auszufüllen, musste ich anstelle von „Eltern" „Erziehungsberechtigte" schreiben. Wenn die anderen Kinder mich fragten, wo denn meine Eltern seien, konnte ich ihnen stolz erzählen, dass mein Vater in China sei, aber dann wollten sie natürlich wissen, wieso man mich zurückgelassen hatte. Ich wollte nichts von den Nazis sagen, die uns vertrieben hatten und töten wollten, deswegen erzählte ich ihnen, dass meine Mutter tot sei.

Ich bin mir sicher, die Haltings ahnten nicht, wie ich mich fühlte, weil ich ihnen ja nie etwas sagte. Ich hatte keine Zweifel daran, dass ich als Mensch versagt hatte, aber dennoch war ich entschlossen, irgendwie zu überleben. Alle Kinder auf dem Bauernhof hatten täglich ihre Aufgaben zu erledigen. Ich bat immer um mehr, weniger aus Freude an der Arbeit, sondern weil ich es als Wiedergutmachung sah für die vielen Male, die ich böse gewesen war, und weil ich dachte, dass ich versagt hatte. Vor allem aber wollte ich unentbehrlich für die Familie werden, damit sie mich nicht wieder wegschickten.

Deshalb machte es mir nichts aus, im Haus oder auf dem Hof zu helfen, zu putzen, bügeln, Kartoffeln zu schälen oder das Gemüse zuzubereiten. Ich fühlte mich, als ob ich meinen Teil zum Haushalt beitragen würde. Auf dem Hof gab es immer was zu tun, ob an Schultagen oder in den Ferien. Ich lernte viel über die Arbeit auf den Feldern, wann man säen, mähen, ernten, düngen oder den Acker umpflügen musste.

Ich fing auch an, nach den Tieren auf dem Bauernhof zu sehen. Die Pferde, Kühe, Schweine, Hasen und Hühner mussten alle gepflegt und gefüttert und ihre Ställe sauber gehalten werden. So wurden die Tiere bald zu einem wichtigen Teil meines Lebens.

Die einzelnen Tiere zu erkennen, ist leicht, wenn man auf einem Bauernhof aufgewachsen ist, ich aber musste es erst lernen. Das erste Mal, als ich eine Herde rotbunter Kühe sah, die gerade zum Melken kamen, konnte ich keine Unterschiede zwischen ihnen feststellen, doch später kannte ich jede einzelne Kuh, ihren Namen und ihre Marotten. Bei den Schafen war es nicht anders, denn die sahen anfangs auch alle gleich aus. Außerdem waren es so viele, dass sie keine Namen hatten, dennoch lernte ich, die Unruhestifter und die Nachzügler zu erkennen.

Kevin und ich bauten Vogelscheuchen, die wir während der Aussaat auf den Feldern aufstellten. Jack ging ab und zu raus und schoss mit dem Luftgewehr, um die Krähen zu verscheuchen, wobei wir ihn oft begleiteten, um uns das Ganze anzuschauen. Die Vögel waren wirklich eine Plage, denn sie fraßen einfach alles an Getreide. Die Krähen flogen dann weg und kreischten wie verrückt, als ob jede einzelne getroffen worden war. Bald kamen sie aber schon wieder zurück, sodass man sie einige Tage lang beobachten musste, bis die Samen gesprossen waren und die Vögel kein Interesse mehr an ihnen hatten. Mr. Halting war sehr froh, wenn Kevin die Eier aus den Krähennestern klaute, da dadurch die Population zurückging. Ich half ihm manchmal dabei, aber es war keine leichte Aufgabe, da die Krähen ihre Nester hoch oben in den Wipfeln der Bäume bauen.

Wir gingen immer barfuß los, um beim Klettern festen Halt auf den dünnen Ästen zu haben, doch da es Frühling und noch sehr kalt war, fror ich sehr an den Füßen. Ich blieb weiter unten mit einem Stoffbeutel, der um meine Hüfte gebunden war, sodass ich beide Hände frei hatte. Kevin kletterte bis ganz nach oben, und hob mit einem gebogenen Löffel, den er an einem Stecken befestigt hatte, die Eier aus den Nestern über seinem Kopf hinauf. Dann gab er sie in einer Tuchschlinge nach unten an mich weiter, und wir gingen mit etwa zwanzig, dreißig oder sogar noch mehr Eiern nach Hause.

Die Eierschalen behielt Kevin, da sie Sammlerobjekte waren. Die gefleckten grau-blauen Kräheneier sahen sehr schön aus, hatten aber nur ein

Viertel der Größe von Hühnereiern. Er pustete sie aus, indem er das Innere aus dem Ei blies, ohne die Schale zu beschädigen. Sie eigneten sich hervorragend zum Kuchenbacken oder für Rührei auf Toast. Außerdem bedeutete das für uns, dass wir die Hühnereier verkaufen und Lebensmittelmarken für Tierfutter bekommen konnten.

Kaninchen und Fasane fingen wir auf eine andere Weise. Da sie im Morgengrauen bzw. in der Abenddämmerung auf die Getreidefelder kamen, konnten wir uns einfach auf den Boden legen und auf sie warten. Wenn sie dann eifrig am Fressen waren, sprangen wir ganz plötzlich auf, schlugen Mülleimerdeckel aneinander und bliesen in Trillerpfeifen. Dadurch wurden sie so aufgeschreckt, dass sie Hals über Kopf direkt in einen Maschendrahtzaun liefen und sich mit ihren Köpfen darin verfingen. Wenn wir schnell genug waren, konnten wir ein Kaninchen oder Fasane fangen, bevor sie sich aus dem Zaun befreien konnten. Einer von uns hielt dann einen Sack auf, damit der andere den Fang hineinwerfen konnte. Danach gingen wir mit dem Sack über den Schultern zurück, während wir „Häschen in der Grube“ oder in Anspielung auf unseren „Känguruhbeutel“ das australische Volkslied „Waltzing Matilda“ sangen.

Die anderen freuten sich sehr, wenn wir ein Kaninchen, einen Fasan oder einen Fisch gefangen hatten, da es nur sehr selten Fleisch zu essen gab, weil wir unsere Lebensmittelmarken nicht für Fleisch, sondern für Tierfutter abgeben wollten. Normalerweise gab es einen Sonntagsbraten, von dem am Montag noch etwas übrig war, sodass wir dann dünne Scheiben kalten Braten aßen. Was davon wiederum übrig blieb, wurde am Dienstag zusammen mit Gemüse zu Hackfleisch verarbeitet. An den restlichen Tagen der Woche gab es kein Fleisch, außer wenn jemand zu Besuch kam. In dem Fall wurde dann öfter mal ein Huhn geopfert.

An heißen Sommertagen gingen wir an den Bach hinunter und kühlten uns im Schatten der Weiden ab. Auf dem moosbedeckten Ufer zu liegen, war einfach herrlich. Der Boden roch nach feuchter Erde, und in der Luft lag der Duft von Wiesenblumen; dazu ging eine leichte Brise und im Hintergrund zwitscherten Vögel. Es war einfach nur idyllisch. Wenn ich im Staubecken der alten Mühle schwamm, konnte ich spüren, wie die Fische an meinen Füßen knabberten.

Fische zu fangen, war aber eine andere Sache. Während des Kriegs und auch noch einige Zeit danach wurden keine richtigen Angelruten hergestellt. Es hieß, man müsse Forellen solange kitzeln, bis sie ganz außer sich waren vor freudiger Erregung, um sie dann mit einem Kescher aufzunehmen. Das versuchten wir auch, indem wir uns neben dem Forellenbach ans Ufer legten, aber wenn wir überhaupt einmal welche sahen, kamen sie nie nahe genug heran und wir konnten sie nicht kitzeln.

Jack baute eine Reuse aus Maschendraht, bei der ein Trichter aus Draht in einer Schachtel endete. An der Schmalstelle war der Trichter gerade groß genug, dass ein Fisch hineinpasste und in die Schachtel schwimmen konnte. Da Fische nicht so klug sind wie Vögel oder Säugetiere, kamen die Fische nicht mehr aus der Falle, wenn sie erst einmal darin gefangen waren. Aber warum sollten die Fische überhaupt in den Trichter schwimmen? Fische können dem Geruch von Anissamen nicht widerstehen. Während des Krieges gab es kaum Süßigkeiten, die wir gegen unsere Lebensmittelmarken eintauschen konnten, aber Anissamen bekamen wir eigentlich immer. Von dem Musselin-Stoff, der für die Herstellung von Käse verwendet wurde, blieb meistens ein kleines Stückchen übrig, in das ich ein paar Anissamen tat, bevor ich das Säckchen an der Schmalseite in den Trichter baumeln ließ. Dann ließ Jack die Reuse ins Wasser hinab und wartete. Obwohl wir nie einen Fisch hineinschwimmen sahen, waren am nächsten Morgen mindestens ein oder zwei darin gefangen, wenn wir die Reuse über Nacht im Wasser ließen. Dann gab es gebratenen Fisch zum Abendessen.

Die meisten Lebensmittel für den täglichen Bedarf wurden vom Bäcker, dem Metzger oder dem Lebensmittelladen in South Harting geliefert. Darüber hinaus fuhren entweder Mr. oder Mrs. Harting einmal in der Woche mit dem kleinen grünen Austin Seven nach Petersfield, um bei der Kadaverbeseitigungsanlage rohes Fleisch für die drei oder vier Hunde und manchmal auch für die Welpen zu bekommen. Es durften aber nur Fleischteile oder Innereien, die für den menschlichen Verzehr nicht geeignet waren, an Hunde verfüttert werden. Ansonsten wurde eigentlich das meiste, das wir zum täglichen Leben brauchten, auf dem Bauernhof angebaut oder produziert. Aufgrund der vielen Arbeit kamen wir auch nicht groß auf die Idee, Reisen zu unternehmen. Briefe wurden kaum geschickt und brauchten lange. Telefon gab es in den normalen Haushalten erst ab den 1950er-Jahren. Das einzige, was wir hatten, war ein rauschendes altes Radio und der „News Chronicle", eine Tageszeitung, die uns über das, was in der Welt vor sich ging, auf dem Laufenden hielt.

Kapitel 13
Die Schule in Petersfield

Meine neue Schule, die *Petersfield High School* war mit dem Bus etwa zwanzig Minuten von unserem Wohnort entfernt. Ich durfte das Gymnasium schon ein Jahr früher als regulär besuchen, weil ich den Aufnahmetest bestanden hatte, als ich noch bei den Goodrickes wohnte. Martin ging zusammen mit den Halting-Jungs Kevin und Jack auf eine Knabenschule in Midhurst, und meine Pflegeschwester Luvvy besuchte eine Ballettschule in London. Sie wurde später Ballerina bei der berühmten Balletttruppe Rambert. Wir fuhren einmal alle dorthin, um sie im Ballett „Schwanensee" als einen der jungen Schwäne zu bewundern. Ich vergötterte sie und wollte unbedingt so sein wie sie, sie wurde jedoch später leider zu groß und musste das Balletttanzen aufgeben.

Die *Petersfield High School* war ziemlich baufällig und heruntergekommen. Es war ein sehr großes, weitläufiges Gebäude, das früher einmal ein Landgasthof mit Ställen gewesen war, bevor es in eine Mädchenschule umgewandelt wurde. Es gab einen asphaltierten Spielplatz und einen Obstgarten, in dem wir am liebsten spielten; allerdings war der asphaltierte Spielplatz bei Regen und zum Korbballspielen besser.

Die Schule besuchten nur etwa 230 Mädchen. Es gab gerade einmal sieben Klassenzimmer und ein Labor für naturwissenschaftlichen Unterricht. Da es aber acht Klassen gab, war eine Klasse in diesem Versuchsraum untergebracht. Während meiner gesamten Schulzeit in Petersfield war ich in meiner Klasse immer die jüngste Schülerin, aber ich fühlte mich trotzdem schnell wie zu Hause, da meine Klassenkameradinnen sehr nett zu mir waren. Weil die Schule nur so klein war, kannten die Lehrer uns gut und merkten, wenn ich fehlte oder irgendetwas mit mir nicht stimmte. Sie engagierten sich alle sehr für die Schule und waren immer um unser Wohl besorgt.

Die Geografielehrerin war meine Lieblingslehrerin, da sie die ganze Klasse davon abhielt, mich auszulachen, als ich nicht wusste, was eine Banane ist. Ich hatte schlichtweg noch nie eine gesehen, geschweige denn gegessen, denn sie waren extrem teuer und nur in den größeren Städten oder auf dem Schwarzmarkt zu kaufen. Dennoch besorgte sie mir irgendwie eine und gab sie mir eines Tages, nachdem der Rest der Klasse bereits nach Hause gegangen war. Eines ihrer Augen war geschwollen, und sie konnte damit nicht mehr sehen, was einige Kinder aus der Klasse dazu veranlasste, hinter ihrem Rücken gemeine Kommentare über ihr Aussehen zu machen. Irgendwann reichte mir das, und so stellte ich mich vor die Klasse und sagte meinen Mitschülern, dass sie äußerlich vielleicht schöner seien aber innerlich hässlich, weil nur hässliche Menschen böse Kommentare machen.

Zusammen mit ein paar anderen Mädchen hänselte ich ein oder zwei meiner Klassenkameradinnen. Das war nicht immer spaßig, sondern manchmal richtig gemein. Einmal entführten wir ein Mädchen auf dem Spielplatz und drohten ihr mit allen möglichen Dingen, die wir ihr antun würden, wenn sie sich nicht trauen würde, das zu tun, was wir ihr befahlen. Wir nahmen ihr die Unterhose weg, sodass sie ohne Unterhose in den Nachmittagsunterricht musste, was uns natürlich Ärger einbrachte, als ihre Eltern sich bei der Direktorin darüber beschwerten. Deswegen musste ich Entschuldigungsbriefe an das Mädchen und die Eltern schreiben. Ein anderes Mal wurde eine neue Schülerin, Dorothy, von uns terrorisiert, indem wir Spinnen und Krabbelgetier in ihrem Schreibtisch versteckten, weil wir herausgefunden hatten, dass sie große Angst davor hatte. Sie schrie und rannte davon, bis ein Lehrer das Ganze unterband.

Ich schäme mich ein wenig für die Streiche, bin aber sehr stolz auf die „Hausaufgaben-Arbeitsgemeinschaft“, die ich mit fünf Freundinnen organisiert hatte. Jede von uns machte die Hausaufgaben für das Fach, in dem sie am besten war, und gab dann Kopien davon an die anderen weiter. Unsere Aufgabe dabei war ganz simpel: Jede von uns schrieb die jeweilige Hausaufgabe sechsmal ab und baute dabei immer kleine Fehler ein, damit der Lehrer nicht merkte, dass sie von ein und derselben Person angefertigt worden war. Das nahm zwar genauso viel Zeit in Anspruch, als hätte jede von uns die Hausaufgaben für die einzelnen Fächer selbst gemacht, aber so machte es natürlich mehr Spaß.

Als ich einmal während der Stunde das Klassenzimmer verlassen und vor der Tür stehen musste, war ich rasend vor Wut, weil ich mich ungerecht behandelt fühlte, denn ich wurde für etwas bestraft, was jemand anders getan hatte. Als ich dann aber aufs Klo musste, ging ich zur Toilette, in der es insgesamt sechs Kabinen gab. Ich schloss mich also in der ersten Kabine ein und kletterte dann über die Trennwand in die zweite, sperrte auch diese von innen ab und kletterte dann weiter in die dritte Kabine und so weiter, bis ich in der letzten war. In der letzten Kabine gab es ein kleines Fenster, das zur Straße hinausführte, und ich schaffte es, mich durchzuzwängen, auf die Straße zu springen und durch die Seitentür wieder in die Schule zu gehen. Als der Schulgong ertönte, stand ich friedlich vor der Klassenzimmertür, und all meine Wut war durch das Klettern über die Abtrennungen verraucht. Meine Aktion löste großes Chaos aus, da die ganze Schule vor der Lehrertoilette Schlange stand. Niemand kam auf die Idee, dass ich die Urheberin war, was ich ein bisschen schade fand, weil ich mit niemandem darüber reden konnte.

Die Lehrerin, die den größten Eindruck auf mich machte, war unsere Direktorin Miss Chadwick, die wir auch liebevoll „Old Chad" nannten. Ich wurde recht häufig zu ihr geschickt, weil ich viel Unfug machte, aber sie sprach immer ganz ruhig mit mir. Sie erzählte mir vernünftige Sachen, die ich verstehen konnte. Sie wurde nie laut oder versuchte zu erreichen, dass ich mich schämte, sondern appellierte an meinen Verstand und riet mir, die ganze Energie, die ich in Streiche steckte, in etwas Kreatives umzuwandeln. Einmal hatte ich eine Klassenkameradin dazu überredet, sich während einer langweiligen Lateinstunde in einem Schrank zu verstecken. Daraufhin musste ich nach Schulschluss in der Schule bleiben und die Sporttrophäen polieren, was mir eigentlich sogar recht viel Spaß machte. Ich bekam sogar ein extra Lob, weil ich es so gut gemacht hatte. Laut Miss Chadwick führt es zu nichts, wenn man jemanden bestraft. Stattdessen sollte jeder Übeltäter sein Vergehen durch eine gute Tat ausgleichen und so den Schaden „wiedergutmachen". Diese Lehrstunde vergaß ich nie und bat deshalb immer um sinnvolle Strafarbeiten, anstatt stupide immer wieder den gleichen Satz schreiben zu müssen, was aber nicht jeder Lehrer mitmachen wollte. Wenn ich denselben Satz hundertmal schreiben sollte, baute ich zwischen den Zeilen versteckt kleine Botschaften diagonal in den Text ein – zum Beispiel, „Fräulein XY ist eine dumme Henne". Ich war ziemlich enttäuscht, dass kein Lehrer das je entdeckte.

Ein oder zweimal übernahm Miss Chadwick unseren Unterricht, wenn einer unserer Lehrer fehlte, und ich war von ihren Stunden fasziniert. Ich kann mich noch ganz genau an eine besondere Englischstunde erinnern, in der sie uns Francis Thompsons Gedicht „Himmelhund“ vorlas und jede einzelne Zeile erklärte. Ich starrte sie mit großen Augen an und hörte ihrem leidenschaftlichen Vortrag zu. Es wurde noch viel besser, als sie uns die ganzen schwierigen Wörter erklärte. Sie erweckte in mir die Liebe zur Literatur, die mir mein ganzes Leben lang viel Freude geschenkt hat. Und ich erinnere mich auch sonst voller Zuneigung an meine Lehrer, sogar an diejenigen, die ich damals nicht so gerne mochte.

Aber nicht einmal „Old Chad“ war immun gegen unsere kindischen Spielereien. Einmal mussten wir, als es regnete, in der Pause im Klassenzimmer bleiben, und wir vergnügten uns damit, den Papiermüll in kleines Konfetti zu schneiden. Unser Klassenzimmer war im obersten Stock des Gebäudes genau über der Eingangstür und lag in Richtung der Hauptgeschäftsstraße. Wir taten so, als würde die Direktorin heiraten, und ließen Konfetti aus dem Fenster regnen und sangen mit unseren hohen Stimmen „Hier kommt die Braut! Schön, fett und mit Beinen wie Kraut!“ Als wir die erstaunten Gesichter der Fußgänger sahen, gackerten wir nur noch mehr, aber natürlich petzte jemand und wir mussten trotz Regens jedes einzelne kleine Konfetti vom Boden auflesen. Aber wenigstens hatten wir unseren Spaß. Dabei hatte das Ganze auch eine ernste Seite, denn wir waren uns alle bewusst, dass viele Soldaten während des Kriegs getötet worden waren und nicht jede junge Frau einen Mann zum Heiraten finden würde. Wir mochten unsere Direktorin wirklich gerne und wünschten uns sehr, dass sie heiraten würde, jedoch fand ich Jahre später heraus, dass sie wie viele andere Lehrerinnen auch keinen Mann fand. Dafür heiratete unsere hübsche Französischlehrerin, während ich auf der Schule war. Sie war so nett, dass sie uns an den Feierlichkeiten teilhaben ließ. Davor brachte sie uns allen Süßigkeiten mit und als sie aus den Flitterwochen zurückkam, bekam jeder von uns Kuchen.

Zu Beginn meiner Schulzeit nahmen wir das Mittagessen in drei Sitzungen auf provisorischen Tischen in der Bibliothek ein, das von den Lehrern und Schülern aus der Oberstufe serviert wurde, die auch für Ordnung bei Tisch sorgten. Da wir keinen richtigen Speisesaal hatten, wurde es später so eingerichtet, dass wir in Zweierreihen einen knappen Kilometer zu einer Kantine laufen mussten, die genau auf halber Strecke zwischen unserer Mädchenschule und dem *Churcher's College*, der Jungenschule, lag. Beim Mittagessen wurden immer eine Menge Tauschgeschäfte durchgeführt. Natürlich ging das erst, als es wieder richtige Kartoffeln zu essen gab. In der Kriegszeit und auch noch einige Zeit danach gab es nur „Pom", was aus Kartoffelpulver gemacht wurde und recht klumpig und bisweilen eher grünlich-schwarz war. Das mochten wir alle nicht, aber wir bekamen erst einen Nachschlag, wenn wir aufgegessen hatten.

Weil ich immer Tiere beobachtete und mir dabei nicht nur ihre Formen und Bewegungen einprägte, sondern auch ihren Charakter und ihr Verhalten studierte, lernte ich schnell, sie zu malen. Meine Klassenkameraden machten Witze darüber, dass ich, egal welche Aufgabe uns im Kunstunterricht gestellt wurde, immer einen Weg fand, um Tiere, meist Pferde, mit in die Zeichnung einzubauen. Selbst wenn wir Kartoffelstempel machten, formte ich meine Kartoffel stets zu einem Pferdekopf. Am besten gefiel es mir, herumzukritzeln und mit einem Bleistift Skizzen anzufertigen, die ich dann mit schwarzer Tinte nachzeichnete. Leider gingen jedoch die meisten meiner Zeichnungen verloren, obwohl ich hunderte Bilder anfertigte – vor allem an regnerischen Tagen, weil wir dann, anstatt draußen auf dem Spielplatz zu spielen, im Klassenzimmer malten.

Ich fand auch einen Weg, die Lehrer mit meinen Zeichnungen zu besänftigen. Sie waren natürlich nicht davon begeistert, wenn sie mich dabei erwischten, wie ich zeichnete, anstatt ihrem Unterricht zu folgen oder die Aufgaben zu erledigen. Normalerweise hatte ich die aber schon erledigt, bevor die anderen fertig waren, und erzählte den Lehrern wahrheitsgemäß, dass ich besser zuhören könnte, wenn ich gleichzeitig zeichnete. Im Großen und Ganzen waren die Lehrer gutmütig zu mir. Sie schienen zu verstehen, dass ich, obwohl ich mir dessen bewusst war, unartige Dinge tat, weil ich voller Energie steckte und einfach während des Unterrichts nicht still auf meinem Platz sitzen konnte.

Ich war nie gut genug, um bei Schulaufführungen eine Rolle zu bekommen, deswegen bestand meine Aufgabe immer darin, die Kulisse zu entwerfen. Einmal spielten einige Szenen in einem Eisenbahnwaggon, und ich musste die Landschaft im Hintergrund malen. Also bemalte ich eine lange Papierrolle mit verschiedenen Landschaftsbildern, Dörfern und natürlich einer Vielzahl an Pferden und anderen Tieren. Diese wurde dann während der Aufführung hinter den Fenstern abgerollt, um so den Eindruck eines fahrenden Zuges zu erwecken, was dadurch noch verstärkt wurde, dass die „Schauspieler" die Anweisung bekommen hatten, die ganze Zeit leicht zu wackeln, so wie es bei einer Zugfahrt normal ist.

In meinem letzten Schuljahr, im Jahre 1951, führten wir unser Theaterstück eine ganze Woche lang in der Stadthalle von Petersfield auf. Diese war riesig, und daher benötigten wir eine große Kulisse. Das Stück hatte ein religiöses Thema, weshalb die Kulisse das Innere einer Kirche darstellen musste. Als erstes nähten wir Streifen aus Sackleinen zusammen, um ein riesiges Laken zu bekommen, das wir an der Balustrade der Galerie befestigten, die in Richtung unserer Aula ging. Als nächstes mussten Schüler der Oberstufe das Gewebe dick mit Farbe einpinseln, damit die Löcher darin ausgefüllt waren. Danach musste ich die Säulen und Gewölbegänge einer Kirche aufmalen, die dann von unserem gesamten Team so ausgemalt wurden, dass sie wie aus Stein gemacht aussahen. Ich bekam sogar die Erlaubnis, aus farbigem Karton Pferde und einen Karren voller Bauschutt, die an einer Stelle des Stücks auf die Bühne gezogen wurde, herzustellen.

Im selben Jahr lernten wir Country- und Westerntänze, die wir dann auch gleich auf der Bühne in der Stadthalle von Petersfield aufführten. Zuerst traten die Klassen unserer Schule gegeneinander an und danach die Klassen der unterschiedlichen Schulen – das machte großen Spaß. Da wir keine Fernseher hatten und deswegen auch keine professionellen Tanzwettbewerbe wie „Let's Dance" angucken konnten, schauten wir einfach eine Live-Aufführung an, bei der wir auch noch selbst teilnahmen.

An der Stelle, an der die Straße von London nach Portsmouth die Hauptgeschäftsstraße in Petersfield kreuzt, steht heute ein moderner Wohnblock. Die Wohnungen wurden dort gebaut, wo früher die *Petersfield High School* stand. Als ich nach Jahren das erste Mal wieder dort vorbei kam, war ich wie vor den Kopf geschlagen und ziemlich orientierungslos. Ein Teil meines Lebens in England war einfach verschwunden. Dass mein Leben in Berlin für immer verlorengegangen war, hatte ich gewusst. Ich hatte mir aber stets vorgestellt, dass mein Leben in England auf ewige Zeiten unangetastet bleiben würde. Zu dem Zeitpunkt hatte ich noch nicht realisiert, dass nichts von Dauer ist, nur, dass einige Dinge einfach länger Teil des Lebens sind als andere, bevor auch sie sich verändern und schließlich ebenso verschwinden.

Kapitel 14
Basher

Vielleicht hatten Basher und ich etwas gemeinsam: Ich war als heimatloses Kind auf den Bauernhof gekommen, das verwundbar und auf die Hilfe anderer angewiesen war und sich danach sehnte, angenommen zu werden. Auch Basher war auf andere Menschen angewiesen. Er war einer der Knechte auf dem Bauernhof und wohnte bei der Familie, die sich um ihn kümmern musste, da er zum ersten Mal von seinen Eltern getrennt lebte und fast blind war. Seinen richtigen Namen habe ich vergessen, denn seinen Spitznamen „Basher“, „der Kracher“, hatte er bereits, als ich auf den Bauernhof kam, weil er kaum etwas sah und deswegen dauernd in Gatter oder andere Gegenstände, manchmal auch Personen, „krachte“. Er hatte zwar eine Brille, trug sie aber nicht gerne während der Arbeit auf dem Bauernhof, und da sie leicht verloren gehen konnte, hielt ihn auch niemand dazu an. Als der Schuloptiker herausfand, dass ich weitsichtig war, bekam auch ich eine Brille, die ich aber nie lange trug, weil ich einfach zu aktiv war und sie ständig verlor. Meine dritte Brille machte schließlich Bekanntschaft mit dem Häcksler und endete zerbrochen in der Futterstelle der Kühe. Danach hieß es einfach, dass ich auch ohne Brille gut genug sehen konnte.

Seine Sehschwäche musste ziemlich hart für Basher gewesen sein, und leider machten wir ihm sein Leben mit unseren Hänseleien noch schwerer. Wir riefen ihn ständig zu uns, gaben vor, Süßigkeiten für ihn zu haben, und hofften, dass er auf dem Weg zu uns in irgendetwas krachen würde – damit wir etwas zu lachen hatten. Dazu kam noch, dass Basher übergewichtig und unbeholfen war, was natürlich recht lustig anzusehen war. Er versteckte sich oft hinter Türen oder in dunklen Ecken, und Mrs. Halting schickte uns dann auf die Suche nach ihm, da es viel Arbeit für ihn zu erledigen gab.

Ihrer Meinung nach war er faul und deshalb war es gut für ihn, wenn wir ihn aus seinem Versteck jagten, da er sich mehr bewegen müsste, um Gewicht zu verlieren und sich besser zu integrieren. Sie stachelte uns sogar dazu an, ihn zu hänseln, und wenn keine Erwachsenen in der Nähe waren, konnten wir richtig gemein zu ihm sein. Zurückblickend denke ich, dass er aufgrund unserer Schikanen depressiv und resigniert war – gut tat ihm das ganz gewiss nicht.

Auch wenn er noch ein Teenager war, war Basher ein großer, starker Bursche, der immer dann gerufen wurde, wenn eine Arbeit verrichtet werden musste, bei der etwas Schweres gezogen oder gehoben werden musste. Dann war er in seinem Element. Solange man darauf achtete, dass er sie richtig anpackte, konnte er Wurzeln aus dem Boden reißen, bei denen niemand sonst eine Chance hatte. Es sah wie die leichteste Arbeit aus, wenn er schwere Säcke auf den Speicher der Kornkammer hob. Sogar Leute aus dem Dorf fragten nach Basher, wann immer sie Hilfe brauchten, und es machte ihn sehr stolz, wenn er etwas für sie tun konnte, vor allem, weil er zur Belohnung oft Kekse oder Süßigkeiten bekam.

Um Stallmist und Dünger muss man sich das gesamte Jahr kümmern. Gülle ausfahren war Bashers Hauptaufgabe, wobei ich ihm ab und zu half. Vor dem Kuhstall lag immer ein großer Haufen Kuhmist, da der Stall jeden Tag gesäubert wurde. Zunächst musste das Pferdefuhrwerk beladen werden, und Basher schaufelte den Mist, während ich ihn anleitete sowie die Pferde und den Wagen in Position hielt. Danach stiegen wir beide vorne auf das Fuhrwerk, stützten unsere Füße auf der Deichsel ab und fuhren auf das Feld hinaus. Der Mist wurde dann an geeigneten Ecken des Feldes abgeladen, damit im Winter gedüngt werden konnte.

Wenn wir an der jeweiligen Stelle ankamen, sprang ich hinunter, während Basher auf den Mist kletterte und ihn hinunter schaufelte, wobei ich ihn anleitete und Kommandos gab. Wir sprachen über Gott und die Welt, da er ziemlich gesprächig war, wenn niemand sonst dabei war, der ihn hänselte. Er erzählte mir immer, was er am Vorabend im Radio gehört hatte. In meiner Gegenwart fühlte er sich sicher, da er wusste, dass ich ihn nicht hänseln würde, und als ich es dann doch einmal tat, bekam ich als Antwort eine Schaufel voller Mist auf den Kopf.

Ich staunte, wie vernünftig Basher reden und über Dinge diskutieren konnte. Jahre später, als ich als Therapeutin für Menschen mit Beziehungsproblemen arbeitete, lernte ich, dass es Menschen gibt, die vorgeben dumm zu sein, damit niemand viel von ihnen erwartet. Basher kam immer dann aus seinem Schutzpanzer heraus, wenn er sich sicher fühlte, und wir hätten einiges dafür tun können, dass er sich sicherer gefühlt hätte – ihn zu hänseln war sicher das Schlechteste für ihn.

Dennoch hatte er im Grunde ein recht anständiges Leben auf dem Bauernhof, da er trotz der ganzen Schikanen Teil der Familie war und immer bei allem mitmachen durfte. Er nahm an allen Aktivitäten auf dem Bauernhof und an allen Feierlichkeiten im Dorf teil. Er kam sogar mit ins Kino, wenn wir gingen, und obwohl er von den Bildern nicht viel sehen konnte, folgte er den Geschichten, was ich merkte, wenn wir das nächste Mal Dünger ausfuhren und er darüber redete.

Basher wurde auch in den Stall, in dem die Hühner gehalten wurden, geschickt, um den Mist rauszuschaufeln, was eine Arbeit war, die wir alle hassten. An den Geruch von Kuh- und Pferdemist kann man sich recht gut gewöhnen und dann ist er eigentlich gar nicht mehr unangenehm. Für Schweinemist braucht man zwar eine etwas längere Gewöhnungszeit, aber es geht auch. Enten- und Hühnermist dagegen stinkt einfach nur ekelhaft, und wir alle hassten es, diesen Stall zu säubern. Basher schien das jedoch überhaupt nichts auszumachen, und er arbeitete gerne ganz für sich alleine. Einmal ging ich in den Stall, um nachzusehen, wie weit er schon war, als ich sah, wie er in der Hocke saß und etwas streichelte, das so aussah wie ein Hahn. Ich fragte mich, was der Hahn überhaupt da zu suchen hatte, und hörte Basher sagen „Alles gut, kleiner Hahn, ich bekomm dich da schon raus." Bevor ich erkennen konnte, dass der Hahn zwischen zwei Holzdielen im Boden eingeklemmt war, riss Basher schon an ihm und hielt plötzlich den Kopf des Hahns ohne den restlichen Körper in seinen Händen. Bashers schockierter Blick war eigentlich ganz lustig anzusehen, bis er merkte, was er gerade angerichtet hatte und in Tränen ausbrach. Später, als ich John Steinbecks Roman „Von Mäusen und Menschen" las und darin die Figur des Lennie beschrieben sah, musste ich an Basher denken. Lennie war ein großer, sanfter Riese, genau wie Basher, der seine eigene Stärke nicht einschätzen konnte.

Kapitel 15
Waschtag und tägliche Aufgaben

Montags war Waschtag auf dem Bauernhof. Es war meine Aufgabe, nach der Schule in den Garten zu gehen und die Wäsche vom Morgen, die bereits trocken war, ins Haus zu bringen, während Martin, Jack und Kevin in der Scheune ihren eigenen Aufgaben nachgehen mussten. Nachdem ich die Tiere gefüttert und einen großen Salat zum Abendessen gemacht hatte, musste ich die restliche Wäsche rein bringen. Nach dem Abendessen war ich etwa eine Stunde mit Bügeln beschäftigt, bevor ich mit meinen Hausaufgaben anfangen konnte.

Bügeln machte mir Spaß, vor allem, wenn im Radio gute Musik lief oder wenn es kalt war, da es beim Bügeln wenigstens immer schön warm wurde. Laken und Hemden mussten gebügelt werden, und davon gab es jedes Mal mehr als genug. Es waren auch ein oder zwei gestreifte Hemden dabei, bei deren Anblick mir beim Bügeln immer ganz schwindelig wurde, da die Streifen auf eine komische Weise leuchteten und es schien, als würden sie sich bewegen.

In den Ferien ging fast der gesamte Montag für die Wäsche drauf, was mir ziemlich unfair erschien, weil die Jungs dabei überhaupt nicht helfen mussten, sondern einfach irgendwo auf dem Bauernhof verschwanden. Mir wurde zwar beteuert, dass sie genauso viel Arbeit erledigen müssten wie ich, aber das glaubte ich nicht wirklich. Außerdem machte alles, was man draußen tun konnte, Spaß und zählte nicht als richtige Arbeit. Luvvy war die meiste Zeit auf der Ballettschule.

Noch bevor es Frühstück gab, musste ich, nachdem ich eine gute Stunde lang die Tiere in der Scheune und den Ställen gefüttert hatte, das Feuer im Waschhaus anzünden, sogar an ganz normalen Schultagen. Zuerst musste der große Kupferkessel mit Wasser aus einem großen Eimer, das ich mit einer handbetriebenen Pumpe geschöpft hatte, gefüllt werden. Es war eine ziemlich anstrengende Arbeit, die Pumpe auf und ab zu bewegen und dann den vollen Eimer in den Kessel zu leeren. Dann musste die Asche vom vorangegangenen Montag aus dem Ziegelofen, in den der Kessel eingelassen wurde, gekratzt werden. Als nächstes musste ich Papier, Äste und Anmachholz in der Aschegrube in der richtigen Anordnung platzieren, damit genug Luft hineinkommen konnte, um das Feuer am Brennen zu halten, nachdem es entfacht worden war, was ich mit Streichhölzern und ein bisschen Paraffin versuchte. Erst als die Flammen das Holz rot glühen ließen, konnte ich ein oder zwei Holzscheite drauflegen und das Feuer sich selbst überlassen. Außerdem musste ich sicherstellen, dass ich einen großen Holzdeckel auf den Kochkessel legte, bevor ich frühstücken gehen konnte.

War ich zu langsam gewesen, dann war das *Porridge* bereits verteilt und meine Portion kalt geworden. Damals gab es noch keine Mikrowelle oder so etwas in der Art, worin man Essen schnell erhitzen kann. Es gab zwar reichlich Toast, aber Butter und Marmelade waren knapp, was bedeutete, dass manchmal nichts mehr für mich übrig war, wenn ich zu langsam gewesen war. Das Frühstück war also immer eine recht hektische Angelegenheit, weil ich an Schultagen den Bus um 8.15 Uhr nach Petersfield erwischen musste, denn der nächste kam erst eine Stunde später, sodass ich dann viel zu spät in die Schule gekommen wäre.

Auch in den Ferien musste ich mich beeilen, um mich rechtzeitig um die Wäsche zu kümmern. Während das Wasser aufkochte, ging ich mit Mrs. Halting nach oben, um die Wäsche zu sortieren, da alle Betten saubere Laken bekommen sollten, was bedeutete, dass das unterste Laken und der Kopfkissenbezug jedes Bettes abgezogen werden mussten und das obere Laken als neues unteres Laken fungierte, sodass jedes Bett ein frisches oberes Laken sowie einen frischen Kopfkissenbezug bekam.

Insgesamt gab es fünf Schlafzimmer im oberen Stock sowie Bashers Zimmer im Erdgeschoss, sodass Bettwäsche von zwei Doppel- und sieben Einzelbetten gewechselt werden musste, was bedeutete, dass ich viele schwere Wäschekörbe mit dreckiger Wäsche hin- und hertragen musste.

Sobald das Wasser im Kessel zu kochen begann, wurden die ganzen Bettlaken, weißen Hemden und Taschentücher hineingetan. Wenn diese dann vor sich hin kochten, musste der Dreck von den schmutzigen Overalls abgeschrubbt werden. Danach kamen auch sie in den Kessel. Am Ende wurde alles mit einem großen hölzernen Paddel herausgenommen und in große Zinkwannen, die mit Wasser aus der Pumpe gefüllt waren, geschüttet. Dort wurde alles mehrmals gespült und ausgewrungen, bevor es zum Trocknen aufgehängt wurde. Bashers Aufgabe war es, die Kurbel der Wringmaschine zu drehen. Beim Reinlegen der Wäsche musste man vorsichtig sein, sonst konnte man sich seine Finger schnell in der Lücke zwischen den zwei Walzen einklemmen, was recht wehtat.

Manchmal war der Nachmittag schon fast rum, bevor auch noch die letzte Wäsche aufgehängt worden war, doch oftmals reichte der Platz auf der Leine nicht aus und einige Dinge mussten auf Wäscheleinen unter einem großen Wellblechdach aufgehängt werden, das von der Küchentür bis zum Waschhaus reichte. Wir stellten dort unsere Fahrräder, Gummistiefel oder andere Kleinigkeiten ab, um sie vor Regen zu schützen.

Bei Regenwetter blieb die Wäsche oft ein paar Tage lang unter dem Blechdach hängen, bis sie trocken genug zum Falten und Bügeln war. Sogar an Wintertagen mit Frost oder bei Eis und Schnee wurde der Waschtag wie immer durchgezogen. Ich kann mich noch daran erinnern, wie ich an solchen Montagen die Wäsche aufhängte, die schon ganz steif gefroren war, bevor ich sie an der Leine festklemmen konnte. Doch erstaunlicherweise war sie trocken genug zum Bügeln, nachdem man sie reingeholt hatte und sie aufgetaut war.

Bis alles gewaschen, gespült und auf der Wäscheleine aufgehängt worden war, war auch schon Zeit für das Essen – meistens ein recht einfaches Essen mit kaltem Bratenaufschnitt und übriggebliebenem Essen vom Vortag. Um das auszugleichen, gab es gegen 18 Uhr dann noch eine kräftigere Mahlzeit, bei der es leckere Gerichte, wie etwa Spiegeleier mit Kartoffeln, Kartoffel-Gemüse-Brei oder Würstchen in Eierteig gab. Dazu kam, dass man das gute Gefühl hatte, etwas geschafft zu haben.

Ich liebte Kartoffel-Gemüse-Brei, also gestampfte Kartoffel- und Gemüsereste, die in Schweineschmalz gebraten wurden. Ich selbst verwendete dazu später Hühnerfett, was das Ganze noch leckerer machte. Ich beobachte Mrs. Halting dabei, wie sie die überbackenen Würstchen zubereitete, und wieder war es das Schmalz, das den guten Geschmack ausmachte. Sie war sehr geschickt und schnell beim Zubereiten und schaffte es, dass der Eierteig schön aufging und die Würstchen vollständig bedeckte, wenn sie aus dem Ofen kamen.

Außer *Porridge* durfte ich jedoch fast nie etwas kochen, da beinahe alle Lebensmittel knapp waren und das Essen nicht für alle gereicht hätte, wenn ich etwas verdorben hätte. Also musste ich meistens Kartoffeln schälen und Gemüse aus dem Garten holen, um für alle Salat zu machen. Das machte mir Spaß, und ich verzierte den Salat immer mit Tomaten- und Gurkenscheiben oder Frühlingszwiebeln und Petersilie – alles aus unserem eigenen Garten.

Die Arbeit, die ich am meisten hasste, war der Samstagsputz, bei dem ich alle fünf Schlafzimmer, den langen Flur, der die Zimmer miteinander verband, sowie die beiden Treppen abstauben musste. Die hintere der beiden Treppen führte ziemlich steil in die Küche, die vordere endete im Eingangsbereich. Da die Böden alle aus Holz waren, wurden sie nach dem Abstauben mit einer speziellen Politur auf Hochglanz gebracht. Leider gab es nur ein Radio, ein riesengroßes, das fast so groß war wie ein kleiner Kühlschrank, sodass ich während des Putzens nicht einmal Musik hören konnte, damit es mir nicht langweilig gewesen wäre.

Am Samstagmorgen war ich also meist schlecht gelaunt, weil ich putzen musste, während die Jungs zur Schule gingen. Man konnte zwar auch für meine Schule Hockey oder Korbball spielen, aber ich war nicht besonders gut und hatte auch keinen Spaß daran, sodass ich auch nie für eine Mannschaft ausgewählt wurde. Obwohl Jack und Kevin am Samstagnachmittag Arbeiten übernehmen mussten, waren sie dabei wenigstens draußen an der frischen Luft. Die Ställe ausmisten, den Mist wegbringen oder Futter verteilen, das waren alles Dinge, die ich gerne machte, und deswegen half ich ihnen oft dabei. Sie waren aber nicht dankbar für meine Hilfe, sondern hänselten mich stattdessen, weswegen die Arbeit meist in Wasserschlachten endeten oder darin, dass wir uns mit Dünger bewarfen. Irgendwie war aber immer ich diejenige, die Ärger bekam, und nicht die Jungs.

Absichtlich war ich eigentlich nie unartig auf dem Bauernhof, und doch wurde ich immer wieder ausgeschimpft oder gehänselt, wenn ich etwas falsch machte, was mich verletzte, da ich verzweifelt versuchte, alles richtig zu machen, damit ich nie wieder weggeschickt werden würde. Jedes Mal, wenn jemand mit mir schimpfte – und es war vermutlich nie wirklich schlimm – dachte ich, dass ich versagt hätte.

Bei schönem Wetter beeilte ich mich immer, mit der Arbeit fertig zu werden. Wenn ich es rechtzeitig schaffte, durfte ich immer rausgehen, um zu schauen, ob ich vielleicht irgendwo helfen könnte oder ich durfte sogar auf einem der Ponys reiten. Zu schnell durfte ich jedoch auch nicht mit meinen Aufgaben fertig sein, weil Mrs. Halting bei ihrem Kontrollgang dann das bisschen Staub, das ich in der Eile übersehen hatte, normalerweise entdeckte, und ich dann alles nochmal machen musste. Wenn ich mit der Arbeit fertig war, musste ich sie suchen und fragen, ob ich nach draußen gehen dürfe. Wenn sie gute Laune hatte oder zu beschäftigt mit anderen Dingen war, vergaß sie, zu kontrollieren, und ich konnte nach draußen. Wenn sie aber dachte, dass ich zu schnell fertig geworden war, oder sie schlechte Laune hatte, guckte sie die Zimmer ganz genau an und wischte mit ihrem Finger über die Bettkanten und die Fußleiste. Dann hielt sie mir den Finger gewöhnlich vor die Nase und fragte mich „Und was ist das bitteschön, mein liebes Kind?“, was bedeutete, dass ich das Zimmer dann nochmals putzen musste. Wenn ich Pech hatte oder Mrs. Halting ganz schlecht aufgelegt war, gab sie mir sogar extra Aufgaben. Dann war vor dem Mittagessen garantiert keine Zeit mehr, um nach draußen zu gehen.

Kapitel 16
Das Leben im Dorf

Anders als in der Stadt kennt auf dem Land jeder jeden, und Nachrichten, vor allem Klatsch und Tratsch, verbreiten sich rasend schnell.

Eines der abwegigsten Gerüchte, das in Harting Runde machte, war, dass die Familie meiner guten Freundin Mary ihren Bauernhof in Nyewood aufgeben würden. Und natürlich machte das Gerücht – wie jedes Mal – vor niemandem halt. Irgendjemand sprach dann eines Tages Marys Mutter an und fragte, wann sie denn nun wegziehen würden, woraufhin ihre Mutter antwortete, dass sie das gar nicht vorhätten. Der Schlaumeier erwiderte darauf, „und ob ihr umziehen werdet. Ich weiß sogar wohin." Marys Mutter entgegnete nur, dass es gut wäre, wenn er ihr sagen würde, wohin, denn ihre Familie habe nicht die Absicht, ihren Bauernhof aufzugeben. Es versteht sich von selbst, dass dieses Gespräch dann auch wieder als Klatsch und Tratsch die Runde machte.

Harting war eigentlich eine Ansiedlung von kleinen Dörfern. In Süd-Harting gab es eine Kirche, ein Pfarrhaus, eine Grundschule, zwei Pubs und ein paar Geschäfte am Dorfplatz, der jedoch nicht viel mehr war als eine Straßenkreuzung, auf dem an Sommerabenden ab und zu Sinti und Roma zum Tanz aufspielten.

Der Bauernhof der Haltings war in Ost-Harting, wo es noch ein paar andere Höfe und Dorfhäuser und sogar einen kleinen Laden am Ende der Straße gab. West-Harting war ziemlich ähnlich aufgebaut und Nyewood lag ein bisschen weiter entfernt in nördlicher Richtung.

Weil der Dorftratsch in Harting sich schnell und zuverlässig verbreitete, war jeder stets über bevorstehende Veranstaltungen informiert, und es war kein Problem, Helfer zu finden. Im Sommer wurde ein Dorffest veranstaltet, und im Winter gab es eine Weihnachtsfeier.

Das erste Sommerfest, das ich besuchte, fand im Jahr 1945, kurz nach dem Krieg, statt. Nach sechs langen Jahren voller Angst und Ungewissheit waren alle erschöpft, doch obwohl das Geld knapp war, war die Stimmung fröhlich und ausgelassen. Es war eigentlich nur ein kleines Fest im Garten des Pfarrhauses mit Ständen, an denen man Schnickschnack, hausgemachte Marmeladen oder Kuchen kaufen konnte. Für die Kinder gab es rote Götterspeise und Vanilleeis, und bei den Spielen machten alle mit.

Es war ein seltenes Vergnügen für uns, denn Lebensmittel waren zu der Zeit noch immer rationiert und 1945 war alles noch so knapp, dass man solche Köstlichkeiten langsam auf der Zunge zergehen ließ, um länger etwas davon zu haben und sich lange daran zu erinnern.

Mir gefiel das „Teezelt" am besten, vor dem die Leute an Klapptischen in der Sonne saßen und sich angeregt unterhielten. Es war das erste Mal seit Jahren, dass man einfach den ganzen Tag lang ohne Angst irgendwo draußen sitzen konnte. Ganz entspannt konnten wir tun und lassen, was immer wir wollten, ohne uns Sorgen wegen feindlicher Flugzeuge, die kommen und Bomben abwerfen könnten, machen zu müssen.

Im folgenden Jahr wurde das Sommerfest auf einem Feld hinter der Kirche abgehalten, weil es größer war, denn es gab mehr Stände und ein kleines Karussell für die Kinder, das der Dorfschmied, ein Sinto, von einem seiner Freunde ausgeliehen hatte. Ich nahm Copper mit, ein kleines *Exmoor-Pony*, auf dem die kleinen Kinder reiten konnten. An dem Tag nahmen wir viel Geld für die Kirche ein, die es den Witwen von Soldaten und deren Kindern zukommen ließ. Im folgenden Jahr brauchten wir dann sogar ein noch größeres Feld!

In diesem Jahr und den darauffolgenden gab es eine Vielzahl an Festzelten, in denen man an Wettbewerben für regional angebautes Gemüse und Blumen teilnehmen konnte. Einmal gewann ich einen Preis für den am schönsten verzierten Salat, und ein andermal gewann mein hellbraunes Kaninchen Angelina einen Wettbewerb. Jedes Jahr spendeten die Haltings ein Ferkel für einen Wettbewerb, bei dem man das Gewicht des Schweins schätzen musste. Neben Ponyreiten gab es auch noch Eselsrennen, und das damit eingenommene Geld wurde für Dinge wie Kleidung oder Lebensmittelpakete für die ärmsten Familien ausgegeben. Die Esel wurden von den Sinti und Roma mitgebracht, und das Rennen war ein Heidenspaß. Ich machte mir sogar einmal ein eigenes Jockey-Outfit, indem ich scharlachrote Taftstreifen auf ein weißes Hemd und eine Fischermütze nähte. Bei einem Rennen weigerte sich mein Esel, in die richtige Richtung zu laufen, sodass wir die ganze Strecke einfach rückwärts zurücklegten und trotzdem noch zweite wurden, da die ganzen anderen Teilnehmer mit Ausnahme des Gewinners von ihren Eseln fielen und disqualifiziert wurden.

Im Winter wurde das ganze Dorf von Lord und Lady Featherstone Haugh in ihr riesiges Herrenhaus mit Namen *Uppark* eingeladen. Er war ein Adliger, dessen Wurzeln bis ins feudale England zurückreichten, in dem seine Vorfahren die Gutsherren gewesen waren. Stets begrüßten Lord und Lady Featherstone Haugh jeden Gast persönlich. Ein großer Weihnachtsbaum, der etwa sieben Meter hoch war, stand in der hohen Eingangshalle. Sein Anblick war wunderschön, denn er war mit glänzenden Silberkugeln und roten Kerzen geschmückt, deren Licht rot leuchtete.

Im Haus gab es viele große Räume, die auch nötig waren, um das ganze Dorf unterzubringen. Wir aßen feine Sandwiches und Sahnetorten und unterhielten uns blendend. Natürlich legten wir unser bestes Verhalten an den Tag, was bedeutete, dass wir sehr höflich und entgegenkommend waren. Niemand bat um ein zweites Sandwich oder ein zweites Stück Torte, ohne vorher gefragt zu haben, ob alle am Tisch bereits mindestens einmal davon gegessen hatten. Außerdem nahm sich niemand einfach etwas, das auf der anderen Seite des Tisches stand, sondern wir baten unseren Tischnachbarn, ob er es uns reichen könnte.

Nach dem Essen wurden Weihnachtslieder angestimmt, wobei es Tradition war, dass eine Gruppe von fünf oder sechs Mitgliedern des Kirchenchors von Raum zu Raum ging, um bei schwierigeren Liedern den Ton anzugeben, indem sie die Oberstimme selbst sangen, oder um einen mehrstimmigen Kanon zu leiten. Die Erinnerungen daran beglücken mich noch heute, wenn ich einen Kanon höre. Beim Abschied bekam jedes Kind eines der Geschenke, die sich um den Weihnachtsbaum türmten. Der Weg nach Hause, einen steilen Hügel hinab, war recht lang, aber manchmal, wenn es schneite, sangen wir wohlgemut die ganze Zeit Weihnachtslieder.

Andere wohlhabende Familien in Harting, wie etwa die Familie des Gutsherren Hawthorn, des Hauptmannes Blackmill oder die Wallaces, veranstalteten an Weihnachten ihre eigenen Feste, zu denen natürlich auch die Haltings eingeladen wurden. Es wurde musiziert und getanzt, die Kinder konnten Spiele spielen, und je länger der Krieg zurücklag, desto größer wurde die Auswahl an Kuchen und Eiscreme. Ich musste mich oft darum kümmern, dass beim Wechseln der Platten alles reibungslos vonstatten ging. Wenn ich zwischen zwei Platten die Kurbel nicht genug gedreht hatte und das Federwerk des Plattenspielers nicht vollständig aufgezogen war, klang es ganz lustig, wenn dann die Musik ab Mitte der Platte immer langsamer und langsamer und tiefer wurde.

Das Bauernhaus der Haltings war nicht groß genug für solche Feste, aber die letzte Feier, an die ich mich erinnern kann, war riesig – es war ein Tanzfest in der Scheune. Die Planungen und Vorbereitungen zogen sich über Wochen hin, denn das ganze Heu und Stroh musste aus dem großen Schweinestall entfernt werden, wobei zwei Ebenen vollständig geleert und eine dritte komplett aufgefüllt wurden. Der Boden der Scheune musste leergeräumt, gefegt und ganz besonders sauber gewischt werden. Für die Musikkapelle wurde eine kleine Bühne aufgebaut und eine Tanzfläche wurde ausgelegt. Das Essen und die Getränke waren hervorragend: An einem Ende der Scheune gab es heiße Gerichte und am anderen Ende gab es kalte Speisen. Die Kapelle und die Tanzfläche waren in der Mitte. Der Getränkestand war auf der mittleren Ebene, auf die eine Leiter hinauf- und von der eine andere Leiter hinabführte. Ich weiß nicht, wie Mrs. Halting das ganze Essen herbeizauberte. Sie kochte sehr viel selbst, aber noch mehr wurde mit Lieferwagen gebracht. Es kamen mindestens zweihundert Gäste, und alle hatten eine Menge Spaß. Sogar die oberste Ebene unter dem Dach, die mit dem Heu aufgefüllt war, war voller Leute, und man konnte erkennen, wer oben gewesen war, weil sie dann kleine Halme und Stroh auf ihren Rücken hatten. Das Fest war erst zu Ende, als es am nächsten Morgen wieder hell wurde. Auf das ganze Saubermachen gehe ich lieber nicht ein, aber wir haben es gern gemacht, weil die Feier so gelungen war.

Wir wurden immer zu allen großen Veranstaltungen eingeladen, da Mrs. Halting im Ort sehr angesehen war, denn sie war Leiterin einer Frauenvereinigung. Sie hatte sich auf Flechtarbeit, Hutmacherei, Eindosen und Ähnliches spezialisiert. Darin unterrichtete sie Klassen in der nächstgrößeren Stadt, Petersfield, und reiste durch ganz England, um dort Leute zu unterweisen, die dann vor Ort ihr Wissen wiederum weitergeben konnten.

Ich begleitete sie oft, um Bündel grüner Binsen, gelbe Weideruten vom Bach sowie roten Hornstrauch und Waldreben von den Hecken zu pflücken. Wir fanden für alles, was um unser Haus herum wuchs, Verwendung. Kunstgewerbeläden gab es ja nicht. Die Waldrebe oder „Altmännerbart", wie wir sie nannten, bekam im Herbst eine Art Puderquaste voller Samen, was der ideale Zeitpunkt war, um die Blattstiele zum Korbflechten zu verwenden. Wir entfernten alles von den Blattstielen bis zu dem darunterliegenden weißen Rohr und weichten sie dann ein, damit man sie biegen konnte. Mir gefielen die grünen Binsen am besten, denn sie waren sehr gut zum Flechten kleiner Puppenwiegen oder -körbchen geeignet.

Mrs. Halting veranstaltete wahre Einmachorgien, bei denen Obst und Gemüse, das die Dorfbewohner mitbrachten, in Dosen abgefüllt wurde. Dafür lieh sie extra eine Eindosmaschine aus und kaufte große Mengen an Dosen. Das Obst und Gemüse musste zunächst gewaschen und vorbereitet und dann in Dosen gefüllt werden, die wiederum in kochendes Wasser gestellt wurden, damit die Luft entweichen konnte, bevor sie schließlich von einer Maschine luftdicht verschlossen wurden. Im Sommer saßen die Arbeiter draußen im Garten, wo sie an Klapptischen arbeiten konnten. Pro Dose mussten die Leute einen bestimmten Betrag bezahlen und einen Teil der Dosen der Frauenvereinigung spenden. Für diese Organisation betrieb Mrs. Halting einen Stand auf dem Markt in Petersfield, und der ganze Gewinn kam bedürftigen Menschen zugute. Im Sommer stand ich an Markttagen immer gegen fünf Uhr auf, wenn es hell wurde, um am Bach jenseits der Felder Brunnenkresse zu pflücken. Das Wasser war eiskalt, und meine Finger wurden ganz taub, aber es war die Mühe wert, da die Bündel Brunnenkresse am Markt schnell ausverkauft waren und ich die Hälfte der Einnahmen bekam, während die andere Hälfte für wohltätige Zwecke an die Frauenvereinigung ging.

Einmal mussten wir eine ganze Kuh verarbeiten und in Dosen abfüllen! Die Jungs, mein Bruder Martin eingeschlossen, hatten einen elektrischen Zaun um das Grünkohlfeld gezogen, denn zu der Zeit wurden elektrische Zäune allmählich immer häufiger genutzt. Überall wurden Kühe eingepfercht, und alle paar Tage wurde der Zaun verschoben, damit der

Grünkohl, das Gras oder der Klee in dem abgetrennten Teil besser und höher wachsen konnte. Martin baute den Trafo, der benötigt wurde, um die Stromspannung zu kontrollieren, und die zwei Halting-Jungs stellten den Zaun im Kohlfeld auf. Kühe lieben Grünkohl und würden immer zu viel davon essen, wenn er ihnen nicht zugeteilt werden würde. Deswegen wurde er gestochen und in die Scheune gebracht, wo er den Kühen in den Futtertrog gemischt wurde. Die Jungs bauten den Zaun um das Kohlfeld, sodass man sich diese Arbeit sparen konnte, und das ging auch eine lange Zeit gut.

Nach einiger Zeit verlegten sie den Zaun so, dass er genau über einem Misthaufen verlief, der inmitten des Feldes abgeladen worden war, da er später als Dünger verwendet werden sollte. Der Plan ging auch solange auf, bis eine Kuh mit Namen Buttercup den Misthaufen bestieg – Gott weiß, warum sie das tat, denn schließlich war es eine wirklich dumme Idee –, ausrutsche, dabei genau auf den Elektrozaun fiel und einen Elektroschock verpasst bekam. Das hätte eigentlich nicht passieren dürfen, da die Spannung nur stark genug sein sollte, um Buttercup davon abzuhalten, hindurchzugehen, aber nicht um sie zu verletzen. Ein Kurzschluss war die Folge des Stromschlags, der dazu führte, dass der Zaun nicht mehr funktionierte, was die Herde kurze Zeit später herausfand, die sofort auf das Kohlfeld ausbüchste. Sie fraßen Kohl, bis sie krank waren und zertrampelten auf der Suche nach den saftigsten Halmen den Großteil des Feldes.

Als Buttercup auf einem Leiterwagen zurückgebracht wurde, konnten wir aufgrund des tief in ihr Fleisch eingebrannten Drahts sehen, auf welchen Körperteil sie gefallen war. Der Draht war zerschnitten worden, um sie vom Misthaufen herunterzuholen. Der Unfall ereignete sich in den späten 1940er-Jahren, als Lebensmittel noch immer knapp waren, was Mrs. Halting dazu veranlasste, ihre Eindosmaschine herauszuholen (zu diesem Zeitpunkt hatte sie sich bereits eine eigene gekauft). Den Knechten gab sie soviel Fleisch für ihre Familien mit wie möglich, aber danach hieß es „alle Mann an Deck!“. Die Haltings und all ihre Helfer kamen zusammen, um das, was von Buttercup noch übrig war, in Dosen abzufüllen. Die Devise lautete: „Füll dich ab, solange es geht, und wenn es nicht mehr geht, dann füll die Dosen ab!“

In der Zeit, in der Lebensmittel rationiert waren, durften wir nur hin und wieder eines unserer Schweine schlachten, um einen Teil selbst zu essen und den Rest zu verkaufen. Im Gegenzug erhielten wir Lebensmittelmarken, mit denen wir verschiedenste Produkte kaufen konnten. Wir gaben also die Fleischmarken dafür weg, aber das war es wert. Ab und zu wählte Mr. Halting ein Schwein aus, das er ein bisschen größer und fetter werden ließ als für den Markt gedacht. Er schlachtete es durch einen schnellen und sauberen Schnitt durch die Kehle. Dabei habe ich ihm nur einmal zugeschaut. Er lenkte das Schwein geschickt ab und dann war mit einem Schnitt alles vorbei. Kurze Zeit später hing es schon an seinen Hinterbeinen und blutete aus, sodass es für den Verzehr geeignet war.

Mr. Halting war ein sehr sanfter und rücksichtsvoller Mensch, der Tiere liebte und sie mit Güte und Respekt behandelte. Er schlachtete niemals ein Schwein an derselben Stelle auf dem Gelände, um sicherzustellen, dass es vor dem Schlachten nicht nach Schweineblut roch. In Schlachthöfen ist man nicht so rücksichtsvoll. Sobald die Schweine ankommen, riechen sie das Blut derer, die vor ihnen geschlachtet wurden. Ich habe selbst einmal eine Speckfabrik in Reading als Teil eines Kurses über Melktechniken besucht. Dabei habe ich gesehen, wie eine LKW-Ladung Schweine im Schlachthaus ankam. Ich werde niemals das verzweifelte Quieken vergessen, als sie entladen wurden und sofort das Schweineblut riechen konnten.

Das erste Mal, als ein Schwein für unseren eigenen Verzehr ausgewählt wurde, lief es auf seinen vier Hufen in den LKW des örtlichen Schlachthauses und kam in kleinen Stücken und mit sechs Hufen wieder zurück. Einige der Teile waren so klein, dass sie gar nicht von dem großen Schwein stammen konnten. Mr. Halting sagte, wir seien ausgetrickst worden, denn es waren extra zwei Hufe dazugelegt worden, um den Gewichtsverlust durch die kleineren Fleischstücke auszugleichen. Daraufhin entschied er sich dazu, selber zu schlachten, doch das Fleisch musste schnell verarbeitet werden. Einige Teile, vor allem der Schweinehintern, wurden mit Salz und Salpeter in einem metallenen Trog in der hofeigenen Molkerei gepökelt, die als große Speisekammer diente. Einige Zeit später wurden die Teile dann zum Räuchern im Kamin des Waschhauses aufgehängt, denn dort wurde jeden Waschtag ein großes Feuer gemacht.

Ich ritt normalerweise immer über die *Downs*, um nach Wacholder zu suchen, denn die Wacholderbeeren wurden in die Asche geworfen, während das Feuer niederbrannte, um dem Schinken eine besonders gute Note zu verleihen. In Lokalen, die ihre Produkte von regionalen Bauernhöfen beziehen, bekommt man ab und zu heute noch Schinken mit diesem Geschmack, aber natürlich nicht bei dem abgepackten Schinken aus dem Supermarkt. Das Schweinefleisch, das übrigblieb, nachdem wir gegessen und die Helfer etwas mit nach Hause bekommen hatten, wurde in Dosen abgefüllt. Alle knorpeligen und fetten Reste bekamen die Hunde.

Neben den zwei großen Dorffesten gab es auch noch überregionale Landwirtschaftsausstellungen, bei denen Mrs. Halting mit ihren Zugpferden oder Jungkühen an Wettbewerben teilnahm. Ich durfte ihr manchmal dabei helfen, die Tiere dafür herzurichten und in den Ring zu führen. Das waren sehr stolze Augenblicke für mich, da unsere Tiere nie unangenehm auffielen, was nicht bei allen der Fall war. Bei den größeren Veranstaltungen, zu denen wir öfter fuhren, gab es viel mehr Wettbewerbe in allen möglichen Bereichen, denn prämiert wurden zum Beispiel Tiere, Gemüse, Blumen und Säcke voller verschiedener Getreidesorten. Gleichzeitig präsentierten große Unternehmen ihre neuesten Traktorenmodelle und landwirtschaftliches Gerät.

Jeden Herbst fand auf der großen Gemeindewiese in Petersfield auch ein Pferdemarkt statt, zu dem Sinti und Roma aus ganz England angereist kamen, um Pferde zu kaufen und verkaufen. Sie ließen sie vor potentiellen Kunden auf und ab laufen und präsentierten sie zu deren Bewunderung im besten Licht. Auch die Hufschmiede in South Harting, die ich gut kannte, da ich die Pferde und Ponys der Haltings zu ihnen zum Beschlagen brachte, gehörten zu diesem Volk. Sinti und Roma waren damals ein normaler Teil der Dorfgemeinschaft und dass sie von Ort zu Ort zogen, wurde als ihr Lebensstil akzeptiert. Einige Dorfbewohner murrten zwar ein bisschen, aber mehr noch schimpften sie auf die Städter, die Wochenendhäuser in ihrer Gemeinde kauften. Die Städter hielten die Sinti und Roma sowie die meisten Dorfbewohner für „ein wenig primitiv", und die Dorfbewohner ihrerseits fanden die Städter „aufgeblasen".

Auch zu anderen Jahreszeiten gingen wir auf die Gemeindewiese – zum Beispiel im Sommer mit unserem Kunstlehrer, um Landschaftsbilder zu zeichnen und zu malen. Wir konnten sogar unseren Biologielehrer überreden, mit uns dorthin zu gehen, sodass wir Froschlaich sammeln und verschiedene andere Krabbeltiere fangen konnten.

Als ich älter wurde, nahm ich mit großer Begeisterung an Wettbewerben des Jungbauernvereins teil, und war meistens in zwei Kategorien besonders gut. Der erste Wettbewerb bestand darin, möglichst schnell ein Pferd vor einen Wagen zu spannen und mit diesem dann bis zum anderen Ende des Feldes zu fahren. Die Teilnehmer mussten das Pferdegeschirr zu einem Pferd tragen, das mit einem Seil an seinem Halfter an einen Pfosten gebunden war, und ihm dann deutlich machen, dass man zwar ein Fremder war, der jetzt die Zügel in der Hand hielt, es aber gut mit ihnen meinte. Viele Leute vergaßen diesen Part und hatten dann Probleme beim Anlegen des Pferdegeschirrs. Nachdem man das Pferd in das Geschirr gespannt hatte, führte man es um den Wagen, um es mit dem Geruch vertraut zu machen, da es einigen Pferden nicht gefiel, wenn man sie vor einen Karren spannte, dessen Geruch sie nicht kannten. Danach sprangen wir auf und fuhren bis zum Zielpunkt, wobei das Pferd traben aber nicht galoppieren durfte – sonst wurde man disqualifiziert. Es heißt, ein Pferd „trabt zwischen der Gabeldeichsel“, was bedeutet, dass die Gabeldeichsel auf derselben Höhe bleibt, während sich das Pferd leicht auf und ab bewegt. Fängt ein Pferd aber an zu galoppieren, so geht es höher hinaus, was dazu führt, dass die Gabeldeichsel und die Befestigungen des Pferdekarrens schneller abgenutzt werden und die Gabeldeichsel sogar abbrechen kann.

Der zweite Wettbewerb, bei dem ich gut war, bestand darin, eine Melkmaschine zusammenzubauen. Jeder Teilnehmer hatte seinen eigenen Klapptisch, auf dem die Einzelteile einer Melkmaschine lagen, und derjenige, der sie am schnellsten wieder korrekt zusammensetzen konnte, hatte gewonnen. Die meisten Teilnehmer wurden disqualifiziert, weil sie mit den kniffligen Teilen der Schläuche durcheinanderkamen. Bei beiden Wettbewerben war ich normalerweise das einzige Mädchen, aber zu der Zeit hatte ich auch schon entschieden, dass ich Bäuerin werden wollte, und obwohl es Wettbewerbe extra für Frauen gab, wollte ich da nie mitmachen, weil sie mich überhaupt nicht ansprachen. Wer will denn schon die Frau sein, die am schnellsten ein Männerhemd bügeln kann?

In einem Jahr nahm ich an einem landesweiten Modellbauwettbewerb teil, und baute einen Modellhof mit einem Bauernhaus, Ställen und Scheunen, Zäunen und Pferden sowie mit Kühen, Schweinen, und Schafen, die ich allesamt aus Streichholzschachteln, Streichhölzern und gefärbtem Filz bastelte. Ich verpackte das Model in einem kleinen Paket, das ich dem Leiter des Wettbewerbs schickte, und gewann sogar den ersten Preis, was in der Zeitschrift „Farmers' Weekly" erwähnt wurde. Leider bekam ich meinen Modellhof nie zurück, weil die Organisatoren ihn verloren hatten. Mr. Halting schickte ihnen allerdings einen Beschwerdebrief, woraufhin ich sogar eine Entschädigung ausbezahlt bekam. Natürlich hätte ich trotzdem lieber mein Modell zurückbekommen. Danach benutzte ich die Muster als Vorlagen, um kleine Modelltiere zu basteln und im Laden der Frauenvereinigung zu verkaufen.

Ich war auch noch Mitglied im Jungbauernverein in Elstead, einem kleinen Weiler, der für mich aber näher war als der Verein in West-Harting. Wir trafen uns einmal in der Woche im Gemeindesaal, um einem Gastredner zuzuhören. Zwar kann ich mich nicht mehr an die landwirtschaftlichen Themen der Reden erinnern, aber ich weiß noch, dass es großen Spaß machte, alles selbst zu organisieren, ohne dass uns jemand hineinredete, denn wenn überhaupt jemand älter als 21 war, dann nur die Gastredner. Es war ein ganz regulärer Verein mit einem Vorsitzendem und einem Protokollführer, in dem einfache Mitglieder dazu ermutigt wurden, vor allen anderen von ihren Erfahrungen zu berichten.

Das war gewissermaßen meine Einführung in das Reden vor Publikum. Ich merkte nämlich, dass meine Altersgenossen an meinen Geschichten über Schweine und Ponys interessiert waren. Und obwohl ich nie zur Vorsitzenden aufgestiegen bin, war ich eine Zeitlang Protokollführerin und Sekretärin und musste deshalb eine Vielzahl an Briefen schreiben, in denen ich potentielle Gastredner anschrieb und lernte, wie man mit Hilfe von Experten Informationen zu bestimmten Themen sammelt. Der Jungbauernverein half auch bei der Organisation des jährlichen Sommerfests, wir machten Ausflüge auf dem Heuwagen oder gingen öfter auf ein Picknick.

Jeden Winter veranstaltete der Verein einen Ball, zu dem Erwachsene von einem Mitglied eingeladen werden mussten, das sich dann wiederum darum kümmern musste, dass sich die Gäste anständig benahmen. Mr.

und Mrs. Halting nahmen zwar nie an den Tanzbällen teil, aber ermunterten uns Kinder dazu. Die Familie meiner Freundin Mary kam stets vollständig, und ich tanzte dann immer gerne mit ihrem Vater, der wirklich etwas davon verstand – ganz im Gegensatz zu den Jungbauern, die schüchtern an der Wand standen. Wenn man von einem von ihnen um einen Tanz gebeten wurde, stolperten sie nur herum, während sie auf ihre Füße starrten und einem auf die Füße traten. Marys Vater dagegen stand aufrecht, wenn er mich über die Tanzfläche wirbelte, und erzählte die ganze Zeit Witze.

Im Jahr 1947, als ich zwölf Jahre alt war, nahm die Schwester der heutigen Königin Queen Elizabeth II., Prinzessin Margaret, an einer großen Landwirtschaftsausstellung in unserer Nähe teil, bei der eine große Parade an der Tribüne, auf der sie und die anderen Prominenten saßen, vorbeizog. Der Jungbauernverein hatte für diese Parade einen Festwagen zur Verfügung gestellt und viele Mitglieder führten Tiere. Ich hatte ein kleines Kalb bekommen, für das ich zuständig war, und als ich an der VIP-Tribüne vorbeilief, kam Prinzessin Margaret heruntergestiegen und streichelte das Kalb. Ich kann mich nicht mehr daran erinnern, was ich zu ihr gesagt habe, weil ich so überrascht und verlegen war.

Kapitel 17
Winter, Sommer, Heuzeit und Ernte

Das Leben auf dem Bauernhof war im Sommer so viel leichter als im Winter, auch wenn viel mehr Arbeit anstand, doch das meiste davon fühlte sich nicht wirklich wie Arbeit an. Als Kind war ich der Meinung, dass so etwas wie Kartoffelschälen oder Feuer im Ofen des Wohnzimmers anzuzünden Arbeit sei, aber die Tiere zu füttern oder beim Heumachen zu helfen, war ein reines Vergnügen.

Die Winter aber waren hart, da es in meiner Erinnerung immer nass, matschig und eiskalt war. Draußen auf dem Hof war es daher auch immer dreckig, sodass ich stets Gummistiefel anhatte, was aber das Laufen über ein gepflügtes Feld nicht leichter machte, weil die ganze matschige Erde an den Gummistiefeln hängen blieb und ich meine Füße kaum hochheben konnte. Sogar mit dicken Socken wurden meine Füße so kalt, dass ich Frostbeulen an den Zehen bekam, die juckten und mich nachts nicht schlafen ließen.

Auch meine Hände mussten im Winter einiges einstecken, da es unmöglich war, auf dem Bauernhof Handschuhe zu tragen, weil sie sofort triefnass waren. Man konnte damit weder Gras noch Kräuter für die Hasen pflücken oder Kleiebrei für die Pferde anrühren. Wenn die Handschuhe nass wurden, konnte man es vergessen, damit auf einem Pferd zu reiten, weil einem die Zügel aus der Hand rutschten und man das Pferd nicht mehr unter Kontrolle hatte. Im Winter ritt ich oft ohne Sattel, weil ich mich durch die Körperwärme des Ponys aufwärmen und abwechselnd auf meinen Händen sitzen konnte, damit sie nicht ganz so kalt wurden. Doch manchmal liefen sie vor Kälte blau an und wurden ganz taub. Leider waren meine Hände genauso wie meine Füße anfällig für Frostbeulen. Wer nie Frostbeulen hatte, kann sich glücklich schätzen, denn wenn man seine frierenden Hände drinnen aufwärmt, fangen sie an zu kribbeln und schwellen in Form von Beulen an, die pochen, was fürchterlich schmerzt. Da meine Hände jeden Tag so kalt wurden, konnten die Beulen nicht heilen, und es war so schlimm, dass ich kaum einen Stifthalten konnte, um meine Hausaufgaben zu machen, aber die Tiere mussten trotzdem gefüttert, das Futter für die Hasen gepickt, der Kleiebrei gerührt oder andere Dinge erledigt werden. Ab und zu gingen die Frostbeulen auf und bluteten. Dann klebte ich einfach ein Pflaster über die Wunden.

Und dennoch war bei weitem nicht alles schlecht im Winter, denn gelegentlich gingen wir ins Kino und dann waren da ja auch die Weihnachtsfeiern. Außerdem hatten wir einige Brettspiele wie Monopoly, aber wir spielten fast nie mit Spielsachen. An Winterabenden saßen wir um das Feuer und erzählten Geschichten. Während Mrs. Halting und ich Socken stopften, erzählten Mr. Halting und die Jungs Geschichten. In den anderen Räumen wurde nur zu ganz besonderen Anlässen geheizt und im Schlafzimmer ausschließlich dann, wenn jemand sehr krank war.

Allerdings war man auf dem Bauernhof nur selten so krank, dass man im Bett liegenbleiben musste. Der Ofen in der Küche war Tag und Nacht an, damit die Wasserrohre nicht zufroren, und das Badezimmer war zum Glück genau über dem Ofen, sodass es darin wenigstens ein bisschen warm wurde. Ganz im Gegensatz zu den Schlafzimmern, die so kalt waren, dass ich meinen Schlafanzug meist über meine normale Kleidung anzog, ins Bett hüpfte und schnell unter mehreren Bettdecken verschwand, weil ich mir einbildete, unter meinem Bett seien Füchse, die in mein Bein beißen würden, wenn ich zu nah an sie herankommen würde. Oft las ich unter der Bettdecke im Schein einer Taschenlampe.

Hatte es geschneit und das Wetter war gut genug, dann waren wir alle am liebsten draußen und gingen gerne Schlitten fahren. Da es keine Schlitten in Spielwarengeschäften zu kaufen gab, bauten wir uns aus Stücken verzinkter Abdeckfolie unsere eigenen. Wir bogen die Vorderseite nach oben und befestigten am Boden des Schlittens Schnüre zum Festhalten. Manchmal quetschten wir uns sogar zu viert auf einen Schlitten. Bei unserer ersten Fahrt plätteten wir normalerweise den Schnee und wurden danach auf dem festgedrückten Schnee jedes Mal schneller. Am schnellsten wurde man auf einer dicken Schicht Frost – man brauchte also noch nicht mal Schnee. Der Frost war in den *Downs* viel dicker als auf den Feldern im Tal. Einmal rutschten wir auf einer dicken Frostschicht den Hang hinunter, als sich einer der Griffe löste, was das Steuern unmöglich machte, sodass der Schlitten von der Spur abkam und in stachelige Brombeerbüsche raste. Da die anderen noch rechtzeitig abspringen konnten, war ich diejenige, die in den Brombeerbusch schlitterte. Als wir den Hof wieder erreichten, war ich voller Blut, aber glücklicherweise waren die Schrammen nicht tief und heilten sehr schnell.

Jeden Winter war der Ententeich mindestens ein oder zwei Wochen so fest zugefroren, dass wir darauf Schlittschuh laufen konnten. Auf dem Eis zu spielen machte Riesenspaß. Es gab insgesamt nur drei Paar Schlittschuhe, die sehr einfach waren – eigentlich waren es nur normale Schuhe, an deren Sole Kufen befestigt worden waren –, weswegen wir uns abwechselten, wenn viele Kinder auf dem Teich waren. Die armen Enten hatten gegen den Andrang keine Chance, weshalb sie manchmal auf der Suche nach Wasser wie kleine Soldaten in Reih und Glied die Straße hinunterwatschelten, meistens blieben sie jedoch in den Gärten der Bauernhöfe.

Einmal fror der große See am Rand von Petersfield zu, und das ganze Dorf ging dorthin zum Schlittschuhfahren. Es wurde Musik gespielt und Essen gab es auch – auf dem Eis wurde heiße Suppe und frisches Brot verkauft. Zwar wurde ich nass, weil ich ausrutschte und hinfiel, aber ich hatte so viel Spaß, dass ich die Kälte gar nicht bemerkte, bis ich im Bus nach Hause anfing zu zittern.

Man kann sich vorstellen, wie froh ich war, als es endlich Frühling wurde und um den ersten Februar herum die Schneeglöckchen anfingen zu blühen, dicht gefolgt von den Krokussen. Wenn die Narzissen dann in ihrer ganzen Schönheit erblühten, war der Winter schon fast vorbei. Dennoch konnten der März und April, manchmal sogar noch der Mai, ziemlich kalt sein. Der raue Wind ließ dann die Narzissen tanzen, und die Kühe und Pferde, sofern sie denn schon auf den Feldern waren, drehten sich mit ihren Hinterteilen in Richtung des Windes, was bei Ponys mit ihren buschigen Schwänzen, die sie über ihr ganzes Hinterteil ausbreiten können, gut klappte, nicht aber bei den armen Kühen, die mit ihren dünnen Schwänzen erbärmlich aussahen.

Ab und zu schneite es noch ein letztes Mal, bevor die Knospen auf den Bäumen aufgingen, sodass die Äste eine Ummantelung wie aus Puderzucker hatten, die im Sonnenlicht glänzte. Ich kann mich noch daran erinnern, wie wunderschön alles auf dem Hinweg zur Schule aus dem Bus aussah, aber auf dem Rückweg am Nachmittag war bereits alles verschwunden.

Ganz plötzlich im April und Mai wurden die Felder und Hecken dann saftig grün und die Blumen fingen an zu blühen. Das war ein wahres Festmahl für die Schafe, Kühe und Pferde, die im Winter gedarbt hatten. Die frischen Pflanzen waren so nahrhaft, dass die Tiere leicht zu viel abbekommen konnten, was dazu führte, dass sich in ihrem Magen zu viel Gas ansammelte, was für die Tiere eine schmerzliche Angelegenheit war.

Je mehr es im April und Mai regnete, desto besser wuchsen Gras und Getreide, aber bereits gegen Ende Mai schauten wir ängstlich gen Himmel, da viele wärmende Sonnenstrahlen nötig sind, damit das Heu auf den Feldern trocknet und die Getreidekörner schwellen. Die zweite Juniwoche war die beste Zeit zum Mähen, da das Gras dann perfekt war, um daraus gutes, süßes und nahrhaftes Heu zu machen. Wenn man es länger stehen ließ, was bei Regenwetter nicht zu umgehen war, hätten das Gras und der Klee angefangen, auszutreiben, und der Wind hätte die Samen weggeweht, sodass das Heu seinen süßen Geschmack verloren und den Tieren im nächsten Winter nicht besonders gut geschmeckt hätte.

Während der Heuzeit brauchten wir zehn Tage schönes, sonniges Wetter. Zunächst wurde das lange Gras mit einer von einem Pferd gezogenen Mähmaschine geschnitten. Danach von einem Heuwender gedreht, wenn es von der Sonne genug getrocknet war. Der Heuwender wurde von einem Pferd gezogen, wobei der gemähte Teil des Feldes genau überfahren und das Gras gewendet wurde, sodass auch die untere Seite trocknen konnte. Hatte es zwischendurch geregnet, musste das Gras erneut trocknen und gewendet werden. War es jedoch trocken genug gewesen, dann wurde aus dem Gras Heu.

Dann begann die Heuernte, bei der ein Pferd eine Maschine zog, an deren Ende eine große gabelähnliche Vorrichtung angebracht war, die als eine Art Rechen diente. Der Fahrer zog alle zwei Meter einen Hebel, sodass der Rechen angehoben wurde und einen Haufen durchwühltes Heu zurückließ. Die Erntehelfer waren mit Heugabeln im Feld unterwegs, um das Heu aufzulockern und es dann in Form von Heumännern aufzuschichten, was das Heu vor Regen und Tau schützen sollte. Nachdem das Heu auf allen Feldern zusammengerecht und zu kleinen Heumännern aufgetürmt worden war, wurden die von Pferden gezogenen Heuwagen auf die Felder gefahren und das Heu aufgeladen.

Die Pferde zogen die Wagen die Straße bis zum Bauernhof hinunter, wo das Heu von den Erntehelfern mit Mistgabeln in Heuschober gebracht wurde. Dies nahm ungefähr zehn Abende in Anspruch, an denen einschließlich der Kinder jede auf dem Bauernhof verfügbare Kraft mithalf, das Heu in die Schober zu transportieren, bis es zu dunkel wurde.

Wenn es draußen hell war, wurde keine Sekunde vergeudet, und ich war manchmal schon eine Stunde auf dem Feld, bevor die Schule losging. Nach der Schule half ich nochmal fünf oder sechs Stunden lang mit. Die Mahlzeiten wurden auf das Feld gebracht, was herrlich war, da jedes Essen zu einem fröhlichen Picknick wurde – wir saßen auf dem Feld in der Sonne, lachten und machten Witze. Meine Aufgabe war es, den Pferdewagen auf das Feld zu fahren, der mit Krügen voller Apfelwein und Orangensaft, Pasteten, Brot und Käse sowie Gurken und Gebäck beladen war. Bis auf das Brot, das wir in der Dorfbäckerei kauften, war alles hausgemacht. Die Mühle auf unserem Bauernhof konnte Körner nur so grob mahlen, dass es als Tierfutter benutzt werden konnte, doch für Brot braucht man ganz feingemahlenes Mehl. Die Gurken und der Apfelwein wurden nach der Ernte im Herbst gemacht und auch Hüttenkäse, Butter und Sahne stellten wir regelmäßig selbst her, da es alles nicht so lange haltbar war. Am Ende, als das Heu in den Schobern war, bekamen diese ein Dach. Im Gegensatz zu Häusern, die mit richtigem Reet gedeckt wurden, wurde für die Schober allerdings nur das Stroh vom letzten Jahr verwendet.

Auch im Juli gab es noch viel Arbeit für uns, denn auf den Feldern musste man Knollen- und Wurzelfrüchte und im riesigen Garten des Bauernhofs Obst und Gemüse ernten. Wir bauten Erbsen und Bohnen, Karotten und Zwiebeln, viele Tomaten, Erdbeeren, Himbeeren, Stachelbeeren sowie rote und schwarze Johannisbeeren an, von denen ein Teil eingeweckt oder in Dosen abgefüllt und der Rest auf dem Markt verkauft wurde. Ich kletterte immer auf den großen Walnussbaum im Obstgarten, um grüne Walnüsse zum Einwecken zu pflücken. Waren die Walnüsse reif genug, dass man sie essen konnte, fielen sie vom Baum, aber dann konnte man sie nicht mehr einwecken, weil die Schale schon zu hart war.

Im Juli fand auch immer ein Pferderennen in Goodwood statt, zu dem die Leute aus der Umgebung kommen konnten, weil sie zwischen der Heu- und der Getreideernte ein wenig Zeit hatten. In jenen Jahren verirrten sich nur selten wohlhabende Leute nach Goodwood. Es war auch kein besonders großes oder wichtiges Rennen. Die Rennstrecke lag auf einer kleinen Anhöhe, die auf drei Seiten von sanften Hügeln umrahmt wurde – ein wunderschöner Ort. Damals war die Veranstaltung von der ganzen Geschäftemacherei, die das Rennen später kaputtmachte, noch gänzlich unberührt.

Es gab eine kleine Tribüne für die besser Betuchten und eine kleine abgetrennte Sektion für die Menschen aus der Gegend, die bei Buchmachern wetten wollten. Familien wie die unsere konnten die Rennstrecke überqueren und auf der anderen Seite, auf der es keine Tribünen und Wettmacher gab, picknicken. Ich weiß nicht wieso, aber die Pferde schienen immer näher an der Außenbahn zu rennen, sodass wir sie fast berühren konnten. So genossen wir diesen Tag jedes Jahr, ohne zu wetten und Eintritt zu zahlen, und brauchten bloß das Geld für das Benzin, um zur Rennstrecke zu kommen.

Ich las immer die Rückseite des *News Chronicle*, unserer Tageszeitung, auf der es stets um Rennpferde ging, und klebte die Pferdebilder in ein Heft. Bis ich zum Studieren an die Universität ging und mein Interesse daran verlor, hatte ich ungefähr zehn Hefte voll. Ich las alles über Pferde und wusste daher, wie sie abschnitten und ob sie besser auf weichem oder hartem Untergrund liefen. Zwar durfte ich kein Geld setzen, da es – vor allem bei Kindern – verpönt war, aber ich schrieb meine Wetten immer auf ein Blatt Papier und schaute am nächsten Tag die Gewinner nach. Als Einsatz setzte ich jeweils nur einen Schilling und machte damit jede Woche ein paar Schilling Gewinn, den ich natürlich vor den Erwachsenen geheim hielt, denn hätten sie das herausgefunden, hätte ich Probleme bekommen. Wenn ich so daran zurückdenke, dann hätte jemand, der gewusst hätte, wie viel ich vom Wetten verstehe, mit meinen Tipps ein Vermögen machen können.

Im Juli fuhren wir auch manchmal ans Meer nach West Wittering, das nur etwa 30 Kilometer entfernt war, wo wir picknickten und badeten. Dort gab es lange Sanddünen, die man mühevoll erklimmen musste, um an den Strand zu kommen. Der Großteil der Strände war wegen großer Panzersperren aus Beton zum Schwimmen nicht geeignet. Sie waren während des Krieges errichtet worden, als alle dachten, dass Hitler in Großbritannien einmarschieren würde.

Im August war Getreideernte, da es aber oftmals regnete, war es schwer, den richtigen Moment zum Schneiden und Bündeln abzupassen. Das Getreide musste trocknen, es durfte aber beim Einfahren der Ernte nicht zu heiß sein, da sonst aus den Ähren grüne Sprossen treiben würden und das Korn dann unbrauchbar war.

Es gab viele verschiedene Sorten von Weizen, Hafer und Gerste. Das Geheimnis guten Anbaus bestand darin, auf einem Feld verschiedene Getreidesorten anzubauen, die dann zu unterschiedlichen Zeiten im August reif waren. Es hing jedoch alles davon ab, dass die Sonne kräftig genug schien, um die Körner reifen zu lassen, eine leichte Brise wehte, die sie trocknete, und es nicht regnete, damit man alles sicher in die Scheune bringen konnte.

Zunächst wurden die Pferde mit dem sogenannten Binder, einer Maschine, die das Getreide schneiden und zur gleichen Zeit zu Bündeln formen und wickeln kann, auf die Felder geschickt. Danach gingen die Helfer auch hinaus, um die Bündel aufrecht stehend möglichst eng aneinander zu platzieren, damit sie gut trocknen konnten.

Anders als bei der Heuernte wurden dabei keine Mistgabeln verwendet, sondern man musste jeweils zwei Bündel hochheben und sie so gegeneinanderhalten, dass sie gerade standen und sie dann neben die Stapel zweier anderer Helfer stellen. Um einen Stapel aus sechs Bündeln zu bauen, arbeitete man also in Dreierteams. Dabei gab es natürlich immer einen Wettbewerb darum, welches Team am meisten Stapel bauen konnte. Die Bündel waren jedoch meist recht kratzig und manchmal auch stachelig, wenn Disteln zwischen dem Getreide wuchsen.

Falls es regnete, lief das Wasser dann einfach an den Seiten der Stapel hinunter und das Korn konnte recht schnell wieder trocknen, aber Stürme konnten sie umwehen. Wenn die Stapel trocken genug waren, wurden sie auf Wagen geladen, wozu wir Mistgabeln benutzten. Einer von uns stand dann auf dem Wagen und lagerte die Stapel, die ihm zwei Helfer von unten hochreichten, sicher übereinander, sodass wir also wieder zu dritt zusammenarbeiteten.

Einmal war ich auf oben dem Wagen und sortierte die Stapel mit der Hand, als ich genau in dem Moment nach einem Stapel griff, in dem mir ein weiterer hochgereicht wurde und sich die Zacke einer Mistgabel in meinen Handballen knapp unter meinem Daumen bohrte. Es tat zwar fürchterlich weh, aber zu meinem Erstaunen blutete es fast gar nicht. Ein Fetzen meiner Haut war abgerissen worden und ein Stück Fleisch schaute heraus, sodass ich schließlich in der Notaufnahme landete, wo die Wunde genäht wurde. Am nächsten Tag stand ich schon wieder auf dem Feld, um bei der Ernte zu helfen, aber von da an benutzte ich eine Mistgabel zum Stapeln.

Normalerweise führte ich die Pferde, deren Wagen voll beladen waren, zurück zum Bauernhof. Das war durchaus gefährlich, denn die vier Meter hohe Ladung, auf der ich saß, hätte ins Rutschen geraten können. Zudem war es schwer für das Pferd, alleine die Ladung zu ziehen, ohne dass noch jemand darauf saß. Wenn wir auf dem Bauernhof ankamen, wurde die Ladung in Schober gehievt, in denen manchmal ein durch einen Traktor betriebener Aufzug die Stapel ganz nach oben verfrachtete, wenn wir nicht mehr soweit hinaufreichen konnten. War die Getreideernte vollständig eingebracht, wurde gefeiert und es gab ein großes Festmahl. Besonders schön war es, wenn die letzten Stapel erst spät am Abend in den Schober gebracht wurden, denn ein Picknick im Mondschein ist ein unvergessliches Erlebnis.

Kapitel 18
Zwangsrückkehr nach Deutschland

Im Frühjahr 1949 hatten Martin und ich vier Jahre bei den Haltings gelebt. Mr. und Mrs. Halting hatten mich sehr gerne und natürlich betete ich sie an. Später fand ich heraus, dass sie beim Roten Kreuz nach meinen Eltern suchen ließen, da sie mich adoptieren wollten, was auch mein sehnlichster Wunsch gewesen wäre. Allerdings war der Krieg schon seit vier Jahren vorbei, dennoch konnte das Rote Kreuz weder meine Mutter in Deutschland noch meinen Vater in Schanghai ausfindig machen. Von unserem Vater hatten wir schon seit langer Zeit nichts mehr gehört und erst recht nicht von meiner Mutter, mit der wir das letzte Mal 1939 Kontakt gehabt hatten – das lag zehn lange Jahre zurück.

Obwohl der grauenvolle Krieg schon einige Zeit vorüber war, hatte sich das Leben noch längst nicht normalisiert, da die Bomben große Teile des Landes zerstört hatten und Geld, Ausrüstung, Lebensmittel und andere Ressourcen aufgebraucht worden waren. Es mangelte an allem, auch die Kommunikationswege waren gestört. Auf dem Festland in Europa gab es Lager voller heimatloser Personen, die meist alles verloren hatten. Das heißt, sie hatten entweder kein Zuhause mehr, in das sie hätten zurückkehren können, oder sie wollten nicht zurück in ihr Heimatland, aus dem sie vertrieben worden waren. Für alle diese Menschen, von denen viele krank und am Verhungern waren, mussten Lebensmittel, Kleidung und Medikamente aufgetrieben werden. Außerdem brauchten sie Hilfe auf der Suche nach einer neuen Heimat. Auch die Menschen, die ihr Zuhause nicht verloren hatten, führten kein einfaches Leben. Die Soldaten wurden aus dem Kriegsdienst entlassen und kehrten verwundet und traumatisiert von den grauenhaften Erlebnissen auf dem Schlachtfeld zurück. Fast alle mussten also ein neues Leben beginnen. Deshalb war es zurückblickend nicht besonders verwunderlich, dass das Rote Kreuz meine Eltern nicht finden konnte.

Daher waren wir auch völlig überrascht, als wir plötzlich im Mai 1949 einen Brief von meiner Mutter erhielten und sie kurze Zeit später nach England kam, um mich mit zurück nach Deutschland zu nehmen. Das

Ausmaß der Verwirrung, in die ich dadurch hineingestürzt wurde, ist kaum in Worte zu fassen, da meine Mutter in meiner Vorstellung schon tot war. Davon war ich ausgegangen, seitdem wir in unserer ersten Pflegefamilie bei den Steads untergebracht waren, da meine Mutter mich sonst sicher vor der Grausamkeit von Miss Wright bewahrt hätte. Während wir später im Haus *Westenhanger* untergebracht waren, ließ mich Mrs. Goodricke im Glauben, dass mein Vater noch am Leben sei, indem sie mir erzählte wie aufregend es sein würde, mit dem Schiff nach China zu fahren, um ihn dort zu besuchen, weshalb ich sehnlichst auf das Ende des Krieges wartete. Als der Krieg jedoch im Mai 1945 zu Ende war und die Goodrickes mich zu den Haltings schickten, hatte ich jeden Glauben an ein Wiedersehen mit meinen Eltern aufgegeben. Ich baute mir meine eigene Phantasiewelt, in der ich eine Halting war und für immer ein Teil ihrer Familie bleiben würde. Dabei redete ich mir selbst ein, dass ich zu wichtig für den Familienbetrieb war, als dass sie mich einfach wegschicken könnten, da ich so viele Aufgaben im Haushalt und auf dem Bauernhof übernommen hatte.

Es war ein unvorstellbarer Schock, mit einer fremden Frau konfrontiert zu werden, die mir sagte, dass sie meine Mutter sei. Ich erkannte sie nicht einmal – daran kann ich mich noch ganz genau erinnern. Martin und ich gingen zusammen zum Bahnhof, um sie abzuholen, doch was in aller Welt wollte diese große, dicke Frau von mir?! Sie entsprach überhaupt nicht dem vagen Bild, das ich von meiner Mutter im Kopf gehabt hatte, seit ich vier Jahre alt war. Sie sprach kein Wort Englisch, und ich sprach kein Wort Deutsch, aber ich wollte sowieso nicht mit ihr reden. Sie wollte mich zu sich ziehen und mich umarmen, aber der Gedanke, von ihr berührt zu werden, war mir unerträglich. Da ich angenommen hatte, dass meine Mutter tot war, war es für mich so, als sei sie plötzlich aus dem Grab auferstanden, und ich war mir nicht sicher, ob sie tatsächlich existierte oder nur ein Geist war. Es war eine unbeschreibliche Situation. Ich hatte Angst, ich würde explodieren, weil ich in ein gefühlsmäßiges Chaos gestürzt worden war und die Welt nicht mehr verstand.

Als wir wieder auf dem Bauernhof waren, hielt ich es nicht mehr aus, in ihrer Nähe zu sein und wollte auch niemanden sonst sehen. Also lief ich in den Pferdestall, um Trost bei den Pferden zu suchen. Sie schmiegten sich an mich, und es war so, als würden sie mich bemuttern. Obwohl ich mich so lange danach gesehnt hatte, wollte ich nicht, dass diese fremde Frau, die angeblich meine Mutter war, mich bemutterte. Dabei war das natürlich ihr innigster Wunsch und sie hätte gerne die ganze verlorene Zeit wiedergutgemacht, aber dazu war es zu spät. Wäre sie vier Jahre früher, also kurz nach Kriegsende, gekommen, als ich noch bei den Goodrickes lebte, dann hätte Mrs. Goodricke mir sicher dabei geholfen, mit diesem Gefühlschaos klarzukommen. Die Haltings jedoch glaubten, dass meine Eltern nicht früher gekommen waren, weil sie mich gar nicht wirklich zurückhaben wollten. Erst Jahre später wurden mir einige der Probleme bewusst, die meine Eltern damals gehabt haben mussten. Obwohl mein Vater nie darüber sprach, weiß ich, dass er bei seiner ersten Rückkehr nach Berlin einen Nervenzusammenbruch hatte. Ähnlich ging es meiner Mutter, die nie wieder nach Berlin zurückwollte, vielleicht hatte auch sie einen Zusammenbruch. Viele Leute wurden kurz nach Kriegsende krank.

So wie bei Martin, als die *Doodlebugs* über das Haus der Goodrickes flogen, wurde mein seelischer Zustand immer schlimmer. Ich hatte schlichtweg meine Identität verloren, denn ich war nicht mehr dieselbe Ruth; also wusste ich nicht, wer ich überhaupt war. Die Haltings konnten es nicht ertragen, mich unglücklich zu sehen, also sagten sie, dass ich bei ihnen bleiben könne. Nach ein paar Tagen voller Spannungen, Streitereien und Sprachbarrieren fuhr meine Mutter also zurück nach Deutschland – ganz allein ohne mich. Heute verstehe ich, dass es schrecklich für sie gewesen sein muss, von ihrer eigenen Tochter so zurückgewiesen zu werden, aber damals hätte ich nicht anders handeln können. Ich wollte meiner Mutter nichts Böses, aber ich wollte auch nicht, dass sie in England blieb und mein ohnehin aufgewühltes Gefühlsleben erneut durcheinanderbrachte. Mit der Situation wäre ich nicht fertiggeworden. Mein Vater, der sich zu der Zeit schon wieder erholt und einen neuen Posten als Richter im Mainzer Gericht bekommen hatte, schickte daraufhin eine Gerichtsverfügung an die Haltings, in der sie dazu aufgefordert wurden, mich nach Deutschland zu bringen, was mich in noch tiefere Verwirrung stürzte. Die Haltings hatten mir schließlich gesagt, dass ich Teil ihrer Familie sei und bei ihnen bleiben könne, dennoch brachte Mrs. Halting mich nach Deutschland. Ich wusste zwar, dass sie der Gerichtsanordnung nachkommen musste, aber ich empfand das Ganze als heimtückischen Verrat.

Ich kann mich noch gut an die Reise erinnern, auf der Mrs. Halting alles versuchte, um mich aufzuheitern, aber ich war wie gelähmt und zutiefst bedrückt in meiner Verzweiflung und Verwirrung und reagierte auf gar nichts. Es war in jeder Hinsicht eine schreckliche, endlose Reise, weil ich tieftraurig war und sie überhaupt nicht antreten wollte. Weder war es Mrs. Halting möglich, mich in ihren Reisepass eintragen zu lassen, da sie nicht meine Mutter war, noch konnte ich einen eigenen Pass beantragen, weil die Nationalsozialisten mir meine deutsche Staatsangehörigkeit aberkannt hatten. Auch ein britischer Pass kam nicht infrage, da ich noch keine 18 Jahre alt war. Das jüdische Flüchtlingskomitee besorgte mir also ein Reisedokument – ein großes Blatt Papier, auf dem in großen Buchstaben „STAATENLOS" geschrieben stand. Außerdem prangten noch einige Visa-Marken und -stempel darauf und andere amtliche Vermerke, die mir nichts sagten. Dieses Blatt Papier wurde an jedem einzelnen Kontrollpunkt argwöhnisch begutachtet. Die Zöllner sagten uns dann, dass wir auf der Seite warten sollten, bis alle anderen den Kontrollpunkt passiert hatten, und riefen anschließend ihre Vorgesetzten. Bis wir schließlich gehen durften, war unser Zug schon längst abgefahren. Das passierte in Hoek van Holland, wo unser Schiff angelegt hatte, dann an der niederländisch-deutschen und schließlich ein drittes Mal an der deutschen Grenze, was ewiges Warten für uns bedeutete. Ich hatte zwar Bücher und Spielsachen dabei, aber ich war zu traurig und verwirrt, um mich auf irgendetwas konzentrieren zu können.

1949 waren deutsche Züge noch mit Holzbänken ausgestattet und hatten anders als englische Züge keine Polsterung, weswegen die Fahrt sehr unbequem für uns war. Jedes Mal, wenn wir an einer Grenze aussteigen mussten, fühlte es sich so an, als würde sich der Boden unter meinen Füßen bewegen, ganz so, als sei ich noch im Zug. Außerdem tat mir mein Hintern von dem Sitzen auf den Holzbänken weh. Als wir Mainz erreichten, war ich total erschöpft, und ich glaube, auch Mrs. Halting war am Ende, denn sie hatte irgendwann aufgehört, mich in ein Gespräch zu verwickeln. Der Bahnhof, an dem wir ankamen, sah aus wie ein riesiges Gerippe, dessen Glasfassade durch Bomben vollständig zerstört worden war. Die Gegend um den Bahnhof erinnerte eher an eine Filmkulisse und jagte mir große Angst ein. Überall lagen Schutthaufen herum, und Holzbretter dienten als provisorische Gehwege. Wie große Scherben ragten Gebäudereste aus dem Schutt heraus, und ich war mir sicher, dass sich hinter jeder Ruine mit Maschinengewehren bewaffnete Nazis in Kampfstiefeln versteckten. Während des Kriegs hatte ich schließlich englische Comic-Hefte gelesen, die voller Geschichten über böse Nazis waren, die plötzlich hinter Gebäuden hervorsprangen und Leute angriffen.

Wäre mein Bruder Martin bei mir gewesen, dann hätte er mir gesagt, ich solle nicht spinnen, es gebe doch keine Nazis mehr, denn sie seien schließlich besiegt worden. Aber er war nun einmal nicht da, weil meine Eltern wollten, dass er sich in England weiter auf eine Prüfung für ein Stipendium an der berühmten Universität in Cambridge vorbereiten sollte. Also war es ganz so, als erlebte ich den Kindertransport noch einmal, nur dieses Mal in umgekehrter Richtung. Von einem Tag auf den anderen hatte ich meine Heimat, meine Pflegeeltern, meine Sprache und alles verloren, was mir vertraut war, und ich fand mich in einer unergründlichen Welt wieder, die so anders war als alles, was ich kannte. Der Unterschied war jedoch, dass mir diesmal kein großer Bruder zur Seite stand, der mir die Welt, die für mich völlig aus den Fugen geraten war, begreiflich machen konnte.

Es steckte so viel Angst und Wut in mir, dass ich das Gefühl hatte, als sehe es in mir drinnen genauso chaotisch aus wie in der Welt da draußen. Diesem neuen massiven Umbruch in meinem Leben war ich nicht gewachsen. Es ging über meine Kraft, mit dem Chaos in mir und um mich herum fertigzuwerden. Ich empfand das Ganze so, als würde ich dafür bestraft, dass ich böse war und alles falsch machte, obwohl ich doch so lange versucht hatte, gut zu sein. Nun schien es so, als seien all meine Anstrengungen umsonst gewesen.

Kapitel 19
Spannungen und Konflikte

Mein Vater lebte in einem Teil am Stadtrand von Mainz, der nicht so schlimm zerstört war und von dem aus man die Stadt überblickte. Wir fuhren also mit dem Taxi den Hügel hoch und ließen die verstörenden Schutthaufen im Stadtzentrum hinter uns. Dabei fielen mir prächtige alte Ein- und Mehrfamilienhäuser auf, die davon zeugten, dass dieses elegante Viertel vor dem Krieg einmal wohlhabend gewesen sein musste. Doch alle Leute, die dort während des Zweiten Weltkriegs gelebt hatten, waren von der Regierung gezwungen worden, Untermieter aufzunehmen, was für jeden Raum mit Ausnahme eines Schlaf- und Wohnzimmers galt, die die Besitzer selbst nutzen durften. Mein Vater lebte also bei einem alten Ehepaar zur Miete, das vielleicht noch gar nicht so alt war, mir aber so vorkam, weil ich erst 14 war. Sie waren sehr freundlich, was mir nicht verborgen blieb, obwohl ich kein Wort von dem, was sie sagten, verstehen konnte. Das lag nicht nur daran, dass sie Deutsch sprachen, sondern auch an ihrem starken Mainzer Dialekt. Zu jeder Wohnung gehörte ein winziger Teil des Gartens hinter dem Haus, wo Gemüse angebaut wurde. Das alte Ehepaar nutzte die Hälfte seines Teils als Hühnerstall für zwei Hennen. Weil nachts aber oft Diebe kamen, brachten sie die Hennen jeden Abend drei Treppen nach oben in ihr „Bett“ in einem Schrank unter der Küchenspüle.

Das Zimmer meines Vaters war winzig – es muss vor dem Krieg eine Abstellkammer gewesen sein – und hatte gerade einmal Platz für ein Einzelbett, ein Nachtkästchen, einen Stuhl und eine Garderobenstange, an der er seine Anzüge und Jacken aufhängen konnte. Für eine zweite Person war in dem Zimmer kein Platz. Die Wohnung war insgesamt sehr düster, sie war mit altmodischen Möbeln und Kissen eingerichtet und es roch miefig. Alles, was ich wollte, war hinauszurennen und einen Zug zu finden, der mich nach England zurückbringen würde, aber die alte Dame hatte mit den Eiern ihrer Hennen einen besonderen Käsekuchen gebacken und da ich zuvor noch nie einen solchen Kuchen gesehen hatte, war ich natürlich neugierig. Es erschien mir sehr abwegig, einen Kuchen mit

Käse zu backen, aber er war vorzüglich. Ich aß zwar den Käsekuchen, war aber zu verwirrt und desorientiert, um mich an dem Gespräch zu beteiligen, was ja mit Mrs. Halting oder meinem Vater, der ausgezeichnet Englisch sprach, möglich gewesen wäre. Tatsächlich verwendete er sogar lange englische Wörter, die ich noch nie zuvor gehört hatte. Später sagte ich immer, dass er wie ein altmodisches Lehrbuch sprach, wenn ich ihn ärgern wollte.

Weder in der Wohnung noch im ganzen Wohnblock hätte es genug Platz für meine Mutter oder mich gegeben, weswegen Mrs. Halting noch am selben Tag zurück nach England musste. Also fuhren meine Eltern, Mrs. Halting und ich zusammen mit der Straßenbahn zum Bahnhof. Da wir in London immer den Bus nahmen, hatte ich noch nie in einer Straßenbahn gesessen und fand es ein bisschen unheimlich, vor allem als wir den Hügel hinunterfuhren. Auch hier gab es wieder nur Holzbänke zum Sitzen, sodass die Fahrt holprig und ungemütlich war.

Als Mrs. Haltings Zug losfuhr und ich ihr auf Wiedersehen sagte, schaute ich ihr nicht einmal in die Augen. Die ganze Zeit über trug ich einen schweren inneren Konflikt mit mir aus, da ich sie einerseits umarmen und nicht mehr loslassen wollte, mich andererseits aber von ihr unheimlich hintergangen fühlte. Sie hatte mich an diesen schrecklichen Ort gebracht, an dem sie mich nun zurücklassen würde. Ich wollte sie anflehen, mich wieder mit nach England zu nehmen, aber ich war zu verwirrt und zornig, um auch nur ein Wort herauszubekommen. Auch meine Mutter konnte nichts zu ihr sagen, da sie kein Englisch sprach. Mein Vater aber schimpfte mit mir, dass ich so unhöflich zu Mrs. Halting war und mich nicht einmal dafür bedankte, dass sie mich nach Mainz gebracht hatte. Nun verstand ich die Welt erst recht nicht mehr. Merkte er denn nicht, dass ich nicht dankbar sein konnte, weil Deutschland der letzte Ort auf Erden war, an dem ich sein wollte? War ich nun wieder ungezogen oder war er einfach nur grenzenlos dumm? Ich hatte das Gefühl, auseinanderzubrechen. War ich überhaupt noch ich? Fing ich an, durchzudrehen, oder waren meine Eltern verrückt?

Alles, was meine Eltern wollten, war ihr süßes kleines vierjähriges Mädchen wieder zurück, das sie mit dem Kindertransport fortgeschickt hatten. Nach dem Krieg waren sie nicht in der richtigen Verfassung, um sich mit einem Teenager auseinanderzusetzen, schon gar nicht mit einem, der seine Heimat woanders sah. Sie hatten keine Ahnung, was ich damals dabei empfand, auf dem Bahnhof in Mainz zu stehen, und ich hatte zu der Zeit keine Ahnung, was für ein Gefühl das für sie gewesen sein musste. So stand damals eine Art unsichtbare, aber unüberwindbare Wand des Unverständnisses zwischen uns.

Nachdem der Zug abgefahren war, fühlte ich mich völlig einsam und verloren. Der Mainzer Bahnhof kam mir fremd und unheimlich vor, und ich fing an zittern. Mein Vater brachte uns zu dem Gleis, auf dem der Zug stand, der meine Mutter und mich nach Süddeutschland bringen sollte, wo meine Mutter wohnte. Als er sich von mir verabschieden wollte, drehte ich mich weg – ich wollte ihm keinen Kuss geben, sondern einfach nur weglaufen. Aber wohin hätte ich schon gehen können? Die ganze Situation ergab überhaupt keinen Sinn. Die letzten Worte, die er zu mir sagte, lauteten: „Sei brav und mach deiner Mutter das Leben nicht schwer – es geht ihr nicht besonders gut." Mir war fast schlecht vor Wut, und ich hätte am liebsten aus dem Zugfenster gespuckt.

Es war eine lange Fahrt durch die Nacht in einer Dampfeisenbahn. Die hölzernen Bänke waren wieder unbequem, aber wenigstens war der Zug nicht voll, sodass ich mich hinlegen konnte. Ich schlief zwar unruhig, aber döste gerade, als wir in Lindau ankamen. Mit ihren engen Gassen aus Kopfsteinpflaster und den alten Fachwerkhäusern mit spitzen Giebeln und Türmchen erinnert Lindau an eine Zeichnung aus Grimms Märchen.

Als wir dort ankamen, war ich jedoch zu müde und apathisch, um wahrzunehmen, wie malerisch die Stadt war. Wir fuhren auch gleich weiter mit dem Bus – zuerst über die Brücke aufs Festland und dann über das Land bis zum Dorf Unterreitnau, in dem meine Mutter zur Miete auf einem Bauernhof wohnte.

Obwohl es erst Mittag war, als wir den Bauernhof erreichten, war ich so erschöpft, dass ich einfach nur schlafen wollte. Ich fand mich in einem kleinen Zimmer, in dem ein Holzbett stand, wieder, in das ich mich einfach hineinsinken ließ. Im Gegensatz zu England, wo wir uns mit Bettlaken und Wolldecken zudeckten, lag eine große, dicke Daunendecke auf dem Bett, und es fühlte sich so an, als würde man in eine weiche weiße

Wolke fallen. Als ich erst am späten Vormittag des nächsten Tages wieder aufwachte, saß meine Mutter neben dem Bett und las ein Buch. Seit ich denken kann, werde ich immer von einer Sekunde auf die andere wach und bin sofort in Alarmbereitschaft. Alles war sehr seltsam, und es schien mir, als hätte ich überhaupt nicht geschlafen, sondern wäre immer noch auf der Zugfahrt von Mainz, da ich die ruckartigen Bewegungen des Zuges unter mir fühlen konnte. Ich erschrak, als meine Mutter in nicht ganz korrektem Englisch sagte: „Guten Morgen, du hast den ganzen Tag geschlafen.“ Denn ich wusste doch, dass sie kein Englisch sprach. Aber das Buch, das sie las, sollte ihr helfen, Englisch zu lernen, denn sie wollte mit mir reden. Mir lag jedoch nichts ferner. Auch in Unterreitnau wollte ich nicht sein, obwohl wir auf einem Bauernhof wohnten und das Dorf wirklich schön war. Es war eben nur der falsche Bauernhof und die falsche Mutter. Aber wo war meine richtige Mutter? Mrs. Halting hatte mich, genauso wie all die anderen, hintergangen. Wieso sollte ich dieser komplett neuen Mutter trauen – nicht derjenigen, die ich verloren hatte, als ich das erste Mal nach England gekommen war?

Es ist einfach unmöglich, nach einer zehnjährigen Unterbrechung eine Beziehung an der Stelle wiederaufzunehmen, an der man auseinandergegangen ist. Doch genau das hatten sich meine Eltern vorgestellt. Aber ich hatte eine völlig zerrissene Identität, nachdem ich meine bisherige auf dem Bauernhof der Haltings zurückgelassen hatte, denn hier in Unterreitnau hatte ich nicht die leiseste Ahnung, wer ich eigentlich war. Ich fühlte mich vollkommen entwurzelt und allein. Manchmal, wenn ich meine Augen schloss, hatte ich das Gefühl, ich sei nirgendwo. Dann stellte ich mir vor, dass ich vielleicht wieder in England wäre, wenn ich die Augen öffnete, nur leider funktionierte das nie. Ich strengte mich dabei so an, dass ich davon Kopfschmerzen bekam. Das war der Zeitpunkt, zu dem meine Kopfschmerzen begannen, die mich danach regelmäßig ein oder zwei Mal in der Woche plagten und die ich einfach mit Aspirin bekämpfte. Sie hörten erst auf, als ich Mitte fünfzig war und damit begann, meine unterschiedlichen Wurzeln miteinander zu verknüpfen und zu verstehen versuchte, was ich erlebt hatte.

Obwohl meine Zeit in Unterreitnau von Orientierungslosigkeit geprägt war und ich verzweifelt versuchte, von dort wegzukommen, habe ich mich in der Gegend nie wirklich verirrt. Wenn ich vor lauter Verzweiflung fast explodierte oder meine Mutter wollte, dass ich etwas tat – egal, was es war –, dann rannte ich einfach vom Bauernhof über Felder und durch Wälder. Eigentlich wollte ich mich im Grunde verirren. Manchmal hatte ich die verrückte Vorstellung, dass ich einfach so lange wie nur irgendwie möglich rennen sollte, bis ich die Küste erreichen würde, um dort als blinder Passagier an Bord eines Schiffes zu gelangen und dann nach England zu fahren. Das war natürlich völlig verrückt, da es vermutlich drei oder vier Wochen gedauert hätte, bis ich es zur Küste geschafft hätte, aber ich dachte, dass ich vielleicht irgendwo auf einem Feld ein Pferd finden würde, auf dem ich dann reiten könnte. Aber die Pferde wurden in Ställen gehalten, nicht draußen auf den Feldern. In Wirklichkeit bin ich einfach unbewusst in einem großen Kreis gelaufen, bis ich wieder auf dem Bauernhof ankam, wobei ich immer sicherstellte, dass ich erst lange nach Sonnenuntergang wieder zurückkam. Das war natürlich gemein, und meine Mutter hat sich deswegen sicher große Sorgen gemacht. Dabei kam ich mir selbst gemein vor, die ganze Welt kam mir gemein vor. Wie konnte ich nur mit so viel Gemeinheit um mich herum leben?

Kurz nachdem ich mit meiner Mutter in Unterreitnau angekommen war, besuchte mein Vater uns dort übers Wochenende. Meine Mutter hatte ihm erzählt, dass ich oft einfach stundenlang verschwand, nicht mit ihr redete oder das aß, was sie kochte, ewig im Bett lag und vorgab, zu schlafen. Ich glaube, dass ich damals ziemlich depressiv war und schlafen mein Mittel war, um der Verwirrung, die mich jeden Tag übermannte, aus dem Weg zu gehen. Wenn ich aufwachte, wollte ich dem neuen Tag nicht ins Gesicht schauen und tat so, als würde ich schlafen.

Das regte meinen Vater sehr auf und er war böse auf mich. Er fragte mich, ob ich denn nicht wüsste, wie hart die Kriegsjahre für meine Mutter gewesen waren. Die hätten sich auf ihre Gesundheit niedergeschlagen und ihr ständige Rückenschmerzen eingebracht. Nein, natürlich wusste ich das nicht, und ich wollte es auch nicht wissen, denn es war für mich schon schwer genug, angesichts meiner völligen Verwirrung nicht total den Verstand zu verlieren, sondern einen Tag nach dem anderen zu bewältigen. Meine Eltern ihrerseits wussten nicht, wie ich mich fühlte, und wie sollten sie auch? Ich konnte nicht klar genug denken, um es ihnen zu erzählen, und abgesehen davon wollte ich auch gar nicht mit ihnen reden. Das einzige, was ich wusste, war, dass ich nicht in Unterreitnau sein wollte.

Mein Vater besuchte uns fast jedes Wochenende. Er war sehr fröhlich und freute sich, meine Mutter und mich zu sehen. Er brachte mir immer kleine Geschenke wie etwa Schokolade, Bücher oder Bilder mit, über die ich mich nicht gerade überschwänglich freute. Meine Eltern unterhielten sich bei seinen Besuchen endlos auf Deutsch. Schon nach kurzer Zeit wurden sie dabei laut, und ihre Gespräche endeten meistens in heftigen Auseinandersetzungen. Ich erklärte mir das damit, dass sie ihm von meiner schlechten Laune und von meiner Weigerung erzählte, irgendetwas zu tun, um das sie mich bat. Ich wusste, dass ich gemein war, aber ich hatte es aufgegeben, auch nur den Versuch zu unternehmen, mich anständig zu benehmen. Alle bisherigen Anstrengungen hatten ja schließlich zu nichts geführt. Warum sollte ich mich also weiter bemühen? Und doch ging es mir dabei eigentlich noch schlechter, weil ich wusste, dass ich böse war – und zwar mit Absicht.

Als ich später Entwicklungspsychologie studierte, um meine Zulassung als Lehrerin zu bekommen, begann ich zu verstehen, dass ich nicht absichtlich böse gewesen war, sondern damals einfach nicht anders konnte. Was ich als mein schlechtes Benehmen angesehen hatte, war eigentlich nur das normale Verhalten einer Jugendlichen, die verwirrt ist und deren Gefühle außer Kontrolle geraten sind. Aber im Jahr 1949 war ich erst 14 Jahre alt und dachte, dass sich meine Eltern stritten, weil ich böse gewesen war. Über was sollten Eltern denn auch sonst reden? Was ich damals jedoch nicht wissen konnte, war, dass sich meine Eltern nach der langen Trennung fremd geworden waren und große Probleme hatten, ihre eigene Beziehung wieder aufzubauen. Meine Eltern waren nette Leute, aber als wir zusammen in Unterreitnau lebten, nahm ich ihre Probleme nicht wahr. Ich verstand erst viel später, welch großen Einfluss ihre Erlebnisse aus den Kriegsjahren auf sie gehabt haben mussten, denn sie waren unfassbaren Ängsten und großem Stress ausgesetzt gewesen. Sie wünschten sich eine fröhliche und umgängliche Tochter und wussten nicht, wie sie mit einem unglücklichen und launischen Teenager umgehen sollten.

Als der Winter auf den Herbst folgte, war alles dick in Schnee gehüllt und die Kinder warfen mit Schneebällen oder gingen Skifahren. Ich spielte ab und zu mit, aber sie lachten mich wegen meiner schlechten Deutschkenntnisse aus. Einer der Söhne des Bauern lieh mir seine Skier und versuchte, mir Skifahren beizubringen, was aber nur dazu führte, dass die anderen mich dabei auslachten – schließlich konnten sogar kleine Kinder auf winzigen Skiern besser fahren als ich. Dafür hatte ich auf dem Ententeich bei den Haltings Schlittschuhlaufen gelernt, deshalb kaufte mir meine Mutter richtig gute Schlittschuhe. Fast jeden Tag fuhr ich dann zum Eislaufen nach Lindau, denn der See fror zwischen den zwei Brücken komplett zu, sodass eine riesige Eisfläche entstand, die fünfzigmal so groß war wie der Ententeich bei den Haltings.

Der See zog viele Schlittschuhläufer an, aber er war so groß, dass es nie wirklich überfüllt war. Normalerweise fuhr ich mit dem Bus zurück nach Unterreitnau, aber an einem Abend schien der Vollmond so prächtig, dass ich einfach im Mondschein eislaufen musste und deshalb den letzten Bus verpasste, sodass ich die sieben Kilometer nach Hause laufen musste. Meiner Mutter gefiel das weniger, da sie sich natürlich Sorgen gemacht hatte, als ich nicht mit dem letzten Bus ankam. Dieses eine Mal aber war ich nicht mit Absicht böse gewesen, ich hatte einfach nur die Schönheit der Landschaft im Mondschein genossen. Deshalb war es ein großer Schock für mich, dass meine Mutter so außer sich war. Das Ganze erschien mir extrem unfair, und wieder hatte ich den Eindruck, als könne ich es niemals jemandem recht machen.

Ein paar Wochen später, die mir wie Jahre vorkamen, ging es auf Weihnachten zu und Martin kam zu Besuch. Meine schlechte Laune war von der einen auf die andere Sekunde wie weggeblasen, als mein großer Bruder ankam. Ich hatte seine Ankunft kaum abwarten können und genoss das Weihnachtsfest wirklich in vollen Zügen. Ich freute mich nicht nur auf das Weihnachtsessen, sondern vor allem auf seine Nähe, denn ich brauchte dringend eine Umarmung. Die konnte mir nur Martin geben, weil ich es kaum aushielt, wenn mich meine Eltern auch nur anfassten. Martin und ich redeten fast jeden Abend bis tief in die Nacht und standen morgens erst spät auf. Es lag Schnee, was bedeutete, dass man Schlitten- und Skifahren konnte, und plötzlich machte alles Riesenspaß. Doch dann kam der Schock: Martin musste wieder nach England in die Schule und nahm mich nicht mit. Ich flehte ihn an, aber es half alles nichts. Ich hatte ja keinen Reisepass, sondern nur dieses grauenhafte Stück Papier mit der Aufschrift „STAATENLOS". Nachdem der Zug mit Martin und ohne mich aus dem Lindauer Bahnhof gefahren war, war ich am Boden zerstört. Ich schrie und tobte und hatte einen richtigen Wutanfall.

Danach war ich wieder mürrisch und hielt mich von den anderen fern. Nachdem mir mein Vater gesagt hatte, ich müsse wieder in die Schule gehen und er habe dafür gesorgt, dass ein Lehrer der Schule in Lindau kommen würde, um mich abzuholen, damit ich mir die Schule anschauen könne, rannte ich weg und kam erst nach rund 24 Stunden zurück. Ich versteckte mich und schlief in einer Scheune voller Heu. Am nächsten Morgen ging ich los und kam in einem Kreis, wie es immer der Fall war, wieder am Bauernhof an. Heute schäme ich mich sehr dafür, weil meine Eltern außer sich vor Sorgen gewesen sein müssen.

Ich glaube, dass war der Moment, in dem sie merkten, dass es keinen Zweck hatte, mich in Deutschland zu halten. Sie erlaubten mir deshalb, wieder in England zur Schule zu gehen, stellten jedoch die Bedingung, dass Martin und ich in den Ferien immer zu Besuch kommen müssten. Ohne auch nur eine Sekunde zu zögern, sagte ich zu, doch woran weder meine Eltern noch ich gedacht hatten, war, dass es eine lange Zeit dauern sollte, bis ich ein Visum bekommen würde. Ich galt als Heimkehrer. Weder die deutschen noch die englischen Behörden wollten mich zurück nach England lassen. Es vergingen also mehrere Monate, bis ich das Visum bekam. Für mich fühlte sich das wie eine Ewigkeit an.

Kapitel 20
Unterreitnau

Unterreitnau war ein sehr kleines Dorf mit sechs oder sieben Bauernhöfen, die um eine Kirche herum angeordnet waren. Es lag ungefähr sieben Kilometer von Lindau entfernt. Dichte dunkle Nadelwälder umgaben die offenen Felder. Die Tiere mussten wegen fehlender Zäune im Stall und in der Scheune bleiben, da sie sonst die ganzen Feldfrüchte und das Gras gefressen hätten. Aus England war ich es gewöhnt, dass Hecken die Felder der Haltings umrandeten und es nur wenige lichte Wälder oder ein bisschen Unterholz gab, während es in der Umgebung von Unterreitnau zahlreiche Wälder gab, die jedoch dunkel und düster wirkten.

Die ganze Zeit über konnte ich es mit meiner Mutter unter einem Dach kaum aushalten. Sie versuchte wieder und wieder, mich in Gespräche oder Brettspiele wie etwa Schach einzubinden. Da ich keinerlei Anstalten machte, Deutsch zu lernen, ergriff sie die Initiative und lernte Englisch und wollte, dass ich sie unterrichtete. Aber die deutsche Sprache war mir wie alles Deutsche zuwider. Zwar hatte ich mir schnell die wichtigsten Wörter angeeignet, um grob zu wissen, um was es in einem Gespräch ging, aber weil ich so wütend war, richtete sich meine ganze Verachtung gegen die deutsche Sprache und ich ignorierte die Grammatik mit Absicht. Ich fand, dass die Deutschen dumm waren, Dingen wie Stühlen oder Bänken ein männliches oder weibliches Geschlecht zu verleihen. Es war ja schon schlimm genug, dass die Franzosen das taten, was ich aus der Schule wusste, aber die Deutschen verwendeten bei vielen Begriffen genau das gegenteilige Geschlecht. Wenn mich meine Mutter also darum bat, ihr Englisch beizubringen, dann lehrte ich es sie absichtlich falsch und sagte zum Beispiel: „I is", „you am" und „she are" statt „I am", „you are" und „she is". Das war ziemlich gemein von mir, aber ich war auf Rache aus. Das regte natürlich meinen Vater wiederum auf. Da er ihr korrektes Englisch beibrachte, dauerte es nicht sehr lange, bis ich nicht mehr vorgeben konnte, sie nicht zu verstehen.

Unter der Woche arbeitete meine Mutter halbtags in Lindau. Trotz meiner ständigen Wutausbrüche hätte ich gerne gesehen, wo sie beschäftigt war, aber sie wollte mich nicht mitnehmen oder mir auch nur davon erzählen. Ihre Arbeit blieb für mich also ein lebenslanges Rätsel, genauso wie ihre Erlebnisse in den zehn Jahren, in denen wir voneinander getrennt gewesen waren und über die sie nicht reden wollte.

Es war jedes Mal eine Erleichterung für mich, wenn ich aus dem Haus an die frische Luft ging oder wenn meine Mutter in Lindau war. Wenn ich alleine war, fühlte ich mich frei, denn ich konnte all meine Probleme und Konflikte verdrängen. Ich fühlte mich wohler in meiner Haut als sonst. Dann schaute ich zum Beispiel den einheimischen Frauen zu, wie sie mit ihren langen Röcken und bunten Kopftüchern auf den Feldern arbeiteten und mit Sensen das Gras mähten, um es dann auf Ochsenkarren zu laden. Sie führten die Ochsen dann zurück in die Scheune und brachten das Gras zu den Kühen in den Kuhstall. Ich fand es ziemlich dumm, dass sie einen so großen Aufwand betrieben, denn sie hätten die Kühe einfach zu ihrem Futter auf die Wiese bringen können, wo sie das Gras einfach hätten fressen können, wie es auf dem Hof der Haltings der Fall war. Aber dafür hätten sie Hecken oder zumindest Zäune gebraucht, damit die Kühe nicht hätten ausbüchsen können. Meine Mutter erklärte mir, dass einzelne Streifen Land unterschiedlichen Leuten gehörten und sie deshalb zu klein waren, um sie einzuzäunen. Die Bauern sowie ihre Söhne und Töchter hatten überall verteilt ein paar dieser Streifen, die bei jedem Todesfall weiter unterteilt und unter den Verwandten neu verteilt wurden.

Es gab weder Traktoren noch irgendwelche anderen Landwirtschaftsmaschinen, die mit Motoren betrieben wurden, und obwohl mir alles recht primitiv und dumm erschien, faszinierte es mich dennoch, da die Haltings ihren Bauernhof so grundlegend anders bewirtschafteten. Aber genauso wie mir damals die Arbeitsweise der deutschen Bauern primitiv erschien, so würde man heute im 21. Jahrhundert die Methoden der Haltings als primitiv bezeichnen. 1949 wurde auf den Bauernhöfen in Unterreitnau alles per Hand gemacht, und es gab noch nicht einmal Melkmaschinen, sondern die Kühe wurden per Hand gemolken so wie in England nur die Ziegen und Schafe, was ich ziemlich amüsant fand. Es war ein recht armer Ort, dessen wenige Ressourcen während des Kriegs von der Wehrmacht benötigt wurden. Es gab also auch kaum Pferde, sodass die meisten Karren von Kühen oder Ochsen vom Bauernhof zum Feld und wieder zurück gezogen wurden.

Die Maurers, die Familie der der Bauernhof gehörte, auf dem meine Mutter lebte, hatten zwei Söhne. Der jüngere von ihnen, Erwin, war in meinem Alter, doch obwohl ich ein bisschen Deutsch gelernt hatte, konnte ich ihn nicht verstehen, weil er Dialekt sprach. Deswegen hatten sogar meine Eltern Probleme damit, die Maurers zu verstehen. Wenn Erwin nicht in der Schule war, spielte ich manchmal mit ihm, und im Winter brachte er mir Skifahren bei. Mit seinen drei Stockwerken war das Bauernhaus größer als das Haus der Haltings. Meine Mutter hatte die Hälfte des obersten Stockwerks gemietet, und in der anderen Hälfte wohnte eine weitere Flüchtlingsfamilie. Darunter lebten die Maurers auf einem ganzen Stockwerk über dem Stall, der ebenerdig lag, sodass die Wohnung der Maurers immer schön warm war. Aber auch im obersten Stock war es nicht kalt, denn es gab einen großen Dachboden, auf dem die Wäsche zum Trocknen aufgehängt wurde, die wie in England per Hand gemacht wurde. Die Wohnung meiner Mutter bestand aus einem großen Schlafzimmer, einer Küche mit einer Eckbank und einem Esstisch und einem kleinen Zimmer, das für mich gedacht war. Das Badezimmer teilten wir uns mit der anderen Familie.

Das Bauernhaus war größtenteils aus Holz und sehr solide gebaut. Der Teil, in dem wir lebten, war aus hellem Holz. Wie es damals Tradition war, hatten die Maurers alles selbst gebaut. Herr Maurer war in das Haus gezogen, als seine Eltern gestorben waren, da er der älteste von fünf Brüdern war und seine drei Schwestern nach der Heirat fortgezogen waren. Zwei seiner Brüder waren im ersten Weltkrieg gestorben. Danach bewirtschafteten Herr Maurer und die zwei jüngeren Brüder erfolgreich den Bauernhof. In den Zwischenkriegsjahren erweiterte die Familie zusammen mit der Hilfe anderer Dorfbewohner das Haus um das oberste Stockwerk, das für die jüngeren Brüder und deren Familien gedacht war. Leider starben beide im Zweiten Weltkrieg, bevor sie heiraten oder eine Familie gründen konnten. Das ist der Grund, warum meine Mutter und die andere Familie die Räume dort mieten konnten. Viele Flüchtlinge hatten ihr Zuhause verloren und brauchten ein Dach über dem Kopf.

Im Winter war es schön warm und gemütlich im Haus, aber im Sommer war der Gestank beißend scharf und die Mücken eine Plage, da es keine modernen sanitären Einrichtungen gab. Die Ställe wurden gereinigt, indem der Mist auf einen großen Haufen dahinter abgeladen wurde. Die Flüssigkeiten liefen in eine Klärgrube, die sich direkt unter dem Wohnhaus befand, sodass auch die Toilettenreste dorthinein flossen. Der Toilettensitz selbst war genauso wie die, die ich aus England kannte, aber das Rohr ging nicht U-förmig in die Wand, sondern gerade nach unten, sodass der Urin und die Fäkalien „plitsch-platsch" in die Klärgrube geleitet wurden, was dazu führte, dass von unten ein fürchterlicher Gestank nach oben zog. Alle paar Monate wurde die Klärgrube mit einer Pumpe in einen großen Tankbehälter entleert, der von zwei Ochsen auf das Feld gezogen wurde, wo er geöffnet wurde und die Fäkalien dazu dienten, den Boden zu düngen. Die Bauern teilten sich diesen Behälter und wechselten sich mit der Benutzung ab. Trotz allem gab es im Haus der Maurers wenigstens fließend Wasser und Elektrizität, was nicht bei allen Bauern der Fall war.

Die Wälder waren faszinierend und düster zugleich. Man konnte darin viele Vögel, Hasen, Maulwürfe und Wühlmäuse sehen und wenn man leise und vorsichtig genug war, sogar Rehe und Hirsche. Darüber hinaus gab es viele – womöglich giftige – Pilze, die mir unbekannt waren, weshalb ich sie lieber nicht anrührte. Aber dann fand ich eine Stelle mit Pilzen, die wir auch in den *Downs* in der Nähe der Haltings gepflückt hatten.

Als ich sie mit nach Hause brachte, wollte meine Mutter sie erst wegwerfen, während ich eine Mahlzeit daraus zubereiten wollte. Meine Mutter war sich nicht sicher, ob sie genießbar oder giftig waren, und dachte, ich wolle sie vergiften. Nichtsdestotrotz durfte ich sie dann zum Kochen verwenden, auch wenn sie nichts von dem Essen probieren wollte, und ich machte eine köstliche Rahmpilzsuppe und gebratene Pilze mit Ei auf Toast. Da ich am nächsten Morgen noch am Leben war und es mir gutging, sagte meine Mutter, dass sie die Pilze kosten würde, wenn ich wieder welche sammeln würde. Am Ende schmeckte ihr die Pilzsuppe dann auch ziemlich gut, und ich sollte sogar einen großen Topf davon für die Maurers kochen.

Da ich das Reiten sehr vermisste, vereinbarte meine Mutter mit einem Bauern aus dem Nachbardorf Oberreitnau, dass ich sein Pferd jeden Sonntag, wenn es nicht für die Arbeit gebraucht wurde, reiten durfte. Der Bauer hatte einen verzierten Sattel, der aussah, als hätte er ihn beim Zirkus ausgeliehen, aber das Pferd war leider dünn, knochig und ausgelaugt von der vielen Arbeit auf dem Feld. Ich glaube, es war noch nie zuvor geritten worden, denn als ich mit der Zunge schnalzte und „Hü!" sagte, drehte es seinen Kopf zu mir und starrte mich voller Verblüffung an, als ob es sagen wollte, dass ich verrückt sein müsste, auf seinem Rücken zu sitzen, wenn ich doch auf einem Wagen sitzen und es mit den Zügeln antreiben sollte. Daraufhin rief der Bauer etwas und das Pferd trottete langsam los. Es war aber eine ziemlich langweilige Angelegenheit, weil ich Ponys gewöhnt war, die sich freuten, wenn man sie ausreiten wollte, und nichts lieber taten als loszutraben oder -galoppieren. Dieses arme, müde alte Arbeitspferd wollte jedoch keinen schnellen Schritt machen.

Meine Mutter unternahm alles Mögliche, damit ich ein bisschen Abwechslung hatte und die Zeit schneller verging, während wir auf mein Visum warteten, das mir erlauben würde, wieder in England zur Schule zu gehen. Die meisten Versuche liefen jedoch so wie der mit dem Pferd ins Leere. So schickte sie mich einmal zu einer Frau, die ein paar Dörfer weiter wohnte und gut Englisch sprach. Sie sollte mir Zeichenunterricht geben, aber sie erinnerte mich zu sehr an Miss Wright. Malkasten und Buntstifte verwendete ich allerdings sehr gerne und so zeichnete und malte ich alleine. Ich schrieb auch viele Briefe, vor allem an Martin und meine Geografielehrerin, die an allem, was ich zu sagen hatte, interessiert war. Vor allem faszinierten sie die unterschiedlichen Methoden in der Landwirtschaft in England und Deutschland. Als es wärmer wurde, fand ich zwei Seen in der Nähe des Bauernhofs, in denen ich schwimmen gehen konnte. Es war also nicht alles schlecht in Unterreitnau.

Am schwierigsten war es dann, wenn mein Vater am Wochenende zu Besuch kam. Ich fürchtete mich vor ihm, weil er ganz schrecklich sein konnte, wenn er wütend war. Hatte er dagegen gute Laune, machten wir lange Spaziergänge, auf denen er mir von seinem Leben in China berichtete, und er hatte tatsächlich viele faszinierende Geschichten zu erzählen.

In Schanghai lebten Flüchtlinge aus vielen verschiedenen Ländern und dennoch galt dort englisches Recht, da die Stadt unter britischer Kontrolle war. Das bedeutete, dass mein Vater englische Fachbücher lesen und Examen bestehen musste, bevor er dort Arbeit bekommen konnte. Während er sich darauf vorbereitete, infizierte er sich mit Malaria und starb fast daran, aber er überstand die Krankheit mit Hilfe von Wohlfahrtsverbänden der internationalen Gemeinde in Schanghai, die sich um ihn kümmerten, bis er seine Prüfungen bestanden hatte. Danach war es ihm in beruflicher Hinsicht eigentlich recht gut gegangen, und in Deutschland erzählte er mir oft von seinen Fällen. Einmal kam ein Ehepaar zu ihm, das sich scheiden lassen wollte, auf der Flucht aber die Heiratsurkunde verloren hatte, ohne die das nicht möglich war. Er musste die beiden also erst trauen, damit er ihre Ehe dann wieder auflösen konnte. Dann gab es da noch die Geschichte von dem chinesischen Schneider, der ihm ein neues Hemd anfertigen sollte, wozu mein Vater ihm ein altes Hemd mitgebracht hatte, damit er davon die Maße nehmen konnte. Was mein Vater dann als angeblich neues Hemd geliefert bekam, sah genauso aus wie das alte – sogar mit denselben Flicken auf den Ellbogen.

Obwohl er mir von schweren Zeiten berichtete, die er erlebt hatte, gab es Lücken in seinen Geschichten, die ich erst später schließen konnte. So hat er mir nie davon erzählt, dass die Japaner China nach Kriegsbeginn einnahmen und alle Juden in einem Ghetto in einem heruntergekommenen und von Seuchen heimgesuchten Stadtteil von Schanghai zusammenpferchten. Erst vor kurzem habe ich im Jüdischen Museum in Berlin ein Foto von meinem Vater entdeckt, das ihn in einer Warteschlange voller Arbeiter zeigt, die einen Antrag darauf stellen wollten, das Ghetto verlassen zu dürfen, um ihrer Arbeit nachzugehen. Das muss eine furchteinflößende Erfahrung für ihn gewesen sein.

Ich war wirklich gerne mit meinem Vater zusammen, solange wir alleine waren, aber sobald wir zu meiner Mutter zurückkehrten, begannen die Streitigkeiten von neuem. Bevor mein Vater den Zug zurück nach Mainz nahm, gingen wir manchmal alle zusammen in ein Restaurant in Lindau. Das war für mich eigentlich interessant und etwas Besonderes. Leider brachte jedoch fast jedes Mal einer der Kellner meinen Vater durch antisemitische Äußerungen in Rage. Das ruinierte natürlich die

Stimmung, weil mein Vater dann sehr wütend wurde und den Kellner anschrie oder dessen Vorgesetzten zu sprechen wünschte. Damals war mir das noch nicht bewusst, aber mein Vater hatte recht damit, denn nach Kriegsende war die deutsche Bevölkerung ja nicht von heute auf morgen von ihrem Antisemitismus geheilt.

An eine Situation kann ich mich noch sehr genau erinnern. Wir waren an Ostern in der Kirche, als der Pfarrer sagte, dass Herr Hitler die Juden „durch die Kamine" gejagt hätte, weil sie es gewesen waren, die Jesus umgebracht hatten. Ich hatte nicht genau verstanden, was der Pfarrer gesagt hatte, doch mein Vater war durch seine Worte äußerst aufgebracht, brüllte, dass er den Pfarrer bei den Behörden melden werde, und verließ die Kirche. Meine Mutter und ich folgten ihm. Es war ohne Zweifel eine ungeheuerliche Dreistigkeit des Pfarrers, aber die Nazi-Propaganda war für ihn wohl wie eine Gehirnwäsche gewesen; schließlich hatten die Nazis so oft und so laut Lügengeschichten über die jüdische Bevölkerung verbreitet, dass die Deutschen ihnen irgendwann einfach glaubten. In England hatte es allerdings auch Propaganda gegeben, und uns war eingetrichtert worden, wie furchtbar Deutschland und alle Deutschen waren. Mit der Zeit fiel mir auf, dass Deutschland auch seine guten Seiten hatte und viele Deutsche sehr nette Leute waren. Dennoch war ich zu der Zeit, in der ich in Unterreitnau lebte, den Menschen gegenüber sehr argwöhnisch und traute niemandem, nicht einmal meinen Eltern.

Eines der interessanten Ereignisse in Unterreitnau war eine Pferdemesse, bei der Pferde von nah und fern auf einen Hügel gebracht wurden, auf dem sie dann gesegnet wurden. Hunderte Pferde wurden auf den Hügel geführt oder geritten, was ein wirklich beeindruckender Anblick war, denn bis dahin hatte ich nur wenige Pferde in Unterreitnau gesehen und konnte mir gar nicht erklären, wo sie auf einmal alle hergekommen waren. Sie standen aufgereiht auf der Spitze des Hügels, und als das letzte Pferd oben angekommen war, begann die Messe. Von der Messe selbst verstand ich nicht viel, aber es war herrlich, die Pferde zu beobachten – so wunderschöne und anmutige Tiere. Es war eine große Vielfalt an Pferden vertreten, in allen Größen und Schattierungen. Einige von ihnen waren sehr aufgeregt und warfen ihre Mähne hin und her, schnaubten und scharrten mit den Hufen. Während der ganzen Messe war immer wieder Gewieher zu hören. Danach ging es in einer Prozession den Hügel hinunter, die von einigen Pfarrern angeführt wurde, was seltsam aussah, denn sie trugen ihr langes schwarzes Gewand über Reithosen.

Kapitel 21
Zurück nach England

1949 war Martin 18 Jahre alt und damit berechtigt, die britische Staatsangehörigkeit anzunehmen, was ihm ermöglichte, jederzeit nach England zurückzugehen, da er dort seinen Hauptwohnsitz hatte. Mein Hauptwohnsitz dagegen war angeblich in Deutschland, was für mich zur Folge hatte, dass ich ein Visum brauchte, um nach England zurückzukehren. Das zu bekommen war eine ziemlich nervige Angelegenheit und dauerte mehrere Monate, da mein Identitätsnachweis keinen Reisepass ersetzen konnte. Einen normalen Pass kann man aber nur dann bekommen, wenn man Staatsbürger eines Landes ist, doch das war ich eben nicht. Dabei wollte ich unbedingt irgendwo hingehören, nur eben nicht nach Deutschland!

Schließlich erhielt ich mein Visum und durfte wieder nach England zurück, aber einen Reisepass konnte ich immer noch nicht bekommen. Deshalb musste ich zweimal auf das Landratsamt nach Ravensburg fahren, das ungefähr 50 Kilometer von Unterreitnau entfernt war. Die Beamten dort beäugten mein dürftiges Blatt Papier misstrauisch, das besagte, dass ich „staatenlos" war, und stellten mir deswegen Fragen, aber schließlich und endlich hatte ich dann mein Visum in der Hand.

Meine Eltern hatten alles so organisiert, dass ich ein paar Tage in Mainz bleiben sollte, da mein Vater dort unter der Woche arbeitete. In seinem winzigen Zimmer war jedoch nicht genug Platz für meine Mutter und mich, sodass wir eine billige Pension aufsuchen mussten. Unser Zimmer war trostlos, düster und sehr unbequem. Die Toilette war im Stock unter uns, und ein Badezimmer suchte man im ganzen Haus vergeblich. Da wir uns ja irgendwie waschen mussten, nahm meine Mutter mich mit in das sogenannte Volksbad, in das jeder gehen und für ein Bad bezahlen konnte. Wir bekamen also Handtuch und Seife, und eine Badewanne mit heißem Wasser stand für uns bereits bereit, in der wir aber nur zehn Minuten bleiben durften. Ich nahm das allerdings nicht so wörtlich und entspannte mich noch schön in dem frischen warmen Wasser, als ein Ton ertönte und sich die Tür öffnete, vor der eine Frau mit Handtuch und Seife auf ihr Bad wartete. Sie war sehr ungehalten und schrie mich an, bis meine Mutter hereinkam und sie beruhigte. Besonders beeindruckt war ich also nicht von dieser Art Einrichtung.

Der Krieg war zwar schon seit vier Jahren vorbei, aber der Großteil von Mainz war noch nicht wieder aufgebaut worden. Die Stadt war durch Brandbomben dem Erdboden gleichgemacht worden und hatte eine Woche lang in Flammen gestanden. Dabei waren tausende Menschen der Hitze und dem Rauch zum Opfer gefallen, die in Kellern Schutz vor den Bomben gesucht hatten. Mainz war ein Zentrum der Wein- und Biererzeugung, was bedeutete, dass fast alle Häuser riesige Keller hatten, die von der Bevölkerung als Bunker genutzt wurden und während des Bombardements zu Todesfallen wurden.

Verständlicherweise waren die Bewohner von Mainz demoralisiert, da sie Familienmitglieder und Freunde sowie viele ihr gesamtes Hab und Gut in den Flammen verloren hatten. Solch grauenvolle Ereignisse hinter sich zu lassen, dauert eine ganze Weile.

Was ich in den wenigen Tagen im Jahr 1950 von Mainz sah, war sehr deprimierend. Meine Mutter nahm mich mit zum Einkaufen, damit ich mit neuer Kleidung nach England zurückkommen würde, doch in dem am schlimmsten zerstörten Teil der Stadt gab es keine wirklich große Auswahl in den Läden. Einige waren sogar nur in provisorischen Hütten untergebracht. Da mein Deutsch nicht gut genug war, um zu verstehen, worüber die Leute redeten, dachte ich, dass sie fürchterliche Sachen über mich sagen würden, was mir Angst machte.

Es fuhren nur wenige Autos auf den wenigen befahrbaren Straßen, die aus Kopfsteinpflaster und voller Schlaglöcher waren. Auch Busse gab es nicht viele, und Busfahrten waren sehr holprig, da die Straßen in einem so schlechten Zustand waren.

Mainz war zwar auch für seinen Wein bekannt, doch im Stadtzentrum gab es eine große Brauerei, die bereits renoviert worden war und auf vollen Touren lief, als ich dort war. Die Bewohner von Mainz brauchten ihr Bier, da sie 1949 sonst nicht viel hatten, und der Export sehr wichtig für sie war.

Da die Brauereien keine Lastwagen hatten, wurden Umzugswagen mit großen Fässern benutzt, die von Pferden gezogen wurden. Ein volles Fass war so schwer, dass man vier Pferde zum Ziehen benötigte. Weil sie so wichtig waren, wurde gut für die Pferde gesorgt – ihr Fell war geschmeidig und glänzend, und sie waren sehr stark. Einmal beobachtete ich, wie sie ihre tägliche Bierration bekamen. Der Kutscher hob ihr Kinn hoch und leerte eine ganze Flasche Bier in ihr Maul, was den Pferden offenbar gut gefiel. Nachdem sie getrunken hatten, schüttelten sie die Mähne und tänzelten fröhlich von dannen.

Endlich war es so weit. Der Zug nach Hoek van Holland sollte bald abfahren. Vorher wollte ich noch schnell ein bisschen einkaufen gehen, obwohl ich eigentlich gar nichts brauchte. Im Grunde war ich in einem Schockzustand und konnte den Gedanken nicht ertragen, mit meinen Eltern eine halbe Ewigkeit am Bahnhof zu warten. Ich bummelte also so lange in den Läden herum, dass ich den Zug fast verpasste und zum Bahnhof zurück rennen musste. Ganz plötzlich überkam mich Unruhe und Nervosität, was meinen Eltern Anlass gab zu vermuten, dass ich Angst davor hatte, in den Zug zu steigen. Sie wussten nicht, was in mir vorging, und konnten nicht verstehen, in welchem Zustand ich mich befand. Ich steckte in einem Dilemma, denn ich wollte sie nicht zum Abschied umarmen, aber ich wusste natürlich, dass sie genau das erwarteten. Ich wusste nicht mehr ein noch aus und kann mich nicht mehr daran erinnern, was ich letztlich getan habe. In dem Moment wurde ich von der Erinnerung an meine Mutter, wie sie mir Auf Wiedersehen sagte und dann aus meinem Leben verschwand, als ich mit vier Jahren das erste Mal nach England geschickt worden war, überwältigt.

Es war die erste große Reise, die ich alleine unternahm, und ich war erst 15 Jahre alt. Aber ich war mindestens genauso zielstrebig wie ängstlich. Mein Koffer war direkt bis London aufgegeben worden, sodass ich nur einen Rucksack bei mir hatte. Leider gab es auch auf dieser langen Reise wieder nur unbequeme Holzbänke zum Sitzen, und auch dieses Mal verpasste ich meinen Zug, weil mein Identitätsnachweis dem Zöllner verdächtig vorkam, was zur Folge hatte, dass ich auch ein späteres Schiff nehmen musste.

Auf dem Schiff hatte ich das Gefühl, ich würde von einem Mann verfolgt, was mir Angst machte, aber ich konnte ihn abhängen, indem ich Zuflucht in einer Kabine für Frauen suchte, in die er mir nicht folgen konnte. Als ich einer Schiffsstewardess davon erzählte und ihr sagte, dass ich alleine unterwegs sei, besorgte sie mir ein Bett, obwohl ich keines reserviert hatte, und brachte mir ein Glas Wasser zu trinken. Die Kabine war voller hoher Etagenbetten. Mein Bett war das oberste von vieren. Eigentlich hätte ich die Nachtfähre nehmen sollen, doch aufgrund der Verspätung musste ich auf ein Schiff warten, das erst um fünf Uhr morgens ablegte. Also war ich sehr müde und dankbar dafür, einen Schlafplatz gefunden zu haben.

Die Stewardess musste mich schließlich schütteln, um mich aufzuwecken, und sagte mir, dass wir in Harwich angekommen seien. Ich war noch im Halbschlaf, als ich den Landungssteg hinunter stolperte, und es war noch ein langer Weg durch den Zoll, doch dieses Mal wurde ich einfach durchgewunken. Nach einem weiteren langen Marsch bis zum Zug, der mich nach London bringen sollte, war ich so erschöpft, dass ich, kurz nachdem ich mein Gepäck verstaut hatte, sofort einschlief.

Als ich wieder aufwachte, erschrak ich sehr, als ich sah, dass der Mann, der mich verfolgt hatte, mir gegenüber saß. Das Abteil war voll und da auch auf dem Gang Leute standen, wurde mir schnell klar, dass ich keinen anderen Sitzplatz finden würde, also drehte ich mich um und kontrollierte, ob mein Gepäck noch da war. Der Mann beobachtete mich genau dabei, lehnte sich dann vor und flüsterte mir etwas zu. Er fragte mich, ob ich genug Platz in meinem Rucksack hätte, um dort Seidenstrümpfe zu verstecken, die ich mit durch den Zoll nehmen sollte. Wenn ich 20 Paar in meinem Rucksack mitnehmen würde, dürfte ich ein Paar behalten. Obwohl er flüsterte, konnte ich seinen deutschen Akzent heraushören und fühlte eine Riesenwut in mir aufsteigen. So laut ich mich traute, sagte ich: „Ich will Ihre dreckigen Nazi-Strumpfhosen nicht!" Alle Leute im Abteil schauten uns an, und der Mann war offensichtlich erbost, aber er stand nur auf und verließ das Abteil. Aus dem Gang kam dann eine Frau zu uns und setzte sich rasch auf seinen Platz. In dem breiten Dialekt der Arbeiterschicht im Osten Londons sprach sie mir Mut zu, indem sie sagte, dass ich alles richtig gemacht hätte, und kramte dann ein Bonbon aus ihrer Handtasche hervor, das sie mir anbot. Dabei versicherte sie mir sogar noch, dass es kein deutsches Bonbon sei, weil ich sie etwas argwöhnisch angeschaut hatte. Sie lächelte mir aufmunternd zu, und so nahm ich es an. Mein Misstrauen war in der

Sekunde verschwunden, in der ich den süßen Geschmack des Bonbons in meinem Mund hatte.

Die Angst kam jedoch schnell wieder zurück und überwältigte mich, als ich in London am Bahnhof in der Liverpool Street ausstieg und bemerkte, dass niemand da war, um mich abzuholen. Ich hatte keine Ahnung, wie ich nach Petersfield kommen sollte, dem Ort, der dem Bauernhof der Haltings am nächsten war. Dann überkam mich Panik, als ich merkte, dass ich meinen Rucksack vergessen hatte. Gerade als ich mich umdrehte, um wieder in den Zug zu steigen, stand die nette Dame von vorher mit meinem Rucksack in der Hand vor mir. Sie fragte mich ganz freundlich, ob ich denn wisse, wo ich hingehen müsse. Sie kannte Petersfield zwar nicht, aber sie versicherte mir, dass wir schon jemanden finden würden, der uns weiterhelfen könnte. Ich lief also ganz zuversichtlich neben ihr her, als ich am Ende des Bahngleises Martin entdeckte. Wie froh ich war, ihn zu sehen! Meine ganzen Ängste und Sorgen entluden sich in einer Umarmung, die ihn fast umgeworfen hätte. Damit war für die Dame klar, dass Martin gekommen war, um mich abzuholen, und sie verabschiedete sich. Ich war zu überwältigt, um mich bei ihr zu bedanken, aber wir lächelten uns an, bevor sie wegging. Martin hatte schon geahnt, was passiert war, als ich nicht mit dem richtigen Zug angekommen war, also hatte er auf den nächsten gewartet.

Ich habe diese Reisen meiner Jugendzeit nie wirklich vergessen, und seitdem überkommt mich immer Angst, wenn ich von einem großen Bahnhof aus abreise.

Kapitel 22
Wieder auf dem Bauernhof

Obwohl der Versuch meiner Eltern, gemeinsam mit mir ein Leben in Deutschland aufzubauen, nicht einmal ein ganzes Jahr gedauert hatte, war es, als ich endlich wieder nach England kam, trotzdem nicht ganz so einfach, dort wieder heimisch zu werden, da nichts mehr so war wie im Sommer zuvor. Die Welt bleibt schließlich nicht stehen, sondern dreht sich weiter. Vielleicht war ich es sogar selbst, die sich am meisten verändert hatte. Denn bevor ich nach Deutschland gekommen war, war ich trotz meiner 14 Jahre noch ein Kind, das heißt, ich hatte den Menschen vertraut und geglaubt, was sie sagten. Nachdem ich gezwungen worden war, nach Deutschland zu gehen, war ich auf Grund all der Dinge, die ich dort erlebte, völlig verwirrt und fühlte mich von allen hintergangen. Eigentlich sollten Eltern ihren Kindern ein Gefühl von Sicherheit geben, aber in Deutschland fühlte ich mich alles andere als sicher. Leider änderte sich das auch nicht mit meiner Ankunft auf dem Bauernhof in England. Denn nachdem die Haltings mich einmal nach Deutschland weggeschickt hatten, würden sie es vielleicht auch ein zweites Mal tun. Und obwohl mich die Haltings wieder aufnahmen, war es nicht mehr so wie früher, da mein Vertrauen in sie vollkommen zerstört war. Außerdem war ich nicht einfach mehr ein vertrauensseliges Kind, sondern eine misstrauische Heranwachsende, weil ich die Erfahrung gemacht hatte, dass es nichts nützte, mein Bestes zu geben, um ein braves Mädchen zu sein und es jedem recht zu machen. Ich war also stets auf der Hut und hielt ständig Ausschau nach Zeichen, dass etwas schiefgehen würde. Seit meiner Zeit in Deutschland war ich verwirrt und wütend, auch wenn ich diese Gefühle nicht offen zur Schau stellte. Deshalb versteckte ich mich oft im Heuschober oder schlich mich nachts, wenn ich nicht schlafen konnte, zu den Pferden in den Stall, um meinen Tränen freien Lauf zu lassen.

In der *Petersfield High School* waren die Lehrer und meine Klassenkameraden sehr froh, mich wieder zu sehen, und hießen mich willkommen. Aber auch sie hatten sich in den vergangenen Monaten weiter entwickelt.

Außerdem war es bereits Mai, und im Juli standen schon die Abschlussprüfungen an. Wenigstens war ich noch rechtzeitig wieder da, um die Vorbereitungstests mitzuschreiben, doch die waren ein Schock für mich, denn normalerweise waren meine Freundin Kitty und ich immer Klassenbeste gewesen. Dieses Mal aber schnitt ich in allem außer Englisch und Kunst miserabel ab. Sogar in englischer Literatur, dem Fach, das ich eigentlich sehr gerne mochte, war ich schlecht, was daran lag, dass ich zwar viele Bücher gelesen hatte, aber nicht die vorgegebenen, die meine Klasse für die Prüfungen vorbereitet hatte. In künstlerischer Hinsicht war ich durchaus begabt. Auch in Deutschland hatte ich gezeichnet und gemalt, aber ich hatte nun mal mehrere Monate Unterricht verpasst. Noch dazu hatte ich teilweise bereits Gelerntes über den langen Zeitraum wieder vergessen.

Ich war am Boden zerstört, als mir die Direktorin Miss Chadwick sagte, dass ich die Klasse wiederholen müsse, was in England ein Ausnahmefall ist. Aus Sicht der Lehrer wäre das kein Problem gewesen, da ich beim Ablegen der Prüfungen im nächsten Jahr erst 16 Jahre alt gewesen wäre. Ich jedoch fand natürlich allein den Vorschlag erniedrigend und war zugleich wütend und traurig. Allerdings hatte ich großes Glück, dass meine Lehrer so verständig und fürsorglich waren. Die Direktorin befürchtete, dass ich durchdrehen würde, wenn ich die Klasse wiederholen müsste, und damit hatte sie Recht. Ich hätte in der neuen Klasse vermutlich Unruhe gestiftet.

Miss Chadwick behandelte mich jedoch mit Respekt, indem sie alle Möglichkeiten mit mir besprach, wofür ich ihr sehr dankbar war. Sie erlaubte mir also, zusammen mit meinen Mitschülern in die Oberstufe vorzurücken, aber nur unter der Bedingung, dass ich anstatt der vorgesehenen vier nur drei Fächer absolviere, da ich die Mathematikprüfung, die ich nicht bestanden hatte, wiederholen musste. Ihrer Ansicht nach hätte ich Englisch belegen sollen, zum einen, weil es ihr Unterrichtsfach war, zum anderen, weil ich die Prüfung darin bestanden hatte. Da ich aber Bäuerin werden wollte, wollte ich Botanik und Zoologie belegen.

Deshalb entschied ich mich dafür, Botanik und Zoologie, Geografie, Literatur sowie Mathematik zu wählen, was nur teilweise eine gute Entscheidung war, da ich zwar in allen Fächern sehr gut abschnitt. Für die

Interessen jedoch, die ich später entwickelte, wären Englisch und Literatur deutlich hilfreicher gewesen. Es ist schwer, Jugendliche davon abzuhalten, Fehler zu begehen, und Miss Chadwick war so schlau, dass sie nicht versuchte, mich von ihrer Fächerwahl zu überzeugen, da ich die Erfahrung selbst machen musste.

Man musste ein bestimmtes Formblatt ausfüllen, um sich für die Abschlussprüfungen anzumelden, das auch nach dem Geburtsdatum und Geburtsort fragte. Seit dem Sprachunterricht bei den Steads sprach ich akzentfreies Englisch, weshalb ich glaubte, dass ich voll und ganz Engländerin sei, was ich auch sein wollte. Deshalb war es für mich wie ein Schlag ins Gesicht, als ich Deutschland als Geburtsort einsetzen musste. Viel schlimmer war jedoch, dass vermutlich dadurch jemand aus meiner Klasse herausfand, dass ich ursprünglich aus Deutschland kam. Das führte dazu, dass eine kleine Gruppe von Schülern aus einer niedrigeren Jahrgangsstufe anfing, mich „Nazi" zu nennen und mir mit „Heil Hitler"-Rufen salutierte. Meine Freunde waren entsetzt und konnten kaum glauben, dass ich Deutsche war. Und ich selbst fühlte mich auch nicht als Deutsche, weil ich Deutschland ja eben gerade deswegen, weil ich keine „richtige Deutsche" war, verlassen musste. Ich kann mich noch gut daran erinnern, dass ich auf dem Schulhof um mich schrie, dass ich kein Nazi sein könne, da ich nicht einmal Deutsche sei, sondern Jüdin!

Die Lehrer geboten diesen gemeinen Schülern zwar schnell Einhalt, was zur Folge hatte, dass die Hänseleien aufhörten, aber der Schock, verspottet und beschimpft zu werden, brannte sich in mein Gedächtnis ein. Ich musste mit der Erkenntnis klarkommen, dass ich eben auch keine richtige Engländerin war. So gut ich auch Englisch sprach, würde ich das auch nie werden, da ich nicht in England geboren worden war. Ich war sehr verwirrt, weil ich auch erst nach zwei weiteren Jahren mit 18 Britin werden durfte. Was war ich also? Und wer war ich? Ich war keine Engländerin, aber ganz gewiss auch keine Deutsche, also konnte ich eigentlich nur Jüdin sein. Das Problem war nur, dass ich keine Ahnung hatte, was es bedeutete, jüdisch zu sein. Ich fragte also meine Lieblingslehrerin Miss Sadler, die Geografie unterrichtete, aber auch sie konnte mir keine Antwort geben. Allerdings beruhigte sie mich damit, dass sie mir erklärte, wie ich, ganz gleichgültig, was ich war oder nicht war, in zwei Jahren die britische Staatsangehörigkeit bekommen konnte. Sie sagte, der einzige Nachweis, den ich erbringen müsse, bestehe darin, dass zwei vertrauenswürdige Personen Empfehlungsschreiben für mich verfassen müssten, in denen sie begründeten, warum ich in ihren Augen ein guter Staatsbürger sein werde. Sie versprach mir, dass sie das auf jeden Fall für mich tun werde, und versicherte mir, dass ich bereits ein guter Staatsbürger sei. Das hob zwar meine Stimmung deutlich, aber verwirrt war ich natürlich immer noch in hohem Maß.

Zufälligerweise zog damals gerade eine Jüdin, Mrs. Simeon, bei den Haltings ein, die aufgrund der Größe des Bauernhauses Untermieter bei sich aufnahmen, um ein bisschen Geld zusätzlich zu verdienen. Sie kam kurz nachdem ich entschieden hatte, dass ich weder Deutsche noch Engländern, sondern Jüdin war, auf dem Bauernhof an. Ich mochte sie sehr gerne, denn sie hatte ein freundliches, einladendes Lächeln, war ein wenig rundlich und sah mütterlich aus. Sie lud mich in ihr Zimmer ein, in dem es viele jüdische Gegenständen gab – auf Hochglanz polierte Kerzenhalter aus Silber und Gold, Ziergegenstände und Bilder. Sie erklärte mir deren Bedeutung und las mir jüdische Geschichten vor, sodass ich sehr aufgeregt war und mich ganz und gar jüdisch fühlte. Daher war es wie ein Schlag ins Gesicht, als sie mir sagte, dass ich nicht jüdisch sein könne, da meine Mutter keine Jüdin sei. Ich hatte dagegen gedacht, dass ich zumindest halb-jüdisch sei, weil mein Vater Jude war.

Ich fing an, Tagträume zu haben, in denen mein Vater ein König oder Filmstar war, der eines Tages kommen und mich nach Hollywood mitnehmen würde. Aber auch Albträume, in denen mein Vater ein Nazi und ich Deutsche war, blieben mir nicht erspart, was fürchterlich und verwirrend für mich war. Als ich Mrs. Simeon davon erzählte, versicherte sie mir, dass die Nazis meine Familie nicht verfolgt hätten, wenn mein Vater nicht jüdisch gewesen wäre, und damit war ich also halb-jüdisch. Die Nazis hatten jeden als Juden angesehen, der einen jüdische Großvater oder eine jüdische Großmutter hatte, und ich hatte sogar zwei. Laut Mrs. Simeon konnte ich also, wenn ich volljährig war, zum Judentum konvertieren, so es mein unbedingter Wille war. Die ganze Sache mit dem „Jüdischsein" wurde für mich immer komplizierter! Warum konnte nicht einfach jeder als das akzeptiert werden, was er sein wollte?

Nicht viel später, im Jahr 1951, besuchte ich mit meiner Klasse das *Festival of Britain* in London, das veranstaltet wurde, um der Bevölkerung nach sechs verheerenden Kriegsjahren und sechs entbehrungsreichen Nachkriegsjahren die Aufbruchstimmung im Land zu vermitteln. Einige der Ausstellungsstücke und Vorführungen sowie architektonische Werke waren sehr interessant – einige waren zur dauerhaften Nutzung errichtet worden, andere dagegen nur für die Dauer des Festivals. Eins der zeitlich nur begrenzt zugänglichen Werke war der sogenannte „Skylon", ein ungewöhnlicher, zigarrenförmiger Turm aus Stahl, der zu meinem Bedauern wieder abgebaut wurde. Darüber hinaus gab es viele weitere Attraktionen und Fahrgeschäfte. Abends wurde alles beleuchtet, was einfach wunderbar aussah und ein grandioser Gegensatz zu den verdunkelten Fenstern in den Kriegsjahren war. Ich hatte viel Spaß an dem Tag; es war ein einzigartiges Erlebnis, und durch die Teilnahme am Festival fühlte ich mich wie eine echte Britin.

Kapitel 23
Britische Staatsbürgerin

Ich konnte es kaum erwarten, dass mein größter Traum in Erfüllung gehen und ich britische Staatsbürgerin werden würde. Endlich hätte ich dann die britische Staatsangehörigkeit und wäre wahrhaftig Britin – wenn auch keine richtige Engländerin –, die niemand mehr aus England wegschicken könnte. Für einen Heranwachsenden sind zweieinhalb Jahre eine lange Zeit, und ich war sehr ungeduldig. Aber ich beschäftigte mich, indem ich viel Zeit fürs Lernen aufwandte, hart auf dem Bauernhof arbeitete und meine Aufgaben erledigte wie jeder andere.

Jeden Tag konzentrierte ich mich bis zu eineinhalb Stunden auf meine Hausaufgaben und unternahm dann etwas. Ganz im Gegensatz zu meinen Klassenkameradinnen, die ganze Abende damit vergeudeten, mit Jungs auszugehen oder mit ihren Cliquen herumzuhängen, ohne wirklich irgendwas zu tun. Ich fand Jungs einfach nur langweilig, weil sie entweder vor Schüchternheit erstarrten oder einen gleich küssen und angrapschen wollten. Ich hingegen wollte über interessante Dinge im Zusammenhang mit Tieren oder Naturwissenschaften reden, über die Welt und das Universum sprechen oder aber über Bücher diskutieren, die ich gelesen hatte.

Ich lernte fleißig und bestand meine Reifeprüfung im Sommer 1952 mit guten Noten, wollte jedoch eigentlich nicht auf die Universität gehen. Es gab nur ein weiteres Mädchen in der Oberstufe, dessen Noten für ein Studium ausreichten. Sie wollte die Chance wahrnehmen und plante, zum Studieren nach Amerika zu gehen. Mein Wunsch hingegen war es, auf dem Bauernhof zu arbeiten.

Mein Vater schob mir aber sofort einen Riegel vor. Zwar ließ er mir freie Hand bei der Wahl meines Studienfachs, aber auf die Universität musste ich auf jeden Fall gehen. Er begründete das damit, dass einem seine Feinde den ganzen Besitz – das Geld, das Heim und sogar die Kleider – wegnehmen könnten, sollten die Zeiten wieder schlechter werden, nicht aber das Wissen, das man sich über die Jahre hinweg angeeignet hat. Das machte tatsächlich großen Eindruck auf mich, da ich wusste, wie es sich anfühlt, von einem Tag auf den anderen alles zu verlieren. Schließlich hatte ich das schon zwei Mal erlebt: Einmal, als ich im Rahmen des Kindertransports nach England geschickt worden war, und ein weiteres Mal, als ich wieder nach Deutschland umsiedeln musste. Mir war also klar, dass mein Vater recht hatte, denn sollte es wieder eine politische Krise geben, könnte es nützlich sein, sich so viel Wissen wie möglich angeeignet zu haben. Außerdem dachte ich, dass „echte" Engländer auf die Universität gehen, also sollte ich es auch tun.

Deshalb ging ich einen Kompromiss mit meinem Vater ein: Ich würde studieren, aber das Fach sollte irgendeinen Bezug zur Landwirtschaft haben. Die Suche führte mich zur Universität Reading, die für ihre guten Kurse in Agrarwissenschaft und im Gartenbau bekannt war. Im Katalog der Universität, den Mrs. Halting besorgt hatte, sah alles sehr gut aus, jedoch nur so lange, bis wir herausfanden, dass ich für ein Stipendium nicht infrage kam, da ich keine britische Staatsbürgerin war. Und vor meinem 18. Geburtstag konnte ich auch keine werden, obwohl ich viel länger in England gelebt hatte als in Deutschland. Aber was war denn bitteschön „unbritisch" an mir? Das war genauso absurd wie die Behauptung der Nazis, dass ich keine richtige Deutsche sei, nur weil ich eine Halbjüdin war. Mir wurde gesagt, dass ich mich bei der Kommune um finanzielle Unterstützung bewerben könne. Deshalb schrieb Mrs. Halting dem zuständigen Beamten einen sehr netten Brief mit der Bitte um ein Stipendium. Auch mein Vater sowie meine Direktorin Miss Chadwick mussten einen entsprechenden Brief verfassen. Ich wurde dann zu einem Bewerbungsgespräch eingeladen, und da es für mich das erste überhaupt war, hatte ich keine Vorstellung davon, was mich erwarten würde. Bevor ich mich auf den Weg machte, nahm ich ein Bad, um den Geruch von Pferden und Schweinen loszuwerden, und zog mir ein schönes wollenes Kostüm an, das Mrs. Halting – eine hervorragende Schneiderin – extra für mich genäht hatte.

Ich musste mit ein paar anderen jungen Leuten auf dem Gang warten, und keiner von ihnen sah irgendwie britischer aus als ich. Wir waren alle ein bisschen zu nervös, um uns miteinander zu unterhalten. Als ich an der Reihe war, wurde ich in ein Zimmer geführt, in dem drei Männer hinter einem großen polierten Mahagoni-Tisch saßen und Berge voller Papier durchblätterten. Der mittlere, der vermutlich der Vorsitzende des

Bildungsausschusses war, bat mich, Platz zu nehmen, und sagte ganz unverblümt: „Miss Michaelis, Sie sind eine sehr hübsche junge Dame, also gehe ich davon aus, dass Sie in ein oder zwei Jahren heiraten werden. Sind Sie nicht auch der Meinung, dass wir unser Geld damit sozusagen aus dem Fenster werfen, wenn wir Ihnen ein Studium ermöglichen, das Sie höchstwahrscheinlich nicht einmal abschließen, wenn Sie erst einmal verheiratet sind?"

Zunächst dachte ich, das sollte ein Kompliment sein, doch dann wurde mir klar, dass es eine sexistische Bemerkung war. Damals gab es zwar noch keine Chancengleichheit für Frauen, und auch sexistische Bemerkungen waren an der Tagesordnung, aber dieser Kommentar machte mich rasend wütend. Ich sagte dem Vorsitzenden klipp und klar, dass es nicht meine Absicht sei, die Universität ohne Abschluss zu verlassen, und dass ich ohnehin nur einen Mann heiraten würde, der eine gebildete Frau zu schätzen wisse. Ich war so zornig, dass mir das Stipendium in dem Moment vollkommen gleichgültig war. Der Vorsitzende war dann etwas verlegen und murmelte etwas vor sich hin, während die beiden anderen mir vernünftigere Fragen stellten.

Nichtsdestotrotz bekam ich das Stipendium, auch wenn es nur ein Teilstipendium war. Mein Vater sicherte mir zu, dass er den Rest der fälligen Gebühren zahlen würde. Also schickte ich meine Unterlagen an die Universität von Reading und wurde zu einem Gespräch mit dem Dekan der Fakultät für Agrarwissenschaften eingeladen. Er empfing mich alleine in einem unaufgeräumten, miefigen Arbeitszimmer, in dem sowohl der Schreibtisch als auch der Boden voller Bücher- und Papierstapel waren. Er starrte zunächst auf meine Unterlagen und dann auf mich, woraufhin er mich fragte, warum ich erst 17 sei. Etwas verblüfft antwortete ich, dass ich so jung sei, weil ich erst vor siebzehneinhalb Jahren geboren worden war. Er lachte, sagte aber, die meisten Bewerber seien schon 18. Dann fiel ihm auf, dass ich keine Britin war, und er fragte mich deshalb, welche Staatsbürgerschaft ich denn besäße. Ich erzählte ihm, dass Hitler mir meine deutsche Staatsbürgerschaft weggenommen hatte und ich sie nicht zurück, sondern Britin werden wollte, doch er konnte mir keine Zusage geben, solange ich noch keine Britin war. Und wieder einmal fühlte ich mich so, als ob ich nirgends dazu gehören würde.

Der Dekan muss bemerkt haben, wie enttäuscht ich war, und sicherte mir deshalb einen Platz für ein Gartenbaustudium im nächsten Jahr zu. Doch ich wollte Agrarwissenschaften studieren und sagte ihm das auch. Als er mir erklärte, dass für den Studiengang keine Frauen zugelassen seien, fragte ich, warum nicht. „Schließlich lebe und arbeite ich seit sieben Jahren auf einem Bauernhof und stehe den Männern in nichts nach." „Das glaube ich Ihnen gerne", entgegnete er nachsichtig, „aber der Studiengang soll junge Männer darauf vorbereiten, einen Bauernhof zu leiten, und ganz sicher wird kein Bauer eine Frau als Leiterin einstellen. Oder haben Sie vielleicht genug Geld, um einen eigenen Hof zu kaufen?" Natürlich musste ich zugeben, dass vermutlich weder meine richtigen Eltern noch meine Pflegeeltern genug Geld dafür zur Verfügung hätten. Und obwohl ich sehr enttäuscht war, merkte ich, dass der Dekan nicht sexistisch, sondern im Gegenteil sehr umsichtig war. Er fragte mich, was denn gegen Gartenbau spräche, schließlich könnte ich anschließend ja in die Forschung gehen. Als ich ihm sagte, ich wolle lieber mit Tieren als mit Pflanzen arbeiten, schlug er mir vor, Molkereitechnologie zu studieren.

Nach diesem Gespräch fühlte ich mich erbärmlich, aber mein Vater munterte mich auf und sagte mir, dass es egal sei, welches Fach ich studieren würde, solange ich überhaupt auf die Universität ginge. Schließlich könnte ich, sobald ich an einer Uni aufgenommen war, den Studiengang ohnehin sicher problemlos wechseln. Wie so häufig hatte mein Vater Recht, aber das war mir damals noch nicht klar. Zu der Zeit schien die ganze Welt wieder einmal äußerst unfair zu sein. Nach dem ganzen Hin und Her hatte ich mich mit dem Gedanken angefreundet, auf die Uni zu gehen, aber jetzt war alles wieder infrage gestellt, weil ich zu jung war, obwohl ich mich nicht zu jung fühlte. Ich hatte die Schule ohne Probleme durchlaufen und meine Prüfungen bestanden, ich konnte eine Kuh melken und einen Pferdekarren fahren, also Dinge, die beileibe nicht jeder Erwachsene kann. Ich hatte genug davon, dass mir alles verwehrt wurde, weil ich angeblich zu jung dafür war und es den Erwachsenen vorbehalten war.

Kapitel 24
Ein Brückenjahr

Als ich 1952 meinen Schulabschluss machte, war es üblich, dass die Absolventen sich sofort eine Vollzeitarbeit suchten, weil die Familien das Geld brauchten. Die Vorstellung, ein Brückenjahr einzulegen und die Welt zu bereisen, war noch nicht verbreitet, und auch nur sehr reiche Familien hätten ihren heranwachsenden Kindern eine Reise ins Ausland bezahlen können.

Ich war eigentlich fest davon ausgegangen, dass ich von der Schule ohne Unterbrechung auf die Universität gehen würde. Wie in den Jahren zuvor, nur diesmal ohne Martin, der bereits Student war, verbrachte ich die Sommerferien in diesem Brückenjahr in Deutschland. Die Universität Cambridge hatte Martin zum Studium zugelassen, obwohl er noch nicht 18 Jahre alt war, was ich sehr unfair fand und ihm auch sagte. Er dagegen fand, er werde noch unfairer behandelt, da er zwei Jahre lang Wehrdienst bei den britischen Streitkräften ableisten musste, was mir erspart blieb.

Wir diskutierten sehr lange darüber, denn während des Krieges hatten sich Frauen auf freiwilliger Basis den Streitkräften angeschlossen und damit einen durchaus wichtigen Rückhalt für das Heer, die Marine und die Luftwaffe dargestellt. Es gab sogar eine *Women's Land Army,* deren Mitglieder in der Landwirtschaft arbeiteten, um die Männer, die als Soldaten im Krieg waren, zu ersetzen. Ihre Uniform bestand aus samtenen Kniebundhosen, grünen Hemden und Jerseys. Sie sahen darin immer ein wenig ungepflegt aus, aber das tat jeder, der auf einem Bauernhof arbeitete. Im Gegensatz dazu sahen die Frauen des *Women's Royal Naval Service*, also der Marine, in ihren blau-grauen Uniformen sehr schick aus. Die spätere Königin, Prinzessin Elizabeth, diente in dieser Einheit, und deshalb wollte ich auch unbedingt ein Teil davon sein. Es erschien mir also als ziemlich unfair, dass Frauen nach Kriegsende in den Streitkräften unerwünscht waren, hatten sie doch während des Krieges zu Hause die Stellung gehalten, indem sie auf Bauernhöfen, in Fabriken und bei den Streitkräften geschuftet hatten. Aber als die Männer dann zurückkamen, hieß es für die Frauen wieder „zurück an den Herd", was ich völlig inakzeptabel fand.

Meine Eltern wollten gerne, dass ich das gesamte Brückenjahr bei ihnen in Deutschland verbrachte, was mir jedoch überhaupt nicht zusagte. Schließlich hatte ich in Deutschland keine Aussicht auf Arbeit, da ich nur ein paar Worte Deutsch sprach, und selbst mit denen konnte ich nicht viel anfangen, weil ich aus Protest gegen meine „Zwangsheimkehr" nach Deutschland die Grammatik absichtlich falsch gelernt hatte. Deshalb fanden meine Eltern, dass ich bei ihnen die Schule besuchen sollte, um richtig Deutsch zu lernen; ich hingegen hatte immer noch eine sehr ablehnende Haltung Deutschland gegenüber und sah einen möglichen Schulbesuch in Deutschland als einen Rückschritt an. Schließlich war ich lange genug zur Schule gegangen und wollte einfach nur mit meinem Bruder zurück nach England, als seine Semesterferien vorbei waren, da ich mich ohne ihn in Deutschland nicht wirklich sicher fühlte.

Ich denke, dass meine Eltern nicht noch einmal eine so aufwühlende Familienzusammenführung wie im Jahr 1949 mitmachen wollten und mich deshalb zu den Haltings zurückgehen ließen, damit ich mein Brückenjahr dort verbringen konnte.

Durch die Vollzeitstelle auf dem Bauernhof fühlte ich mich sehr erwachsen, denn das erste Mal in meinem Leben bekam ich jede Woche meinen Lohn, genauso wie alle anderen Arbeiter auf dem Hof. Das war ein viel besseres Gefühl, als ein bisschen Taschengeld von Mrs. Halting oder ab 1949 auch von meinen Eltern zu bekommen. Und obwohl es mir in der Schule sehr gut gefallen hatte, verspürte ich keinen Drang, wieder eine zu besuchen.

Die Arbeit auf dem Hof war anstrengend, denn es war harte körperliche Arbeit und es machte einen großen Unterschied, plötzlich jeden Tag und nicht nur am Wochenende oder in den Schulferien zu arbeiten. Daneben musste ich natürlich noch meine täglichen Pflichten im Haushalt erledigen sowie mich um meine eigenen Ponys, Schweine und Kaninchen kümmern. Die Tage fingen für mich also meistens vor sechs Uhr morgens an und endeten kaum vor neun oder – im Sommer und Herbst – manchmal sogar zehn Uhr. Schließlich hörten wir erst auf, wenn die Arbeit auch wirklich erledigt war, denn es gab natürlich keine festen Arbeitszeiten. Und es war gewöhnlich Mr. Halting selbst, der als letzter die Arbeit für beendet erklärte. Wurde eine Arbeit angefangen, dann brachte man sie auch zu Ende – oder wie Mr. Halting zu sagen pflegte: „Ist eine Aufgabe es wert, dass sie erledigt wird, dann ist sie es auch wert, dass man sie ordentlich erledigt."

Ich beschwerte mich nie darüber, wie schwer die Arbeit war, aber ich muss zugeben, dass ich bisweilen sehr erschöpft war. Nach einem reichhaltigen Mittagessen mit Kartoffeln und Soße sowie einem großen Nachtisch war mir einfach zum Schlafen zumute, aber ich musste mich wieder zur Arbeit nach draußen schleppen. Allerdings versteckte ich mich ein- oder zweimal, um ein kleines Nickerchen zu halten, und auch, wenn ich deswegen wahrscheinlich keinen Ärger bekommen hätte, schämte ich mich dafür. Ich schämte mich deshalb, weil ich es für eine Charakterschwäche hielt, denn ich wollte groß und stark sein und hasste es, wenn ich zugeben musste, dass etwas zu schwer für mich war. Die Knechte schleppten riesige Säcke voller Getreide oder Mehl auf dem Rücken, und ich konnte die Säcke noch nicht einmal hochheben, obwohl das sogar die Söhne der Haltings, Kevin und Jack, schafften. Was ich dagegen sehr gut konnte, war, mit Tieren umzugehen. Ich war schnell ihr Freund, sodass sie immer zu mir kamen, vor allem die Pferde und Schweine, die bei anderen nicht so zutraulich waren.

Im Sommer machten die langen Tage die Arbeit besonders anstrengend, aber es war angenehm, viel an der frischen Luft zu sein, was im Winter nicht unbedingt der Fall war. Schließlich wollen die Tiere bei Wind und Wetter gleichermaßen versorgt sein. Die Tage waren zwar kürzer, weil es früher dunkel wurde, aber ich empfand die Kälte und Nässe als sehr schmerzhaft, dennoch beschwerte ich mich nie darüber, weil ich auch das als Schwäche ansah. Ich wollte genauso sein wie die anderen Arbeiter, denen die niedrigen Temperaturen scheinbar nichts ausmachten. Doch später sollte ich erkennen, dass ich einfach nicht aus dem richtigen Holz geschnitzt war, um auf einem Bauernhof zu arbeiten.

Der Winter 1952 war besonders kalt und nebelig. Oftmals bildete sich während des Sonnenuntergangs dichter Dunst, der sich erst am nächsten Vormittag so langsam auflöste, sodass man nur etwa drei oder vier Stunden hatte, bevor es wieder dunkel wurde. Das konnte mehrere Tage so gehen. Bei Nebel war es recht gefährlich, in die *Downs* zu gehen, da auf den Hügeln der Dunst schnell zu Nebel werden konnte, in dem man völlig orientierungslos war. Doch ich ritt oftmals auf einem Pferd in die *Downs*, um die Schafe zusammenzutreiben und zu zählen, wobei das Pferd leicht stolpern konnte. Und ab und zu haben wir uns auch tatsächlich verirrt, wenn der Nebel ganz plötzlich aufzog. Dann mussten wir uns auf unseren Schäferhund verlassen, der uns mit Hilfe seines guten Geruchssinns nach Hause führte. Patrick war ein wirklich gut ausgebildeter Schäferhund, der ganz genau wusste, was er tat. Ich konnte ihn im Nebel zwar nicht sehen, aber er bellte und kläffte, wenn ich ihn rief, und so konnte das Pferd diesen Lauten folgen.

In jenem Winter fuhr ich einmal mit einer Freundin nach London, denn wir hatten uns Karten für das Theaterstück mit dem berühmten Schauspieler Peter Ustinov gekauft. Als wir das Theater erreicht hatten, stand dort ein Zeitungsjunge, der verkündete, dass für den Abend Nebel vorhergesagt war. Wir überlegten, ob wir nach Hause fahren oder die Aufführung anschauen sollten. Weil meine Freundin ein wenig Angst hatte, wollte sie unbedingt den Zug nach Hause nehmen, während ich ins Theater ging. Daran kann ich mich noch sehr gut erinnern.

Als ich gegen 17 Uhr das Theater verließ, hatte ich die Sache mit dem Nebel völlig vergessen. Aber da war es schon völlig dunkel und man konnte nicht einmal mehr drei Meter weit sehen. Allerdings war es nicht wirklich schwer, den Weg zum Bahnhof zu finden, aber bis ich in Petersfield ankam und aus dem Zug stieg, war überall dichter Nebel. Zunächst musste ich mein Fahrrad finden, um dann die sechs Kilometer bis zum Bauernhof zu radeln. Dabei war die kleine Fahrradlampe keine große Hilfe, sodass es kein Wunder war, dass ich ein paar Mal im Gebüsch landete – zum Glück waren keine Autos auf der Straße unterwegs. Als ich auf der Farm ankam, waren alle ziemlich überrascht, dass ich nicht in der Jugendherberge in London übernachtet hatte, so wie ich es davor schon einmal getan hatte. Aber ich war ein stolzer und starrköpfiger Teenager, der doch nicht vor Nebel kapitulierte.

Inmitten dieses furchtbaren Winters feierte ich am 23. Januar 1953 meinen 18. Geburtstag. Das bedeutete auch, dass ich endlich die britische Staatsbürgerschaft annehmen konnte. Schon im Voraus hatte ich alle nötigen Dokumente besorgt und sie zusammen mit den Empfehlungsschreiben an das Innenministerium geschickt. Als die Antwort kam, enthielt sie eine Bescheinigung, die mit einem offiziellen Stempel versehen war und bestätigte, dass ich „eingebürgert" worden war. Damit war ich endlich britische Staatsbürgerin geworden und beantragte umgehend einen Reisepass. Und bald bekam ich dann auch das beste Geburtstagsgeschenk meines Lebens – einen großen blauen britischen Pass mit goldenem Prägedruck. Sofort zerriss ich das verabscheuungswürdige Blatt Papier, das mich auf der Vorderseite als „staatenlos" abgestempelt hatte. Jetzt, da ich die britische Staatsbürgerschaft hatte, brauchte ich ihn nicht mehr, diesen erbärmlichen Zettel, der während der letzten vier Jahre mein Passersatz gewesen war. Endlich hatte ich einen brandneuen, echten Reisepass!

Kapitel 25
Die Krönung der Königin

Die Bewohner von Harting verehrten die königliche Familie sehr. König George VI. wurde vom Volk geliebt und respektiert, weil er während des Krieges in London geblieben war und sich Zeit genommen hatte, Menschen zu besuchen und ihnen Mut zuzusprechen, wenn ihr Heim durch Bombenangriffe zerstört worden war. Daher war die Trauer groß, als er ganz plötzlich im Jahr 1952 verstarb. Seine Tochter, Prinzessin Elizabeth, war mit ihren 25 Jahren nur acht Jahre älter als ich und hätte genauso gut meine große Schwester sein können. Das, was ich an Prinzessin Elizabeth am meisten bewunderte, war, dass sie während des Krieges im *Women's Royal Naval Service* gedient hatte. Und nun, da ich britische Staatsbürgerin war, war ich ihre Untertanin und sie meine Königin.

Die Dorfbewohner mochten die neue Königin, da sie zu den Streitkräften gehört und ihren Beitrag zu den Kriegsanstrengungen geleistet hatte. Deshalb wurde zu Ehren ihrer Krönung am 2. Juni 1953 eine große Feier im Dorf veranstaltet. Das alljährliche Volksfest wurde diesmal also zum „Krönungsfest" umfunktioniert, bei dem alles eine Nummer größer war als üblich – es gab also mehr Stände und Attraktionen als normalerweise. So sollte es zur Eröffnung der Feierlichkeiten einen Umzug mit Festwagen geben. Dabei wurde von jeder Familie erwartet, einen Festwagen oder sonst etwas Besonderes zu den Feierlichkeiten beizutragen. Alle sollten kostümiert kommen, und für den besten Festwagen gab es einen großen Preis zu gewinnen.

Ich hatte die Idee, einen Festwagen unter das Motto „Der heilige Georg und der Drache" zu stellen, was alle gut fanden. Allerdings erwarteten sie, dass ich alles Nötige organisieren würde, und das, obwohl ich erst 18 Jahre alt war. Das war eine Heidenarbeit und es bedurfte viel Vorstellungskraft, aber es machte trotzdem einen Riesenspaß. Es war ganz klar, dass nur Mr. Halting den heiligen Georg darstellen konnte, denn bei all der Aufregung ringsherum hätte niemand sonst ein *Suffolk Punch Pony* im Zaum halten können.

Ich kaufte also eine Menge Geschirrtücher, die ich mit silberner Farbe besprühte, um daraus zusammen mit Luvvy eine Ritterrüstung für Mr. Halting zu basteln. Darüber trug er einen weißen Uniformrock aus Bettlaken, auf den ein rotes Kreuz aufgemalt war. Neben einem Helm und einem Schild aus dickem Pappkarton bastelten wir auch ein hölzernes Schwert für ihn, das wir genauso wie den Rest seiner Verkleidung silbern anmalten. Wir strichen sogar ein Paar seiner alten Schuhe mit silberner Farbe an.

Als Pferd wählten wir Damsel, eine ruhige Stute, der wir ein weißes Gewand aus Bettlaken umwarfen, welches an beiden Seiten mit einem roten Kreuz bemalt war. Am Tag des Fests stand ich besonders früh auf, um ihr Fell solange zu bürsten bis es glänzte. Sie sah aus wie gemalt.

Der Drache war eine prunkvolle Bestie, dessen Fertigstellung mehrere Wochen dauerte. Ich bat einige der Kinder aus dem Dorf darum, mir beim Anmalen der Schuppen aus Pappe, die größtenteils grün sein sollten, zu helfen. Wir mussten die Schuppen mit Seilen an das Drahtgerüst binden, das fast zehn Meter lang war und auf den Rücken von acht Kindern getragen werden musste. Im Kopf des Drachen war genug Platz für Luvvy und mich, damit wir aus seinen Augen schauen konnten, um die Richtung vorzugeben. Die Schnauze des Drachen war ähnlich der eines Krokodils langgezogen, sodass Luvvy mit Hilfe eines Hebels den Oberkiefer auf und ab bewegen konnte, während ich den Unterkiefer mit einem Seil nach oben hob oder nach unten fallen ließ. Und alle im Drachen stimmten ein Drachengeheul an.

Colin, der Sohn des Dorfarztes, war bereit dazu, die holde Maid zu spielen, die der heilige Georg retten musste. Dafür bastelte er sich ein Kostüm, das aus einem langen gelben Kleid und einem Hut für Burgfräulein bestand, den er passend zum Rest auch gelb anmalte und auf seiner goldenen Perücke befestigte. Noch dazu bemalte er seine Wangen und seine Lippen mit viel Lippenstift. Es war einfach großartig, wie er kokett um den Drachen herumschlich. Damsel war dem Drachen jedoch leider nicht so hold. Sie schnaubte lauter als der Drache brüllen konnte und wehrte sich kategorisch dagegen, sich ihm zu nähern, so sehr Mr. Halting es auch versuchte.

Wir mussten die hinterste Position im Festzug einnehmen, da Damsel die Blaskappelle, die voranschritt, nicht sonderlich mochte, sondern zu tänzeln und schnauben anfing – ganz zum Vergnügen der Zuschauer.

Aber auch davon hielt Damsel nicht allzu viel und schnaubte auch sie an.

Als der Festzug den Volksfestplatz erreichte, um dort von den Juroren bewertet zu werden, war der Drache vollkommen erschöpft, legte sich nieder und starb aus eigenem Antrieb. Die Zuschauer jubelten uns zu und forderten den heiligen Georg dazu auf, die holde Maid zu retten. Aber es kam anders, und die Maid musste den heiligen Georg retten, da Damsel ihren Unmut zeigte und sich aufbäumte, sodass die Maid heraneilen und sie beruhigen musste, indem sie sie in Zaum hielt. Sie kannte Colin gut, sodass sie tatsächlich schnell ruhig wurde. Die zwei Reporter der lokalen Zeitung wollten aber unbedingt ein Foto davon machen, wie Colin im Damensitz hinter dem heiligen Georg auf dem Pferd saß, und halfen ihm dafür extra auf Damsel hoch. Ein herrlicher Anblick. Damsel aber war nach der ganzen Anstrengung ziemlich kaputt, weshalb es recht schwer war, sie dazu zu bewegen, ihren Kopf zu heben und stolz dreinzublicken.

Es war eine wundervolle Prozession, bei der alle nach Lust und Laune verkleidet waren und auf den verschiedensten Fortbewegungsmitteln, egal ob Pferdekutsche oder Hochrad, durch den Ort zogen. Eine Bauersfrau verkleidete sich als britannische Königin Boudicca und nutzte einen Mistwagen als Streitwagen, vor den sie zwei wunderschöne schwarze Ponys gespannt hatte. Ich bin mir nicht sicher, aber ich glaube, sie hat den zweiten Platz belegt. Ein kleiner Schäferhund und die sechs Schafe, auf die er aufpasste, hatten kleine bunte Jäckchen an. Einigen Dorfbewohner mimten Soldaten, die auf Panzern – umgebauten Traktoren – durch die Straßen zogen. Alle Besucher schwenkten britische Fahnen, und einige Kinder trugen sogar Kleidung in den Farben der Fahne. Da wir das Publikum mit unserer Aufführung so gut unterhalten hatten, gewannen wir den ersten Preis.

Am wichtigsten war es jedoch, dass alle Teilnehmer großen Spaß hatten. Unser Drache lag den restlichen Tag über auf dem Feld, sodass die Kinder damit spielen konnten. Ich ritt auf Damsel nach Hause und kam mit drei Ponys zurück, auf denen die Kinder reiten konnten, denn meine eigentliche Aufgabe auf dem Volksfest war es, das Ponyreiten zu organisieren. Abends trat eine Countryband auf und die Leute tanzten Squaredance, sodass die Feierlichkeiten bis spät nach Mitternacht gingen. Nach der ganzen Aufregung des Tages schaute ich mir die Krönungszeremonie ganze vier Mal an, da es in den Kinos in jener Zeit ein fortlaufendes Programm gab, das den ganzen Nachmittag und Abend lief. Man konnte zu jeder Zeit während des Films in den Kinosaal gehen und ihn wieder verlassen. Es gab immer zwei Filme, einen Spielfilm und einen kürzeren Vorfilm sowie kurze Unterbrechungen mit den Nachrichten dazwischen. Das heißt, dass ich die Zeremonie vier Mal sehen konnte, weil ich mir das gesamte Programm zwei Mal anschaute, und sie verlor auch beim vierten Mal noch nicht ihren Zauber. Elizabeth sah so anmutig und wunderschön aus, wie es sich für eine Königin geziemt. Die Königin und ihr Gemahl, der Herzog von Edinburgh, in der goldenen Kutsche – das war ein Anblick wie aus einem Märchen. Und ich muss zugeben, dass ich mir vorstellte, mit einem attraktiven Prinzen in der Kutsche zu sitzen und den Menschenmengen zuzuwinken. Alles in allem war es ein unvergessliches Brückenjahr gewesen.

Kapitel 26
Reisen nach Deutschland und Frankreich

Meine Eltern ließen mich im Jahr 1950 unter einer Bedingung wieder zurück nach England – in den Schulferien musste ich sie immer in Deutschland besuchen. Ich stimmte der Abmachung zu, da ich unbedingt wieder nach England wollte, denn dort fühlte ich mich sicher. Außerdem war der Gedanke, nur in den Ferien nach Deutschland zu müssen, erträglich, weil ich jedes Mal meine Rückfahrkarte dabei hatte und meistens mein Bruder Martin bei mir war, in dessen Gegenwart ich mich sicherer fühlte. Durch diese Besuche lernte ich meine Eltern und Deutschland allmählich kennen.

Heimkehrende Flüchtlinge, wie mein Vater einer war, standen ganz oben auf der Empfängerliste für neue Häuser. Und so kam es, dass meine Eltern schon nach kurzer Zeit in ein nagelneues Haus in Mombach, einem Vorort von Mainz, einziehen konnten. Innen war das Haus sehr schön hergerichtet, doch von außen sah es hässlich aus. In der Brunnenstube 11 war es eines von etwa 50 Häusern, die auf einem alten Fabrikgelände gebaut worden waren und alle identisch aussahen. Die Fabrik wurde zu der Zeit noch zur Herstellung von Bussen genutzt, und ich stellte mir vor, dass sie im Krieg dazu gedient hatte, die Viehwaggons herzustellen, in denen die Juden in die Konzentrationslager gebracht wurden. Und so hätte es durchaus auch sein können. Martin meinte zwar, ich solle mir nicht solche seltsamen Sachen einreden, aber das war nun mal die Vorstellung, die ich jedes Mal hatte, wenn ich an der Fabrik vorbeiging.

Bei jedem meiner Besuche hatten sich ein paar Kleinigkeiten verändert. Manchmal hatten die Nachbarn ein paar Bäume auf ihren Grundstücken gepflanzt, wodurch die Gärten viel schöner und nicht mehr einer wie der andere aussahen. Meine Eltern pflanzten im Garten drei Gelbbirken und im Vorgarten fünf Pfirsichbäume, die alle zu meinem Erstaunen sehr schnell wuchsen und wunderschön aussahen. Um ihr Haus gegen Wärmeverlust im Winter zu isolieren, brachten sie eine Holzfassade aus Schindeln an, was nicht nur gut für die Isolierung war, sondern auch das Haus verschönerte.

Meine Eltern freundeten sich mit ihren Nachbarn an, vor allem mit zwei Familien, die ganz in der Nähe wohnten, da die Männer im gleichen Gericht arbeiteten wie mein Vater.

Wenn ich in den Ferien bei meinen Eltern war, kamen beide Familien gelegentlich zu Kaffee und Kuchen oder zum Essen zu Besuch, manchmal klingelten sie auch nur, um kurz etwas zu besprechen. Die Bessfelds mochte ich sehr, weil Frau Bessfeld stets über Musik oder andere interessante Dinge redete. Ihr Mann war reizend und ihre Tochter ein nettes Mädchen. Die Lockners dagegen mochte ich überhaupt nicht. Herr Lockner sprach immer mit dröhnender Stimme und hatte als Folge einer Kriegsverletzung eine lange Narbe, die sich durch sein ganzes Gesicht zog – er flößte mir ein bisschen Angst ein. Seine Frau war zwar eine Schönheit, aber sie war sehr launisch, und ihr einziges Interesse galt Pelzmänteln und Schmuck.

Von den drei Kindern, die sie hatten, spielte ich meistens mit dem Jüngsten, den alle nur Bubi nannten. Er war mit seinen fünf Jahren schon ein richtiger Spitzbube. Als ich einmal mit ihm Verstecken spielte, rannte er ins Haus, um sich dort zu verstecken und ich fand ihn schließlich im Schlafzimmer seiner Eltern unter der Bettdecke. Da sah ich auch das große Bild eines adretten Mannes in voller Nazi-Montur. Ich war total entsetzt und fragte Bubi, wer das sei, doch er wusste es nicht und sagte, er werde seine Mutter fragen. Gerade als wir die Treppe hinunterliefen, kam diese zur Tür herein und antwortete auf seine Frage, dass das ihr erster Ehemann gewesen sei, der ein hochrangiger Soldat in der SS gewesen und in Russland gefallen war. Dann fügte sie hinzu, dass Deutschland den Krieg niemals hätte verlieren dürfen und alle besser dran wären, wenn die Nazis gewonnen hätten. Ich war von diesen Aussagen erschüttert und erzählte meinem Vater die Geschichte sofort, doch der wollte mir nicht glauben und tat das Ganze damit ab, dass ich Frau Lockner mit meinem schlechten Deutsch sicher falsch verstanden hatte. Aber ich wusste ganz genau, dass ich sehr wohl alles richtig verstanden hatte. Mein Vater dagegen wollte wohl nicht wahrhaben, dass die Frau eines seiner Arbeitskollegen eindeutig mit den Nazis sympathisierte.

Da ich bei drei Familien auf dem Land gewohnt hatte, wusste ich, wie die Landbevölkerung lebte, und hatte gelernt, die Natur zu genießen, was beides jedoch nicht auf meine Eltern zutraf, die nie großes Interesse dafür zeigten. Es war ihnen genauso fremd, wie es das Stadtleben für mich war. Stattdessen interessierten sie sich für Bücher und Vorträge, Diskussionen und das Theater, also Dinge, von denen ich keine Ahnung hatte. Meine Mutter liebte Musik und nahm mich deshalb zu Konzerten oder in die Oper mit, wodurch sich mir eine neue Welt eröffnete – die der klassischen Musik. Wir fuhren oft nach Wiesbaden, da das Opernhaus dort im Gegensatz zu dem in Mainz nicht im Krieg zerstört worden war. Im Kurhaus in Wiesbaden gab es neben Konzertsälen auch noch Parkanlagen für Konzerte. Meine erste Oper war Mozarts „Zauberflöte" – ein wahrhaft magisches Erlebnis für mich, denn der Zauber der Musik und des Gesangs verwandelten die Oper in ein Märchen zum Miterleben, und ich identifizierte mich voll und ganz mit den Künstlern. So langsam begann ich also, auch einige schöne Dinge mit Deutschland in Verbindung zu bringen. Und tatsächlich habe ich einige gute Erinnerungen an jene Zeit.

Nach relativ kurzer Zeit am Gericht in Mainz wurde mein Vater zum Richter befördert und nahm Martin und mich manchmal zu Verhandlungen mit. Wir saßen dann auf der Besuchertribüne und schauten ihm zu, aber ich war ziemlich enttäuscht, dass er keine Perücke trug wie Richter in England. Außerdem verstand ich kaum Deutsch und langweilte mich deswegen schnell. Doch die Geschichten von seiner Arbeit gefielen mir sehr, denn einige seiner Fälle waren wirklich faszinierend. Als er einmal an einem Fall arbeitete, bei dem es um Rennpferde ging, brauchte er sogar meine Hilfe und stellte mir Fragen über Pferde, weil ich mich da besser auskannte als er. Wie reagieren Pferde gegenüber Fremden? Könnte man ihr Fell völlig anders färben? Wie könnte man ein Pferd stehlen oder gegen ein anderes tauschen, ohne dabei Lärm zu verursachen? Ich war sehr stolz, dass er diese Fragen mit mir besprechen wollte.

Er fing auch an, mir mehr von seinem Leben in Schanghai und den harten Zeiten dort zu erzählen, doch das wahre Ausmaß der Probleme wurde mir erst viel später bewusst, als ich Bücher über das Leben von Flüchtlingen dort las. Denn mein Vater wollte nicht davon erzählen, wie es ist, ohne Geld und ausreichend Lebensmittel in einem Elendsviertel und Ghetto zu leben.

Auch Martin und ich konnten mit unseren Eltern nicht über unsere Erlebnisse während der Kriegsjahre sprechen, genauso wie sie nicht in der

Lage waren, ihre Erlebnisse mit uns zu teilen. Ich fand erst später heraus, dass die meisten Flüchtlingsfamilien, die nach dem Krieg wiedervereint wurden, Probleme hatten, sich auszutauschen. Die Eltern wollten ihre Kinder schützen und erzählten ihnen daher nicht von ihren fürchterlichen Erlebnissen, und die Kinder wiederum spürten, dass es zu schmerzvoll für die Eltern wäre, das alles noch einmal zu durchleben, wenn sie darüber sprächen. Meist war ihnen allen jedoch nicht bewusst, dass sie eigentlich nur sich selbst schützen wollten.

Nach 1950 hatte sich jedes Mal, wenn ich in den Sommerferien nach Deutschland kam, viel verändert. So schritt zum Beispiel der Wiederaufbau der Stadt Mainz viel schneller voran als in britischen Städten, da die Deutschen die Gelder, die ihnen im Rahmen des Marshall-Plans zur Verfügung gestellt wurden, sinnvoller nutzten als die Briten. Mir fiel auf, dass die deutsche Bevölkerung schicke neue Kleidung trug, wohingegen die Briten größtenteils noch immer abgenutzte und geflickte Sachen anhatten. Wir fuhren oft mit unseren Eltern von Mainz nach Wiesbaden, das auf der anderen Rheinseite lag. Außerdem unternahmen wir gelegentlich Bootstouren auf dem Rhein oder gingen auf den Höhen des Taunus mit Blick auf das Rheintal spazieren.

Martin und ich fuhren aber auch alleine nach Wiesbaden, denn dort sprach jeder Englisch – oder besser gesagt, amerikanisches Englisch – und noch dazu gab es da eine größere Auswahl an Produkten zu erschwinglicheren Preisen. Auch die amerikanischen Soldaten waren viel freundlicher als die französischen in Mainz; sie gaben uns Schokoriegel oder schenkten uns Freikarten für das amerikanische Kino, in dem natürlich die angesagten amerikanischen Filme vorgeführt wurden.

Unseren Eltern gefiel es überhaupt nicht, wenn wir uns mit Soldaten abgaben, da sie fürchterliche Geschichten über die alliierten Truppen gehört hatten, die der Bevölkerung nach ihrem siegreichen Einmarsch angeblich schreckliche Dinge angetan hatten. Dabei hatten die Russen die schlimmsten Gräueltaten begangen, weil Hitler und die deutschen Soldaten mit der russischen Bevölkerung unglaublich brutal umgegangen waren. Zwar hatten Hitlers Streitkräfte auch jede Menge Leid über Frankreich und Großbritannien gebracht, aber nirgends hatten sie so fürchterlich gewütet wie in der Sowjetunion.

Martin und ich machten oft lange Fahrradausflüge in den Taunus. Nach einem kurzen, aber steilen Anstieg aus Mainz heraus ging es die nächsten 30 Kilometer bis nach Lorch am Rhein immer leicht bergab und dann am Rheinufer ohne Steigung zurück nach Mainz – geradezu perfekt für einen Radausflug.

Einmal radelten wir am Rhein entlang bis nach Koblenz und in das Moseltal hinein, was nicht gerade die beste Idee war, da es von Koblenz bis zur Quelle der Mosel stetig bergauf ging. Es war ein sehr heißer Tag, sodass wir recht schnell erschöpft waren und in einem kleinen Ort Rast einlegten. Da wir nicht viel Geld dabei hatten und unser Vater immer von dem Wein aus der Region schwärmte, entschieden wir uns gegen Essen und für eine Flasche Wein. Und der Wein war wirklich hervorragend! Wir waren so durstig, dass wir zu zweit die ganze Flasche leerten, was dazu führte, dass meine Beine nicht mehr so wollten wie ich, als ich wieder auf das Fahrrad aufsteigen und losstrampeln wollte. Stattdessen sank ich einfach in den Straßengraben. Der war so weich und feuchtwarm, dass ich einschlief, und weil mein verantwortungsvoller großer Bruder so nett war, ertrug er mein Schnarchen, bis ich nach zwei Stunden wieder aufwachte. Jetzt waren wir aber wirklich am Verhungern und fuhren deshalb auf der Suche nach einer Essensgelegenheit weiter in die nächste Ortschaft, wo wir Bekanntschaft mit einer Bauersfrau machten. Wir konnten sie aufgrund ihres Dialekts zwar kaum verstehen, aber wir schafften es doch, ihr klarzumachen, dass wir sehr hungrig waren. Und sie war tatsächlich bereit, etwas für uns zu kochen. Noch nie zuvor haben mir Bratkartoffeln mit Spiegelei so gut geschmeckt wie an jenem Tag.

Ein anderes Mal war ich alleine mit dem Fahrrad unterwegs, als ich Schilder mit dem Wort „Umleitung" sah, denen ich folgte. Doch irgendwann konnte ich keines mehr finden und hatte völlig die Orientierung verloren. Plötzlich tauchte jedoch wieder ein solches Schild auf, nach dem ich mich wieder so lange richtete, bis ich mich völlig verfahren hatte und jemanden nach dem Weg nach Mainz fragen musste. Als ich wieder zu Hause angekommen war, fragte ich meine Mutter nach diesem scheinbar unerreichbaren Ort namens „Umleitung", doch sie fing an, laut zu lachen, und erklärte mir die Bedeutung des Worts „Umleitung". So etwas kann eben passieren, wenn man eine Fremdsprache nicht richtig beherrscht.

Von da an zeigte ich größeres Interesse, ernsthaft Deutsch zu lernen. Doch leider hatte ich große Schwierigkeiten mit dem Deutschen, nachdem ich die Sprache erst so vehement abgelehnt hatte. Es fließend sprechen zu lernen, war ein hartes Stück Arbeit.

Aus irgendeinem Grund konnte Martin einen Sommer nicht mit mir nach Deutschland kommen, sodass an seiner Stelle meine beste Schulfreundin Mary mitkam. Da Mary und ich auf dem Hof der Haltings immer zusammen auf Ponys ritten, taten wir so, als seien unsere Fahrräder Ponys, und hatten großen Spaß daran, durch die Felder zu fahren. Wir radelten dort, wo wir gerade wollten, aber wir gaben dennoch Acht, nicht über die Pflanzen zu fahren, da wir wussten, dass man das in Deutschland nicht tun sollte. Anders als in England gab es, wenn überhaupt, nur wenige öffentliche Fußwege. Die Leute auf den Feldern riefen uns öfter etwas zu, aber wir konnten nicht verstehen, was sie sagten. Also bastelten wir uns einfach GB-Nummernschilder aus Pappe, und danach verscheuchten uns die Leute dann nur noch mit einer Handbewegung.

Als wir einmal mit dem Rad unterwegs waren, hielten uns zwei amerikanische Soldaten in einem Jeep an und bestanden darauf, unsere Fahrräder hinten im Fahrzeug zu verstauen und uns auf eine Spritztour mitzunehmen. Sie verwöhnten uns mit Wein und Eis, aber wir machten uns ein wenig Sorgen, dass sie unlautere Absichten verfolgen könnten, und genossen die Zeit deswegen nicht wirklich. Wahrscheinlich waren sie aber ganz harmlos und langweilten sich nur und wollten ein bisschen Spaß haben. Sie fuhren uns dann nach Hause, aber ich bestand darauf, dass sie uns nicht bis direkt vor die Haustür brachten, und versuchte, ihnen ein wenig Angst damit zu machen, dass mein Vater der Bezirksrichter war und sie verhaften lassen könnte. Damit amüsierte ich sie sichtlich.

Kapitel 27
Studentin an der Universität in Reading

Der Gedanke, auf die Universität zu gehen und zu studieren, rief gemischte Gefühle in mir hervor, denn ich spürte, dass das große Veränderungen mit sich bringen würde. Ich hatte jedoch keine Vorstellung, wie sehr es mein Leben beeinflussen würde. Damals wusste ich noch nicht, dass es ganz normal ist, zwiegespalten zu sein, wenn einem eine große Veränderung ins Haus steht und man zum Beispiel von zuhause fortgeht, um sein Studium anzufangen.

Mit 17 Jahren war ich mit meinem Leben mit den Tieren auf dem Bauernhof zufrieden, und von mir aus hätte alles so bleiben können – gerne auch für immer. Ich wollte nicht fort, aber irgendwann muss die Kindheit nun einmal enden. Mein Vater redete viel mit mir über das Studentenleben, schlug mir einige interessante Möglichkeiten vor und hielt mich dazu an, viel zu lesen.

Und das tat ich auch. Ich las so gut wie alles, was mir in die Hände fiel – Geschichtsbücher, Biografien, Romane und Gedichte. So langsam eröffnete sich mir dadurch auch eine völlig andere Welt als die auf dem Bauernhof. Mein Vater hatte eine Eigenart, Bücher zu lesen, die ich bewunderte, denn er guckte sich zuerst den Anfang und das Ende an, in dem er die Einleitung und die Zusammenfassung las, und überflog dann einzelne Passagen. Innerhalb einer Stunde wusste er mehr über den Inhalt, als ich jemals wissen würde, auch wenn ich das Buch von vorne bis hinten las. Ich habe mir diese Fähigkeit zwar auch angeeignet, es dabei aber nie zu so einer Perfektion gebracht wie mein Vater. Trotzdem war es eine gute Hilfe, um zu entscheiden, ob ich ein Buch wirklich lesen wollte oder nicht. Mit der Zeit freute ich mich mehr und mehr auf die Universität und meinen Studiengang, auch wenn ich meine Pflegefamilie und die Tiere vermissen würde.

Als es dann im Oktober 1953 tatsächlich hieß, Abschied zu nehmen, fiel es mir natürlich schwer, die Ponys, die Schweine und die Kaninchen, die ich so liebgewonnen hatte, zu verlassen, aber ich wusste, die anderen würden sich gut um sie kümmern. Ich versprach ihnen, dass ich sie nicht vergessen und in den Ferien besuchen würde, und wie es in all den Jahren auf dem Bauernhof immer gewesen war, verstanden sie mich gut und machten nicht viel Aufhebens. Mrs. Halting fuhr mich mit meinen Koffern und Taschen nach Reading und half mir dabei, mein Zimmer in der *Wessex Hall*, meinem Wohnheim, zu finden.

Als Studentin im ersten Semester musste ich mir ein möbliertes Zimmer mit einer anderen neuen Studentin teilen. Es stellte sich heraus, dass meine Mitbewohnerin ein recht unscheinbares Mädchen war. Sie war sehr ruhig, ziemlich klein und noch recht kindlich mit kurzem, glatten Haar, und noch dazu schielte sie ein wenig. Ich war einigermaßen enttäuscht, aber höchstwahrscheinlich ging es ihr da nicht anders. Denn ich wollte über alles Mögliche reden, sie dagegen war schüchtern und wollte am liebsten gar nicht reden. Wir konnten uns nicht einigen, ob die Lichter an oder aus sein sollten, oder ob es besser wäre, die Fenster offen zu lassen oder zu schließen.

Gott sei Dank freundete ich mich aber recht schnell mit anderen Erstsemestern an, weshalb ich kaum Zeit in unserem Zimmer verbrachte. Es war nicht so, dass ich gemein zu ihr war, aber ich hätte durchaus entgegenkommender sein können. Außerdem war ich zu sehr mit meinen eigenen Anpassungsproblemen beschäftigt, um mitzukriegen, wie schwer ihr die Eingewöhnung fiel. Zwar machte ich mir durchaus meine Gedanken, als sie nach den Weihnachtsferien nicht wieder zurückkam, aber ich freute mich auch sehr darüber, dass ich unser Doppelzimmer den Rest des Studienjahres alleine nutzen durfte. Jetzt konnte ich endlich meine neuen Freunde zu Pyjamaparties einladen, bei denen wir uns bei jemandem im Zimmer trafen, Kaffee tranken und bis in die frühen Morgenstunden redeten, bis wir dann todmüde ins Bett fielen.

Ich hatte das Glück, dass ich meine gesamten drei Studienjahre in der reizvollen Umgebung der *Wessex Hall* verbringen durfte, die aus vier großen, wunderschönen, alten Häusern bestand, die in ein Studentenwohnheim umfunktioniert worden waren. Eine mächtige Zeder wachte über den perfekt getrimmten Rasen. Es gab Tennisplätze sowie ein wahres Labyrinth aus Kieswegen, die um Blumenbeete und Gemüsegärten herumführten. Die Leiterin der *Wessex Hall*, Miss Wiseman, die den Spitznamen „Hexenmeisterin" hatte, war sehr stolz auf ihre Gärten und deren

Pflege. Es ging das Gerücht um, dass sie in einem Jahr zu viel Geld für Blumenzwiebeln und Setzlinge für den Garten ausgegeben hatte, sodass einige der Studenten ihr Geld leihen mussten, bis ihr das nächste Haushaltsgeld zugeteilt wurde.

Der Campus war einen knappen Kilometer entfernt. Dort gab es neben den Hörsälen und anderen universitären Einrichtungen auch ein Café, in dem man den ganzen Tag über Snacks und Getränke bekam. Natürlich traf man sich da auch mit seinen Freunden, um in Gesellschaft zu sein, zu diskutieren und politisieren. Es war auch der Ort, an dem ich neue Kontakte knüpfte, denn niemand fühlte sich belästigt, wenn man ihn einfach ansprach und ein Gespräch begann. Auf dem Campus konnte man sich wirklich wohlfühlen, und da es nur etwa 1000 Studenten gab, lernte man schnell alle kennen, zumindest vom Sehen her.

Einige der Laboratorien, Forschungseinrichtungen und Sportanlagen lagen einen guten Kilometer entfernt in einem Park mit einer Allee aus wunderschönen Bäumen und Wiesen, in deren Mitte sich ein See befand. Ein paar Kilometer in die andere Richtung lagen die Bootshäuser für die Ruderer und Segler am Fluss Kennet.

Ich meldete mich beim Ruderverein an und verbrachte in den nächsten Jahren einen Großteil meiner Zeit dort. In nur einem Jahr schaffte ich es vom Neuling, der erst einmal Rudern lernen musste, ohne dabei „Krebse zu fangen“, die Ruder also zu tief einzutauchen, bis zum Mitglied des Damen-Achters. Wir waren ein wirklich guter Achter und gewannen einige Wettbewerbe. Tatsächlich habe ich noch immer zwei Pokale aus der Zeit, einen für ein Achter- und einen für ein Vierer-Rennen. Unsere Trophäen hat unser Bootsmann Happy in einem Schrank im Bootsklub aufbewahrt, dessen hingebungsvolle Unterstützung mit ausschlaggebend dafür war, dass uns das Rudern so viel Spaß machte.

Nicht nur als Sondertraining, sondern einfach, weil es so schön war, über das Wasser zu gleiten, ruderte ich vor oder nach dem ganzen Tohuwabohu einer gemeinsamen Trainingseinheit gerne alleine in einem Einer. Der Geruch der Wiesen im Morgentau, der Dunstschleier, der sich langsam hob, das Zwitschern der Vögel in den Bäumen sowie das rhythmische Geplätscher meiner Ruder waren äußerst friedvoll und belebend. Ich liebte die unmittelbare Nähe zu dem Boot – es war fast so, als glitten wir als eine Einheit durchs Wasser. Und damit erinnerte es mich auch sehr an meine Ausritte durch die *Downs* auf dem Rücken meiner Ponys. Denn genau wie diese hatte auch jedes Boot seinen eigenen Namen und seine eigenen kleinen Macken.

Zum Semesterende mussten die Erstsemester aller Wohnheime ein Konzert und einen Semesterrückblick in Form von Sketchen oder eines Theaterstücks vorbereiten, was eine wirklich gute Möglichkeit darstellte, um Freunde zu finden. Ich war zwar nur Kulissenschieberin, weil ich nicht genug Talent hatte, um auf der Bühne zu stehen, aber das machte mir nichts aus. Mir gefiel es einfach, den anderen beim Spielen zuzusehen und alle Eindrücke aufzusaugen. Ich ging auch oft als Zuschauerin zu den Konzerten der anderen Wohnheime, die immer unterhaltsam waren. Am besten gefielen mir die satirischen Einlagen. Daher fühlte ich mich auch geehrt, als ich ausgewählt wurde, im *Jantaculum*, dem kabarettartigen Jahresrückblick der Universität, mitzuspielen.

Jedes Wohnheim veranstaltete darüber hinaus eine eigene Weihnachtsparty und einen Sommerball mit Kabaretteinlagen. Außerdem organisierte auch der Ruderclub Tanzveranstaltungen. Im Februar fand der „Lumpentag" statt, ein Umzug mit Festwagen, bei dem Geld für wohltätige Organisationen gesammelt wurde. Mein Vater hatte recht damit gehabt, dass sich für mich durch das Studium neue Möglichkeiten auftun würden. Denn ich lernte viele Menschen mit den unterschiedlichsten Lebensstilen und Denkweisen kennen, und eine ganz neue Welt tat sich mir auf, von der ich vorher nicht einmal gewusst hatte, dass sie existierte. Ich suchte die Gesellschaft von Künstlern und Musikern, diskutierte über Gott und die Welt und lernte jeden Tag Neues dazu.

Ich war daran gewöhnt, in der Schule zu lernen und die ganzen Hausaufgaben irgendwann zwischen meinen Aufgaben im Haushalt und auf dem Hof zu erledigen, und diese Fähigkeit übernahm ich einfach für mein Studium der Molkereitechnologie. Das interessierte mich im Übrigen so, dass mir niemals langweilig wurde und ich immer genug dafür tat, was letztendlich zu einem akzeptablen Bachelor-Abschluss führte.

Ich weiß, dass ich weitaus besser hätte sein können, hätte ich Literatur, Geschichte und Psychologie studiert, denn das waren die Fächer, die mich in meinem späteren Leben sehr interessierten und die ich tatsächlich schon früher studiert hätte, wenn ich auf meinen Vater und meine Direktorin gehört hätte. Aber diese Erfahrung musste ich eben selbst machen. Außerdem war es gar nicht so entscheidend, was ich denn nun studierte, solange ich nur einen akademischen Abschluss bekam. Ich wäre auch viel zu stolz gewesen, nur im Entferntesten daran zu denken, ich könne scheitern.

Das Wichtigste, was ich an der Universität in Reading lernte, war, dass es eine Welt außerhalb des Bauernhofs gab, und dafür waren meine neuen Freunde verantwortlich. Trotzdem war es nicht so, dass ich dem Hof völlig den Rücken zukehrte. Im Gegenteil. Dank meiner schier unendlichen Energie radelte ich am Samstag bisweilen die 70 Kilometer nach Harting, und das sogar, wenn ich am Vormittag Vorlesungen besucht hatte und am Nachmittag Rudern gewesen war. Am Sonntagabend ging es dann die gleiche Strecke wieder zurück zur Universität, wobei ich nicht vergessen darf zu erwähnen, dass ich am Sonntagmorgen natürlich in den *Downs* Reiten war!

Eines der Hindernisse, die es in der Eingewöhnungsphase zu überwinden galt, war, dass man an der Universität größtenteils die Freiheit hatte, selbst zu entscheiden, was man mit seiner Zeit anfing. Da war es nicht immer leicht, die richtige Balance zwischen meinen Verpflichtungen und ein bisschen Spaß zu finden, weil ich meine Zukunft nicht dadurch aufs Spiel setzen wollte, dass ich größere Schwierigkeiten bekam. Hätte man mich dabei erwischt, wie ich gegen Regeln verstoßen hätte und nachts ohne Erlaubnis zu spät auf meinem Zimmer gewesen wäre, hätte man mich für einen bestimmten Zeitraum von der Uni suspendieren können. Wir hatten zwar Zugang zu Alkohol, aber wie ich wollten die meisten Studenten ihre Energie und ihr bisschen Taschengeld für wichtigere Dinge aufwenden. Daher trank ich auch nie mehr als ein oder zwei Gläser Wein, denn sonst hätte ich keinen Spaß mehr an irgendwelchen Veranstaltungen oder Diskussionen gehabt.

Zwischen den beiden Studentenwohnheimen der Männer, *Wantage* und *St. Patricks*, schwelte eine Fehde, die Anlass für einige spaßige Aktionen war. So montierten die Pat-Jungs einmal die Vorderräder der Fahrräder der Wantage-Jungs ab und trieben sie eines Morgens unter dem lauten Gejohle der Studentinnen aus den angrenzenden Wohnheimen den Hügel hinab mit Stöcken vor sich her.

Die Antwort der Wantage-Jungs folgte auf der Stelle, indem sie sich ein paar der Pat-Jungs schnappten und ihnen ein „W“ ins Haar rasierten. Als der Aufseher des *Wantage*-Wohnheims daraufhin stolz verkündete, dass er diesem Unsinn ein für alle Mal ein Ende gesetzt hätte, da er es nun unmöglich gemacht habe, bei Nacht in das Wohnheim einzudringen, löste er damit den besten aller Streiche aus. Einige Studenten beider Wohnheime taten sich nämlich zusammen, um einen Plan auszuhecken. Sie holten eine Lastwagenladung voll Schafe von dem Bauernhof eines ihrer Kommilitonen, hievten sie mit einem Flaschenzug einzeln nach oben und bugsierten sie durch die Fenster des Wohnheims. Als der Aufseher dann am Sonntagmorgen nach draußen schaute, sah er eine Herde Schafe seelenruhig auf dem Rasen seiner uneinnehmbaren Festung grasen! Es war allerdings ein ungeschriebenes Gesetz, dass bei den Streichen niemals etwas irreparablen Schaden nehmen durfte.

Eine besonders erinnerungswürdige Veranstaltung war ein Ruderwettbewerb mit gemischten Teams im K.O. System, bei dem alle grenzenlos ausgelassen waren. Doch das war auch gleichzeitig das Problem. Wenn man sich nicht sammeln und konzentrieren kann, ist es viel schwerer, mit dem Boot das Gleichgewicht zu halten und gleichzeitig zu rudern. Viele der Ruderer stachen so tief in das Wasser ein, dass es nur so spritzte. Einige Boote kippten sogar um, obwohl für die Veranstaltung extra Spezialkonstruktionen verwendet wurden. In einer der Mannschaften lernte ich Bernard kennen, und obwohl wir nicht einmal die erste Runde überstanden, genossen wir die Zeit und lachten viel. Unser Boot schlug Leck, und der Steuermann versuchte, das Wasser mit einem Plastikbecher aus dem Boot zu schöpfen. Wir ruderten also wie die Wahnsinnigen und schafften es gerade noch bis zum Steg zurück, bevor das Boot sank. Das war unser erstes Treffen, und wir haben es beide nicht vergessen. Zugegeben, romantisch war es nicht gerade, dafür hatten wir aber viel Spaß miteinander.

Kurze Zeit später lud Bernard mich ins Kino ein, und danach tranken wir noch einen Kaffee im Café Palamino, das normalerweise immer von Studenten bevölkert war. Wir waren aber so in unser Gespräch über den Film vertieft und hatten nur Augen füreinander, dass wir gar nicht bemerkten, dass alle anderen Studenten das Café bereits verlassen hatten, bis uns der Manager sagte, er würde jetzt gerne schließen. Da der Eingang meines Wohnheims schon um 23 Uhr verriegelt wurde und ich mich nicht für eine spätere Ankunft eingetragen hatte, mussten wir eine halbe Ewigkeit in der Gegend herumlaufen, bis die Luft rein war und ich über den Zaun klettern konnte, ohne dabei vom Aufseher auf seinen Kontrollgängen entdeckt zu werden.

Nach diesem ersten Treffen gingen wir oft gemeinsam auf Partys oder spielten Tennis, was uns beiden viel Spaß machte. Bernard sieht überhaupt nicht jüdisch aus, also wusste ich nicht, dass er Jude ist, bis wir auf unsere Familien zu sprechen kamen. Er war sichtlich bewegt von meiner Familiengeschichte, und ich wollte von ihm unbedingt mehr über das Judentum wissen. Natürlich war ich begeistert über seine jüdische Herkunft, und daher war meine Enttäuschung recht groß, als er mir erzählte, dass er nicht in dem Glauben erzogen worden sei und genauso wenig über das Judentum wisse wie ich. Dann wurde meine Enttäuschung sogar noch größer, als er mir sagte, dass ich nicht als jüdisch angesehen werden würde, wenn ich nicht zum jüdischen Glauben konvertieren würde, da ich keine jüdische Mutter hatte. Nach allem, was ich durchgemacht hatte, war es niederschmetternd zu hören, dass auch die Juden mich nicht als eine der ihren ansahen.

Das Ende meines dritten Jahres in Reading war sehr emotional, weil viele meiner Freunde und ich nun getrennte Wege gehen würden, da wir in unterschiedlichen Teilen des Landes wohnten und sehr wohl wussten, dass wir nicht alle miteinander in Kontakt bleiben könnten. Ein weiteres Problem ergab sich daraus, dass wir unsere Prüfungsergebnisse bekommen hatten und einige meiner Freunde froh waren, weil sie bestanden hatten, wohingegen andere enttäuscht waren, die durchgefallen waren und erst noch einzelne Prüfungen wiederholen mussten, bevor sie ihren Abschluss bekommen würden. Sie fuhren daher recht bald nach Hause, was bedeutete, dass sie nicht am Abschlussball und der Zeugnisvergabe teilnahmen, sodass wir die Veranstaltungen mit einem lachenden und einem weinenden Auge besuchten.

Einige meiner Freunde entschieden sich, noch ein viertes Jahr in Reading zu bleiben, um ihr Lehrerdiplom zu machen, und versuchten, mich zu überreden, es ihnen gleichzutun. Zu der Zeit hatte ich aber überhaupt kein Interesse daran, Lehrerin zu werden. Außerdem wollte ich nicht so egoistisch sein, jemand anderem einen Studienplatz wegzunehmen sowie ein Stipendium in Anspruch zu nehmen, obwohl ich – genau wie meine Freunde, die das auch offen zugaben –, nicht die geringste Absicht hatte, diesen Beruf zu ergreifen. Nach zehn Jahren in der Schule und drei weiteren an der Universität hatte ich genug vom Lernen und den ewigen Prüfungen – zumindest eine Zeitlang.

Die Abschlussfeier wurde in der Aula Magna sehr groß und formvollendet begangen, das heißt, wir trugen alle den traditionellen Talar und Doktorhut. Als mein Name aufgerufen wurde, musste ich auf die Bühne und mich vor dem Vizekanzler verbeugen, der mir die Hand gab und mir das Zeugnis überreichte. Beim Verlesen meines vollständigen Namens hatte der Verwaltungsangestellte so seine Schwierigkeiten und kam ins Stottern: Ruth Emma Clara Louise Michaelis. Ich starb fast vor Verlegenheit und noch dazu stolperte ich auf dem Weg zur Bühne auf der Treppe. Der Vizekanzler half mir aber über meine Verlegenheit hinweg, indem er sagte, dass es in meinem Leben gewiss noch den ein oder anderen Stolperstein geben werde, aber er hoffe, mein Abschluss werde mir dabei helfen, nicht zu straucheln. Und damit hatte er Recht.

Mir wäre es am liebsten gewesen, wenn sowohl meine Pflegeeltern als auch meine richtigen Eltern bei der Abschlusszeremonie dabei gewesen wären. Tatsächlich kam meine Mutter auch, aber mein Vater konnte seine Arbeit am Gericht nicht vernachlässigen. Mr. und Mrs. Halting waren zwar auch anwesend, doch es lag Spannung in der Luft. Sie waren davon ausgegangen, dass ich nach Ende der Feierlichkeiten mit ihnen zurück auf den Hof gehen würde, wohingegen ich Pläne gemacht hatte, mit meiner Mutter nach Deutschland zu fahren. Für die Haltings war es nicht leicht, vor vollendete Tatsachen gestellt zu werden, genauso wenig wie es der Moment für mich gewesen war, als mein Vater ihnen per richterlicher Anordnung befohlen hatte, mich zurück nach Deutschland zu bringen.

Bernard hatte mich davon überzeugt, dass es wichtig war, die Beziehung zu meinen Eltern wieder aufzubauen, bevor ich in die Arbeitswelt eintauchte. Seine Unterstützung half mir, die schwere Zeit danach durchzustehen, so wie er mir in unserem ganzen gemeinsamen Leben immer zur Seite stand. Er war schockiert, als ich ihm von meinen Pflegefamilien und den Feindseligkeiten zwischen meinen Eltern und der dritten Pflegefamilie erzählte. Meine Beziehung zu meinen Eltern, oder besser gesagt, die nicht vorhandene Beziehung zu ihnen, verwunderte und erschütterte ihn, denn er war ein Einzelkind und hatte eine sehr enge Bindung an seine Eltern. Seine Familie hatte die Bombenangriffe auf London überlebt. Sein Vater war Feuerwehrmann und stets im Einsatz gewesen, um die Feuer, die von den Bomben oder den *Doodlebugs* herrührten, zu löschen. Sie waren in London geblieben, um ihre Familie nicht auseinanderzureißen – ganz im Gegensatz zu meiner, die auf drei verschiedene Orte in drei verschiedenen Ländern verteilt war.

Am schwersten fiel mir der Abschied von Bernard am Tag nach der Abschlussfeier, denn da er vor seinem Studium seinen Militärdienst geleistet hatte, war er ein Jahr unter mir und hatte sein letztes Jahr in der Universität noch vor sich.

Kapitel 28
Studentin an der Universität in Mainz

Als ich mit meiner Mutter aufbrach, war ich noch sehr zwiegespalten und fühlte mich alleingelassen, da sie zu jener Zeit immer noch eher wie eine Fremde für mich war. Wir sprachen zwar beide Englisch und Deutsch, beherrschten die jeweils andere Sprache aber nicht gut genug, um ernsthafte Gespräche zu führen.

Sie hatte eine Reise geplant, die eigentlich als Geschenk für mich gedacht war – ein zweiwöchiger Aufenthalt an der holländischen Küste in Scheveningen. Sie freute sich schon sehr und wollte mir unbedingt erzählen, was wir dort alles unternehmen könnten, aber wir konnten einander kaum verstehen.

Ich glaube, sie hatte sich den Urlaub in Holland wie eine Auszeit von unseren Auseinandersetzungen auf neutralem Boden vorgestellt, weil sie inzwischen verstanden hatte, warum ich Deutschland gegenüber sehr gemischte Gefühle hatte. Zwar war ich mittlerweile 21 Jahre alt, aber meine Meinung über meine Zwangsheimkehr nach Deutschland mit 14 hatte sich nicht geändert. Obwohl Martin und ich unsere Ferien regelmäßig in Deutschland verbrachten, muss sie ziemlich enttäuscht gewesen sein, als sie bemerkte, wie mürrisch und wenig begeisterungsfähig ich war. Ich dachte damals, ich sei einfach nur zu erschöpft, um mit ihr zu reden oder Interesse an irgendwas zu zeigen, denn die letzten Wochen an der Universität hatten viel Kraft gekostet. Schließlich waren nach Ende der Prüfungen jede Menge Partys veranstaltet worden, von denen ich an so vielen wie nur irgend möglich teilgenommen hatte, und so hatte ich nur wenig Schlaf bekommen.

Als wir in unserer Pension in Scheveningen ankamen, hatte ich keinen Hunger, und da es schon spät abends war, sank ich einfach mitsamt meiner Kleidung ins Bett. Doch das war keine normale Müdigkeit mehr, denn ich schlief und schlief und schlief. Von meiner Entwicklung her war ich damals noch ein Teenager und wusste nicht, dass das ein Zeichen von Depression war. Meine Mutter muss sich von mir zurückgewiesen gefühlt haben, aber der Schlaf war meine Möglichkeit, der Realität zu entfliehen, wenn diese für mich wieder einmal nicht zu bewältigen war.

Als ich in Scheveningen dann aus dem Schlaf erwachte, saß meine Mutter neben meinem Bett. Ich sprang auf und sagte, dass ich hungrig sei. Sie hatte sich offensichtlich Sorgen um mich gemacht, denn sie sah sehr erleichtert aus, als sie sah, dass es mir gut ging. Sie sagte mir, sie habe jede Stunde nachgesehen, ob ich noch atmete. Sie hat meine Stirn gefühlt, ob ich Fieber hatte, da sie Angst gehabt hatte, dass ich eine Überdosis Schlaftabletten genommen haben könnte. Doch ich hatte noch nie in meinem Leben Schlaftabletten genommen, weil ich immer gut schlafen konnte, und das sagte ich ihr auch.

Ich war wütend auf sie, denn an der Sonne, die durchs Fenster schien, sah ich, dass es noch früh am Morgen war, und deswegen verstand ich nicht, warum sie so ein Theater machte. Ich fiel aus allen Wolken, als sie mir erzählte, dass ich einen ganzen Tag und zwei Nächte durchgeschlafen hatte! Das war mir noch nie passiert, und es sollte auch nie wieder vorkommen.

Nach einem großen Frühstück war ich gleich viel besserer Stimmung, denn der Schlaf hatte mir gut getan und meine Depression verdrängt. So konnte ich die neue Umgebung auf mich wirken lassen und bemühte mich, mit meiner Mutter zu reden, sodass die zwei Wochen tatsächlich recht schön waren. Unsere Pension war in der Nähe eines wunderschönen Strandes, der fast zwei Kilometer lang war, und auch das Wetter spielte mit; wir konnten schwimmen gehen und Bootstouren unternehmen. Am Strand gab es auch Esel und andere Attraktionen, und abends konnte man irgendwelche Veranstaltungen besuchen.

Einmal nahm mich meine Mutter mit in eine Kunstgalerie, die einen bleibenden Eindruck bei mir hinterließ, denn ich hatte noch nie zuvor einen Rundbau gesehen. Ich stand also auf einem Rondell in der Mitte des Gebäudes und schaute auf ein gewaltiges rundes Ölgemälde von H. W. Mesdag, das auf 14 mal 120 Metern eine Küstenlandschaft zeigte. Was mich am meisten daran faszinierte, war, dass die Stimmung des Meeres sich veränderte, während man sich auf dem Rondell am Gemälde entlang bewegte. Es wandelte sich von einer in der Sonne blau glitzernden See über ein dumpfes grau-grünes und pechschwarzes stürmisches Meer bis hin zu einem tosenden Sturm mit zuckenden Blitzen und peitschendem Regen. Dieser Sturm legte sich dann allmählich, und die Sonne kam wieder durch – und natürlich konnte man die Runde dann noch einmal abschreiten. Die unterschiedlichen Schiffe und Boote sowie die Menschen am Strand, die in den einzelnen Phasen zu sehen waren, ließen das Kunstwerk noch realistischer erscheinen.

Jahre später war ich mit Bernard zufälligerweise auf einer Konferenz in Den Haag, und so entschieden wir uns, zum Strand in Scheveningen zu fahren, um den Rundbau zu suchen. Wir liefen also den ganzen Strand ab, aber das Gebäude fanden wir schließlich ungefähr fünf Kilometer entfernt mitten im Stadtzentrum von Scheveningen. Das zeigte mir einmal mehr, wie leicht mehrere Erinnerungen zu einer verschmelzen können. Ich begann zu verstehen, was mein Vater gemeint hatte, als er mir von der Unzuverlässigkeit von Zeugen vor Gericht erzählte, die nicht die Wahrheit sagten, auch wenn sie vom Gegenteil überzeugt waren.

Für die letzten zwei Tage unseres Aufenthalts stieß mein Vater noch zu uns, und ab dem Augenblick schlug die Stimmung um. Mein Deutsch war nicht gut genug, um mitzukriegen, warum sich meine Eltern ärgerten oder aufregten, aber ich nahm sofort an, es sei meine Schuld – so wie immer eben. Denn damals war mir noch nicht klar, dass sie ähnliche Schwierigkeiten hatten wie ich, nach acht Jahren Trennung ihre Beziehung zueinander wieder aufzubauen. Ich verstand das alles nicht und war sehr aufgewühlt. Deshalb sagte ich, es sei wohl besser, wenn ich wieder nach England ginge, doch das machte alles nur noch schlimmer. Das Ende der Streitigkeiten war, dass meine Mutter beschloss, alleine zurück nach Mainz zu fahren, während mein Vater mit mir in Den Haag blieb.

Nachdem meine Mutter abgereist war, beruhigte sich mein Vater wieder, und wir verbrachten sehr schöne Tage zusammen. Den Haag war fantastisch. Da mein Vater an einer Konferenz teilnehmen und Dokumente im Friedenspalast einsehen musste, hatte ich während der Woche auch ein bisschen Zeit für mich, die ich alleine in der Stadt verbrachte. Aber dann trafen wir uns wieder und gingen zusammen ins Restaurant, in Museen und Theater. Zum Abschluss der Konferenz fand ein wunderbares Bankett statt, bei dem die Tische um einen See herum angeordnet waren. Da mein Vater kein Tänzer war, tanzte ich mit anderen Konferenzteilnehmern. Einer von ihnen war ein sehr eleganter indischer Prinz, der ein traditionelles Gewand trug, doch leider konnten wir nicht viel miteinander reden, da er fast kein Englisch sprach und ich nicht einmal wusste, welches seine Muttersprache war.

Kaum kamen wir nach der Woche wieder in Mainz an, gab es auch schon neue Probleme. Ich wollte mir unbedingt einen Job suchen und mein eigenes Geld verdienen, um nicht mehr von dem Taschengeld meiner Eltern abhängig zu sein. Für die meisten Jobs war mein Deutsch jedoch nicht gut genug. Aber ich hätte gerne als Kellnerin gearbeitet, damit ich die Sprache gelernt und Deutsche kennengelernt hätte, während ich sie bediente und beobachte, ohne dass sie mir zu nahetreten konnten oder ich viel hätte sagen müssen. Davon wollte mein Vater jedoch nichts wissen, denn seiner Meinung nach hätte es sich für die Tochter eines Landgerichtsdirektors nicht geschickt, eine einfache Verkäuferin zu sein. Intellektuell gesehen war er also ein Snob, aber er wollte natürlich auch, dass ich etwas tat, was langfristig für mich sinnvoll war. Ich dagegen tobte, weil er Verkäuferinnen so niedermachte. Meine Mutter versuchte wie immer, Frieden zu stiften, indem sie mir als Kompromiss einen Job in einer Boutique verschaffen wollte, doch auch das entsprach nicht den Vorstellungen meines Vaters. Das wiederum machte mich nur noch wütender, weil ich nicht einfach nur rumsitzen und nichts tun wollte. Das Ganze endete schließlich damit, dass mein Vater mir einen Studienplatz an der Universität Mainz besorgte, während ich in der Zwischenzeit Annoncen schaltete, um Schüler anzuwerben, die ihr Englisch aufbessern wollten.

Damit hatte ich tatsächlich Glück, denn zwei Personen meldeten sich. Einer war ein 12-jähriger Junge, dessen Familie in Kürze nach England ziehen sollte, weil sein Vater dort Arbeit gefunden hatte. Das Ziel seiner Eltern war es, dass er sich schnell in einer englischen Schule eingewöhnen würde, also redeten wir hauptsächlich über den Schulalltag in England. Seine Eltern waren liebe und gastfreundliche Leute, die mich stets zum Abendessen einluden, wenn wir mit dem Unterricht fertig waren. Meine andere Schülerin war eine Universitätsstudentin, die gerade ihre Dissertation über englische Literatur auf Englisch schrieb und daher mehr an den Feinheiten der englischen Sprache interessiert war. Wir trafen uns also in ihrer Wohnung und unterhielten uns bei einer Tasse Kaffee. Das war der schöne Teil an meinem Versuch, Frieden mit Deutschland zu schließen, und er war wichtig, weil er mich davor bewahrte, frühzeitig aufzugeben.

Denn die Englischstunden waren etwas, auf das ich mich zweimal in der Woche freuen konnte. Noch dazu brachten sie mir ein bisschen Geld ein, das mir wiederum mehr Selbstvertrauen gab und dafür sorgte, dass ich nicht ganz perspektivenlos war, denn meine Zeit an der Universität Mainz war eine totale Katastrophe.

Mein Vater hatte mir dabei geholfen, aus einem umfangreichen und schwer verständlichen Kurskatalog einige Kurse in deutscher und englischer Literatur auszuwählen. Anfangs freute ich mich darauf, Literatur zu studieren, und ging voller Erwartungen in die ersten Vorlesungen, doch sie fanden in riesigen Hörsälen statt, in denen mehr als hundert Studenten Reihe um Reihe an Sitzbänken füllten. Das schüchterte mich furchtbar ein, denn es war so anders als an der Universität in Reading, in der es zwar im ersten Jahr auch Vorlesungen mit annähernd so vielen Studenten gegeben hatte, aber eben auch kleinere Klassen und Tutorien, in denen man schnell neue Freunde finden konnte. Im Gegensatz dazu fühlte ich mich an der Uni in Mainz völlig isoliert, denn die Studenten kamen bereits in Gruppen in die Hörsäle, sodass niemand Notiz von mir nahm. Ich schämte mich wegen meiner schlechten Deutschkenntnisse und suchte deswegen nie das Gespräch mit meinen Kommilitonen. Außerdem konnte ich den Vorlesungen zur deutschen Literatur nicht folgen und verstand auch die relevante Fachliteratur aus der Bibliothek nicht. Also ging ich einfach nicht mehr in die Vorlesungen. Die Veranstaltungen zu englischen Literatur besuchte ich zwar noch ein wenig länger, aber der Professor sprach Deutsch auf einem Niveau, das zu hoch für mich war. Wenn er dann einmal aus einem Buch vorlas, konnte ich sein Englisch kaum verstehen, weil er einen starken Akzent hatte, der einfach schaurig klang und nicht zu ertragen war. So belegte ich dann auch diese Vorlesungen nicht mehr.

Neben diesen Kursen war ich noch für einen weiteren eingeschrieben, der für all diejenigen verpflichtend war, deren Muttersprache nicht Deutsch war. Das hätte eigentlich ein guter Ausgangspunkt für mich sein können, um Freunde zu finden, doch leider war auch diese Veranstaltung eine reine Katstrophe für mich. Ich war die einzige Studentin unter einem Dutzend Männer, die sich bereits kannten und größtenteils aus der arabischen Welt kamen. Die Dozentin, Frau Pöschmann, war eine resolute, herrische Frau, die mit ihrer Art bei den männlichen Studenten offenbar ankam und die sie gleichermaßen mochte.

Ich war vor allem deswegen sehr nervös, weil ich die Scherze, die meine Kommilitonen mit der Dozentin oder untereinander machten, nicht verstehen konnte. Wann immer Frau Pöschmann mich etwas fragte, versuchte ich, zu antworten so gut es ging, aber die anderen lachten mich immer sofort aus. Mit der Zeit gewann ich so den Eindruck, dass sie mich mit Absicht aufzogen, was ich aber über mich ergehen ließ, bis mir auffiel, dass stets eine antisemitische Note mitschwang und Frau Pöschmann die jungen Männer sogar dazu ermunterte und ihnen den Rücken stärkte. Ohne zu zögern verließ ich also den Unterricht, um nie wiederzukehren, und sagte auf Englisch zu Frau Pöschmann „Mit Ihnen und Ihrer Nazi-Horde werde ich meine Zeit nicht weiter verschwenden, Frau Hitler!“ Ich ging eigentlich davon aus, dass ich Ärger bekommen würde, aber ich hörte nichts mehr von ihr.

Ich ging also in keine Vorlesung mehr, traute mich aber natürlich nicht, meinen Eltern davon zu erzählen, was im Nachhinein eine schlechte Entscheidung war, aber ich schämte mich einfach zu sehr dafür. Obwohl ich Bernard lange Briefe schrieb, erwähnte ich auch darin nichts von Frau Pöschmann und ihrer antisemitischen Gruppe.

Als ich einmal zum Mittagessen in der Mensa war, einer fürchterlich unpersönlichen Halle, die man in keiner Weise mit der gemütlichen, einladenden Cafeteria in Reading vergleichen konnte, fragte mich ein Student auf Englisch, ob ich etwas dagegen hätte, wenn er sich neben mich setzen würde. Meine Augen leuchteten auf, als ich jemanden Englisch sprechen hörte, aber auch das brachte letztlich nichts, denn er kam aus dem Süden der USA und sprach, wie dort üblich, langsam und in monotonem Tonfall und zog die Vokale schrecklich in die Länge. Das nervte mich fürchterlich, und ich hätte seine Sätze am liebsten für ihn zu Ende gesprochen, was eigentlich schade war, denn er machte einen sehr sympathischen Eindruck. Und schließlich war er es auch, der mich in einen Kurs über amerikanische Literatur mitnahm.

Wir schlichen uns also zusammen in die letzte Reihe eines recht kleinen Seminars mit nur etwa 30 Studenten. Professor Galinsky war ein hervorragender Dozent, der mich so faszinierte, dass ich wie selbstverständlich begann, mich zu melden und ihm Fragen zu stellen. Und so behandelte er mich wie die regulär eingeschriebenen Studenten seines Kurses. Er hielt seine Vorlesungen in viel besserem Englisch als der deutsche Professor für englische Literatur und schaffte es, die Bücher, die er für den Kurs ausgewählt hatte, in so leuchtenden Farben zu schildern, dass ich die Zeit zwischen seinen Vorlesungen damit verbrachte, Huckleberry Finn oder andere Werke großer amerikanischer Autoren wie etwa Edgar Allan Poe, Herman Melville oder Walt Whitmann zu lesen.

Und dann platzte die Bombe! Mein Vater bekam einen Brief von der Universität Mainz, in dem stand, dass ich exmatrikuliert werden würde, wenn er keine triftigen Gründe nennen könnte, die meine Abwesenheit in der Universität während der letzten drei Monate erklären würden. Ich hatte nicht gewusst, dass Anwesenheitslisten geführt wurden, und war genauso überrascht wie meine Eltern, die jeden Tag gesehen hatten, wie ich morgens das Haus verließ und am späten Nachmittag wieder zurückkam. Auf ihre Fragen, wie es an der Uni so lief, hatte ich nur recht einsilbig geantwortet, aber sie hatten mitbekommen, dass ich regelmäßig Bücher mit nach Hause brachte und las, also schien für sie alles in Ordnung zu sein. Selbstverständlich erzählte ich ihnen dann alles, aber mein Vater war außer sich vor Wut, weil ich nicht schon früher etwas gesagt hatte. Er begriff einfach nicht, wie schwer es für mich war, ihnen von Erlebnissen, die für mich peinlich und erniedrigend waren, zu erzählen.

Also versuchte ich, ihnen zu erklären, dass ich mich auf Professor Galinskys Vorlesungen über amerikanische Literatur konzentriert hatte, doch da platzte meinem Vater endgültig der Kragen. Er sagte, es sei bekannt, dass Galinsky unter den Nazis Offizier gewesen war, der vor dem Krieg seine Fähigkeiten als Lehrer eingesetzt hatte, um seine Studenten mit NS-Ideologie zu indoktrinieren. Daher war es ihm nach dem Krieg auch untersagt, weiter zu lehren, und mein Vater nahm an, dass das die relativ geringe Anzahl an Studenten in seinem Seminar erklären könnte. Er schätzte, Galinsky hatte gar nicht bemerkt, dass ich nicht auf seiner Teilnehmerlisteliste stand, weil er wahrscheinlich keine führte. Warum Galinsky trotzdem unterrichtete oder ob mein Vater ihn vielleicht mit einem anderen verwechselte, weiß ich nicht.

Ich war sehr überrascht, das alles zu hören. Woher hätte ich denn wissen sollen, dass er eine NS-Vergangenheit hatte? Ich hatte ihn als inspirierenden Dozenten erlebt, der in seinen Vorlesungen keinerlei Bezüge zu den Nazis hergestellt hatte. Meinen Vater beruhigte das jedoch nicht, und auch ich wurde nun wütend und erzählte ihm von Frau Pöschmann und ihrer antisemitischen Gruppe. Das aber wollte er mir nicht glauben, denn seines Wissens nach hatte Frau Pöschmann einen guten Ruf als jemand, der vor allem ausländische Studenten immer sehr unterstützte. Mir hatte sie jedoch ganz und gar nicht geholfen. Also schrieb mein Vater dem Rektor der Universität einen Brief und beschwerte sich darin über Herrn Galinsky, der noch nicht einmal den Titel „Professor" hätte tragen dürfen. Und ich schrieb dem Rektor einen Brief, um mich über Frau Pöschmanns Kurs zu beschweren. Ob die Universität unseren Beschwerden nachgegangen ist, weiß ich nicht, weil ich wieder nach England fuhr, bevor wir irgendeine Antwort bekommen hatten.

Es zeichnete sich ab, dass mein Aufenthalt in Deutschland zu nichts führen würde, da sich meine Deutschkenntnisse nicht verbessert hatten und mein Widerstand aufgrund der ganzen Fehlschläge nur noch größer geworden war. Ohne mich halbwegs auf Deutsch verständigen zu können, konnte ich weder Vorlesungen besuchen noch eine Arbeit finden. Meine Eltern wollten zwar zunächst noch einen Privatlehrer für mich suchen, der mir Deutsch beibringen sollte, aber ich hatte genug von Deutschland und wollte einfach nur noch weg. In der ganzen Zeit hatte ich keine richtigen Freunde gefunden, und wie sollte ich noch jemandem vertrauen, nachdem sich der einzige Mensch, den ich an der Universität in Mainz gemocht hatte, als ehemaliger Nazi-Offizier und Betrüger entpuppt hatte?

Allerdings wollte ich meine beiden Schüler nicht im Stich lassen und blieb noch ein paar Wochen in Deutschland, um ihnen weiter zu helfen. Dann hatte ich irgendwann genug Geld für eine Fahrkarte nach London gespart, denn ich war zu stolz und zu wütend, um auch nur einen Pfennig von meinen Eltern anzunehmen. Leider hatte meine gute Absicht, meine Eltern und Deutschland besser kennenzulernen, in einem Debakel geendet.

Bernard wartete am Bahnhof in London auf mich und schmuggelte mich in sein Wohnheim an der Universität in Reading, wo ich für ein paar Nächte in dem Zimmer eines Studenten wohnen konnte, der aus irgendeinem Grund schon vor Semesterende nach Hause gefahren war. Es war ganz schön gewagt für eine junge Frau, gegen alle Regeln zu verstoßen und im Männerwohnheim zu wohnen, und Bernard wäre vermutlich eine Zeitlang suspendiert worden, wären wir erwischt worden. Er war zum Glück sehr verständnisvoll, und die paar Tage, die wir zusammen verbrachten, halfen mir sehr dabei, mich nach den ganzen Tiefschlägen und unangenehmen Erlebnissen in Deutschland wieder zu sammeln. Ich fand es schön, mich in einige seiner Vorlesungen über englische Literatur und Psychologie zu schleichen, und es war Balsam für meine Seele, wieder an der Universität in Reading zu sein, wo alle freundlich waren und ich keine Angst haben musste, dass der ein oder andere vielleicht eine Nazi-Vergangenheit hatte.

Kapitel 29
Kekse

Ich verbrachte also ein paar herrliche Tage in Reading, hatte aber so gut wie kein Geld mehr und musste deshalb möglichst schnell Arbeit finden. Versuchen wollte ich das in London und nicht in Reading, weil Bernards Eltern dort lebten und er nach seinem Abschluss auch wieder dorthin ziehen würde. Mir war nicht bewusst, dass Bernard seine Eltern gebeten hatte, sich ein bisschen um mich zu kümmern und darauf zu achten, dass es mir gut ging. Also schlug ich ihre Einladung, sie zu besuchen, aus, weil ich zu schüchtern war. Schließlich war mein Selbstvertrauen aufgrund meiner Erlebnisse an der Universität in Mainz und der Streitigkeiten mit meinen Eltern praktisch zerstört. Dennoch fuhr ich mit großen Hoffnungen nach London und bezog dort ein kleines möbliertes Zimmer in Maida Vale im Westen Londons, das ein Freund von Bernard für mich gemietet hatte, der mir netterweise auch die Kaution lieh. Insgesamt ging es 72 Stufen (ich habe nachgezählt) nach oben in einen kleinen Raum auf dem Dachboden eines großen, alten, viktorianischen Hauses, in dem gerade genug Platz für ein Bett, einen kleinen Schrank, eine Kommode, ein winziges Waschbecken sowie eine einzige Herdplatte war. Aber alles war sauber, und durch das Dachfenster kam genug Sonne, um den Raum hell und einladend erscheinen zu lassen. Dies sollte nun also solange mein Zuhause sein, bis Bernard und ich gerade einmal ein Jahr später heirateten.

Wie die meisten Teenager hatte ich ein idealisiertes Bild davon, was es hieß, erwachsen und unabhängig zu sein, wenn niemand einem mehr vorschreiben konnte, was man zu tun oder zu lassen hatte. Als es nämlich darum ging, einen Job zu finden und wirklich alleine zurechtzukommen, merkte ich, dass es in der Realität ganz anders aussah, als ich es mir vorgestellt hatte. Es war schwierig und frustrierend, und da ich stolz und starrköpfig war, kam ich mit der Situation nicht gut klar. So musste ich recht bald feststellen, dass mir mein Abschluss in Molkereitechnologie nicht zu einer Arbeit verhelfen würde, die mich auch tatsächlich interessierte. Ich hätte Laborleiterin in einer Molkerei werden können, was sich eigentlich recht gut anhörte. In der Realität bedeutete das aber, zu Zeiten zu arbeiten, die ein gesellschaftliches Leben eigentlich unmöglich gemacht hätten, weil man morgens von fünf bis neun Uhr und dann wieder abends antreten musste. Zur Vernachlässigung meiner sozialen Kontakte war ich aber mit meinen 22 Jahren nicht bereit. Außerdem konnte ich den beißenden Geruch der Chemikalien, die wir auch im Labor der Uni in Reading zur Fettbestimmung verwendet hatten, nicht ertragen, wobei das in der Molkerei aber Bestandteil meiner täglichen Arbeit gewesen wäre.

Der andere Job, für den ich mich bewerben konnte, war bei der Milchgenossenschaft, die mir ein Fahrzeug und die nötigen Gerätschaften zur Verfügung gestellt hätte, um Bauern, deren Milch nicht den Mindestanforderungen entsprach, zu zeigen, wie sie die Qualität verbessern könnten. So gern ich auch mit einem eigenen Fahrzeug von Hof zu Hof gefahren wäre, wusste ich nur zu gut, dass ich den Bauern nie hätte vorschreiben können, wie sie ihre Arbeit zu erledigen hätten. Außerdem wollte ich ja auch einen Job in London.

Was konnte ich also tun? Ich suchte in den Stellenanzeigen der Abendzeitung nach möglichen Arbeitgebern und schickte meine Bewerbung mit Lebenslauf an alle im weitesten Sinn geeigneten Firmen – insgesamt 30 Briefe! Als Antwort bekam ich aber nur Absagen, eine nach der anderen. Einmal hieß es, die Stelle sei bereits besetzt, ein anderes Mal fehlte mir angeblich die gewünschte Qualifikation, während es in einem Schreiben dagegen sogar hieß, ich sei überqualifiziert. Inzwischen hatte ich mein letztes Geld für Briefmarken ausgegeben und hatte nicht einmal mehr genug, um Bernard in Reading anzurufen, sondern konnte ihm nur eine Nachricht hinterlassen. Ich war hungrig, ganz alleine und am absoluten Tiefpunkt meines Lebens angekommen. Mein Vorrat an Brot und Butter war fast aufgebraucht, und zu allem Überfluss bekam ich eine Mittelohrentzündung. Ich wäre auf der Straße gelandet, wenn da nicht Bernards Freunde gewesen wären, die das Zimmer für mich gefunden hatten und mir das Geld für die Miete liehen. An meine Eltern konnte ich mich nicht wenden, da sie weit weg in Deutschland waren, und die Haltings wollte ich nicht um Hilfe bitten, seitdem unsere Beziehung dadurch belastet worden war, dass ich nach dem Abschlussball nicht mit ihnen auf den Bauernhof zurückgekehrt war. Ich hatte das Gefühl, als hätte ich alles, aber auch wirklich alles in meinem Leben in den Sand gesetzt. Zum

Glück gab es da allerdings noch Bernard – wenn ich diese Beziehung nicht auch noch kaputtmachen würde.

Da ich unbedingt eine menschliche Stimme hören musste, ging ich in die nächste Telefonzelle und wählte willkürlich irgendwelche Nummern, eine nach der anderen. Die Menschen am anderen Ende konnten jeweils gerade „Hallo" sagen, bevor die Verbindung unterbrochen wurde, weil ich kein Geld eingeworfen hatte. Diese Stimmen zu hören, half ein wenig, aber besser wären natürlich die Samariter gewesen, von denen ich damals allerdings noch nicht wusste, sonst hätte ich sie mit Sicherheit angerufen. Eine der Nummern, die ich wählte, war die von Bernards Eltern. Wahrscheinlich ließen sie die Anrufe zu der Telefonzelle in Maida Vale zurückverfolgen und vermuteten, dass sie von mir stammten, und erzählten Bernard davon. Er konnte mich jedoch nicht zurückrufen, da ich kein Telefon hatte, also kam er zu mir nach London. Ich war so glücklich, ihn zu sehen! Er nahm mich sofort mit zu seinen Eltern, die mir gleich einen Umschlag gegen die Mittelohrentzündung machten und Hühnersuppe für mich kochten, die unsagbar gut war – nicht umsonst wird sie jüdisches Penicillin genannt!

Am nächsten Tag brachte mich Bernard in meine Wohnung zurück, und wir schauten zusammen meine Post durch, in der sich ein Brief der Keksfirma Scribbans-Kemp befand, die mir eine Arbeit als Mitarbeiterin in der Forschungs- und Entwicklungsabteilung anbot. Ich konnte sofort anfangen, wenn es meine anderen Verpflichtungen zuließen. Man kann kaum glauben, dass sich das Blatt so schnell gewendet hatte. Aber es gibt ein treffendes Sprichwort: „Die dunkelste Stunde der Nacht ist auch die Stunde vor dem Sonnenaufgang". Bernard lieh mir also ein bisschen Geld, das mich über die Zeit hinüberretten würde, bevor er glücklich nach Reading zurückfuhr, weil er mich frohgemut und voller Vorfreude auf die Arbeit zurückließ. Obwohl ich mich nach außen optimistisch gab, war ich aber hin- und hergerissen und voller Selbstzweifel.

Es war nicht schwer, von meinem Zimmer zur Keksfabrik zu gelangen, denn ich musste einfach nur den Bus Nummer 16 nehmen. An der Fabrik angekommen, zeigte mir jemand den Weg zum Forschungstrakt. Vor lauter Nervosität war ich viel zu früh dran – es war noch nicht einmal offen. Also sperrte eine der Sekretärinnen die Räumlichkeiten für mich auf und zeigte mir, wo ich warten sollte. Ich mochte sie von der ersten Sekunde an, und auch die anderen 15 Mitglieder der Abteilung waren alle sehr freundlich, sodass ich mich schnell wie zu Hause fühlte und sich meine Sorgen in Luft auflösten.

Meine Hauptaufgabe bestand darin, einige komplizierte Tests an Verpackungsmaterialien und Verpackungen durchzuführen, um ihre Frischhalteeigenschaften zu bestimmen. Außerdem übersetzte ich gelegentlich deutsche Texte, die mit Keksen und Verpackungen zu tun hatten, und half Kollegen bei ihrer Arbeit.

Aber wie gewöhnlich schaffte ich es, in Schwierigkeiten zu geraten, da ich mich in einer der Kaffeepausen, die wir morgens und nachmittags immer hatten, unwissentlich an einen Tisch für Mitarbeiter ohne Universitätsabschluss gesetzt hatte, obwohl ich mich an einen für Akademiker reservierten Tisch mit Tischdecke hätte setzen sollen. Von einer solchen Trennung hatte ich jedoch nichts gewusst und protestierte auch dagegen, mich woandershin zu setzen, weil ich die Regelung für unsäglich dumm hielt. Später rief mich der Firmendirektor in sein Büro und erklärte mir, dass ich einige Leute mit meinem Protest verstimmt hätte. Und obwohl auch er die Trennung für unsinnig hielt, sagte er mir, dass ich mich als Neuling an die Regel zu halten habe, weil sie in den Augen der meisten Mitarbeiter durchaus sinnvoll sei.

Trotz der Zurückweisung lenkte ich einsichtig ein, weil er so verständnisvoll gewesen war. Insgesamt war er ein sehr entgegenkommender und umsichtiger Mensch. Als ich das nächste Mal zu ihm gerufen wurde, hatten einige Mitarbeiter anscheinend ihrer Sorge Ausdruck verliehen, dass mein üppiger Kekskonsum ungesund für mich sein könnte, weswegen er mir einen Vorschuss auf mein Gehalt anbot. Denn er hatte natürlich zurecht vermutet, dass ich nur deswegen so viele Kekse aß, weil ich knapp bei Kasse war. Schließlich hatte ich mein letztes Geld für eine Monatskarte für den Bus ausgegeben und hatte dementsprechend nichts mehr für Essen übrig. Der Vorschuss ermöglichte es mir dann, dass ich mir nach der Arbeit mit *Fish and Chips* selbst ein Geschenk machen konnte.

Es war auch Teil meiner Arbeit, in der Dunkelkammer einem anderen Mitarbeiter beim Entwickeln von Bildern zu helfen. In dem dunklen Schein einer Rotlichtlampe entwickelte ich in Schalen voller Chemikalien ganze Rollen von Umkehr- oder Diapositivfilmen, um Negative herzustellen. Diese Negative wurden dann zum Trocknen aufgehängt und später dazu verwendet, um auf mattem oder Hochglanzpapier Fotoabzüge zu machen. Ich kann mich nicht mehr erinnern, was auf den Bildern zu sehen war, aber ich war von dem Vorgang fasziniert. Nach einer Weile beherrschte ich das Entwickeln recht gut und fragte den Leiter, ob ich einige meiner privaten Aufnahmen entwickeln dürfe, und er stimmte zu. Ganz allein in der Dunkelkammer war ich so in meine Arbeit vertieft, dass ich jegliches Zeitgefühl verlor und erst bemerkte, dass es bereits 22 Uhr war, als ich fertig war und alles aufgeräumt hatte. Der Hausmeister hatte den Trakt aber bereits abgesperrt, was ich in der geschlossenen Dunkelkammer jedoch nicht gehört hatte. Also versuchte ich mein Glück an ein paar Fenstern, aber es schien unmöglich, nach draußen zu gelangen, und so fand ich mich mit dem Gedanken ab, die Nacht in der Dunkelkammer zu verbringen. Kaum hatte ich es mir in einer Ecke auf den weißen Laborkitteln der Akademiker und den brauen Kitteln der anderen Mitarbeiter bequem gemacht, da kam auch schon der Nachtportier, der die Lichter bemerkt hatte, die ich bei meinem Versuch, aus dem Fenster zu steigen, an- und ausgemacht hatte. Allerdings glaubte er mir meine Geschichte nicht, obwohl sie der Wahrheit entsprach, und rief trotz der Fotos, die ich ihm als Beweis zeigte, die Polizei. Die beiden Polizisten, die wenig später kamen, riefen dann den Direktor an und fragten ihn, ob er für mich bürgen könnte, was er tat, und so wurde ich in meinem zweiten Jahr im Streifenwagen nach Hause gebracht. Der Direktor war so nett, die Geschichte niemandem zu erzählen, da ich sonst einiges an Spott hätte ertragen müssen. Sogar Bernard musste lachen, als ich ihm alles erzählte.

Später war ich dafür zuständig, Geschmackstests zu leiten, bei dem ich einige Tafeln ähnlicher Schokolade oder ein paar Tüten derselben Kekssorte bekam, von denen ich jeweils zwei kleine Stücke nebeneinander auf zwei unterschiedliche Pappteller legte, die mit den Buchstaben A und B gekennzeichnet wurden. Manchmal mussten Mitarbeiter aus der Abteilung, manchmal die Arbeiter aus der Fabrik kommen und sagen, ob sie A oder B bevorzugten oder ob sie keinen Unterschied feststellen konnten, was ich dann in Tabellenform festhielt. Das machte mich neugierig, und ich wollte herausfinden, welchen Sinn die Tests eigentlich hatten.

Als ich einmal in die Fabrik geschickt worden war, um eine Gruppe von Arbeitern abzuholen und in den Forschungstrakt zu bringen, sah ich einige große Kisten mit der Aufschrift „gefrorene Eimasse aus China“. Eine Kiste war kaputt, sodass ich einen Blick hineinwerfen konnte. Es war tatsächlich gefrorene Eimasse darin, die grüne und schwarze Schlieren hatte! Ich war total entsetzt und begriff, was Sinn und Zweck der Geschmackstests war: Inwieweit konnte man die Inhaltstoffe von Keksen und Schokolade durch billigere Erzeugnisse ersetzen, ohne ihren Geschmack dadurch zu beeinträchtigen. Nach dieser Episode begann ich, mir die Frage zu stellen, ob ich so eine Arbeit tatsächlich machen wollte. Es hatte so viel Spaß gemacht, mit den Leuten in der Firma zusammenzuarbeiten, dass ich bis dahin gar keinen Gedanken daran verschwendet hatte, mir zu überlegen, welchem Zweck meine Arbeit eigentlich diente. Aber Bernard und ich hatten uns gerade erst verlobt, und ich war zu beschäftigt damit, die Hochzeit zu organisieren, als dass ich den Kopf dafür frei gehabt hätte, den Nutzen dessen, was mir als Arbeit aufgetragen wurde, zu hinterfragen.

Kapitel 30
Hochzeiten und Flitterwochen

Als Jugendliche war ich eine heimliche Romantikerin. Im Schulbus oder im Bett vor dem Einschlafen tauchte ich immer in eine Phantasiewelt ein und träumte dann vor allem von hübschen jungen Männern und Pferden. Ich las gerne Romane und war ganz süchtig nach Liebesgeschichten. „Stolz und Vorurteil", „Marsch durch die Hölle" und „Vom Winde verweht" waren meine Lieblingsbücher. Die romantischen Passagen, die mir am besten gefielen, las ich immer und immer wieder und schmachtete bei den Liebesszenen. Dabei stellte ich mir vor, dass ich Teil der Geschichte war und ein attraktiver junger Mann auf einem wunderschönen Pferd auf mich zugeritten kam und mir eine Liebeserklärung machte. Deshalb ist es sehr enttäuschend, dass weder Bernard noch ich uns an seinen Heiratsantrag erinnern können. Und Bernard interessierte sich noch nicht einmal für Pferde.

Als Studenten waren wir oft auf Partys, hatten an gesellschaftlichen Ereignissen teilgenommen und waren spazieren gegangen. Wir hatten über Literatur, Psychologie und Philosophie diskutiert, und ich glaube, Bernard und ich hatten ziemlich schnell begonnen, uns wie ein verlobtes Pärchen zu verhalten. Als er seinen Abschluss gemacht hatte und nach London zurückkam, erzählten wir allen, dass wir bald Verlobung feiern würden. Doch letztendlich feierten wir nicht nur einmal, sondern gleich dreimal: Die erste Feier organisierten Horace und Louis, Bernards beste Freunde aus der Schulzeit, mit denen wir regelmäßig Tennis spielten, für all unsere gemeinsamen Freunde. Die zweite fand in der Wohnung von Bernards Eltern statt, damit seine ganze Verwandtschaft mich kennenlernen konnte, und die dritte bei meinen Eltern in Deutschland.

Bernard hatte gerade eine Arbeit im Sozialamt angenommen, um etwas Geld zu verdienen, während er sich darüber klarzuwerden versuchte, was er als Nächstes tun sollte. Er wollte keinen unbezahlten Urlaub nehmen, doch da ich schon seit über einem halben Jahr in der Keksfabrik arbeitete, standen mir zwei Wochen bezahlter Urlaub zu. Also fuhr ich schon vor Weihnachten zu meinen Eltern nach Deutschland, und

Bernard sollte über die Feiertage nachkommen. Doch leider bekam er plötzlich Windpocken, weshalb er in England bleiben musste, und es war schon ein wenig seltsam, bei meinen Eltern ohne ihn Verlobung zu feiern.

Zu meinem Bedauern freuten sich meine Eltern ganz und gar nicht über unsere Heiratspläne. Sie waren entschieden dagegen, dass ich einen Juden heiratete, und wollten mir das Versprechen abringen, Christin zu bleiben. Ich erwiderte, dass mein Vater schließlich auch übergetreten sei, und mir dasselbe Recht zustehe. Zu dem Zeitpunkt dachte ich noch, er sei zum Christentum konvertiert, um meine Mutter heiraten zu können, die keine Jüdin war, und wusste nicht, dass er erst Jahre später übergetreten war. Und das nicht aus Überzeugung oder aus Liebe zu meiner Mutter, sondern vielmehr, um die Familie vor den Nazis zu beschützen.

Mein Aufbegehren verärgerte ihn und meine Mutter gleichermaßen. Martin machte schließlich alles noch schlimmer, indem er behauptete, das Christentum sei eine modernere Version des Judentums, und zu konvertieren wäre für mich ein Rückschritt ins Mittelalter. Voller Zorn entgegnete ich, es seien wohl eher die Christen, die noch im Mittelalter lebten, wenn sie den Juden die Schuld gaben, Jesus getötet zu haben, und Antisemitismus verbreiteten. Und waren die Nazis denn nicht auch Christen? Damit löste ich einen heftigen Streit aus.

Als ich wieder in London war, überlegten Bernard und ich, was das Beste für uns wäre. Da er sich auf sein akademisches Fortkommen konzentrieren wollte, beschlossen wir zu heiraten, noch bevor er im Oktober 1958 sein Studium aufnahm. Da wir gerade erst drei Verlobungsfeiern hinter uns hatten, waren unsere Freunde überrascht, als wir ihnen mitteilten, dass wir möglichst rasch heiraten wollten. Doch so schnell, wie wir es uns gewünscht hätten, ging es dann doch nicht, weil wir nicht damit gerechnet hatten, dass es so viele Probleme geben würde. Uns war nicht klar gewesen, wie lange es dauern würde, bis ich die Voraussetzungen für den Übertritt zum Judentum erfüllen würde.

Die Haltings waren hocherfreut über unsere Verlobung und boten uns an, den Hochzeitsempfang auf dem Bauernhof auszurichten. Bernard fand, es wäre nicht richtig, weil das eigentlich Aufgabe der Eltern ist. Also nahm ich mir noch einmal ein paar Tage frei und besuchte meine

Eltern an einem verlängerten Wochenende, die mich sehr aufgebracht empfingen.

Schließlich hatten sie unsere Verlobung einfach nicht ernst genommen. Bernard war der erste Freund, von dem ich ihnen erzählt hatte, und sie hatten nicht gedacht, dass unsere Beziehung lange halten würde. Sie waren sehr ärgerlich, dass wir „es so eilig hatten", und nahmen großen Anstoß daran, dass ich erwartete, sie würden das Hochzeitsfest ausrichten. Was das Fass dann zum Überlaufen brachte, war die Tatsache, dass ich mit den Vorbereitungen für den Übertritt zum Judentum bereits begonnen hatte! Mein Vater sagte, er wolle nichts, aber auch gar nichts mit der Hochzeit zu tun haben.

Ich war so wütend und aufgewühlt, dass ich Bernard anrief und ihm sagte, ich würde zu den Haltings fahren und ihr Angebot annehmen. Doch er war dagegen, weil er meinte, das würde alles nur noch schlimmer machen. Ich war zwar anderer Meinung, doch er überzeugte mich schließlich (was so gut wie immer der Fall war, wenn wir nicht derselben Meinung waren), indem er sagte „Hey, es ist doch auch meine Hochzeit!" Es war absolut richtig von ihm, mich daran zu hindern, die Beziehung zu meinen Eltern endgültig zu zerstören. Erst Jahre später fing ich an zu verstehen, was unsere Hochzeit für sie bedeutete. Damals hatten sie mir nicht erzählt, dass die Mutter meines Vaters, Clara, und die Mutter meiner Mutter, Emma, absolut gegen ihre Heirat waren und sich geweigert hatten, irgendetwas damit zu tun zu haben. Meine Eltern hatten schließlich ihre Hochzeit im Standesamt selbst organisiert und feierten mit einem mittäglichen Festmahl in einem Drehrestaurant über den Dächern Berlins, direkt im Fernsehturm mit Panoramablick über die Stadt. Mein Vater, so die Geschichte, fragte meine Mutter: „Warum willst du deine Eltern hier haben, wenn ich dir ganz Berlin zu Füßen gelegt habe?" Er hatte immer einen Sinn für Humor. Unsere Hochzeit muss für sie die Vergangenheit aufgewühlt haben, obwohl sie ihren Schmerz und die Enttäuschung die ganze Zeit verdrängt hatten. Oma Emma hatte 1932 nicht gewollt, dass ihre Tochter meinen Vater heiratete, weil man sich damals großer Gefahr aussetzte, wenn man mit Juden Umgang hatte. Und Oma Clara hätte es lieber gesehen, wenn mein Vater eine Jüdin geheiratet hätte. Als ich dann später Psychologie studierte, fing ich an zu verstehen, dass

Menschen oftmals nicht anders können, als eine für sie einst schmerzliche Situation zu wiederholen, wenn sie sich diesem Schmerz gedanklich vorher nie gestellt haben. Leider nahmen also meine Eltern unserer Hochzeit gegenüber dieselbe ablehnende Haltung ein wie einst meine Großeltern ihrer Hochzeit gegenüber, fast 30 Jahre zuvor.

Die Konvertierung meines Vaters zum Christentum im Jahre 1938 hatte es Martin und mir erleichtert, in England als Christen aufgezogen zu werden. Das ist vermutlich ein wichtiger Grund dafür, dass meine Eltern so aufgebracht waren, als ich vor unserer Hochzeit zum Judentum übertrat. Sie hatten vielleicht gehofft, ich würde es doch nicht tun oder ich würde meinen Mann überreden, überzutreten, so wie meine Mutter meinen Vater überredet hatte. Leider verstand nicht einmal mein Bruder, dass meine Identität bereits jüdisch war und mir der offizielle Übertritt wenig bedeutete, da Bernard und ich sowieso vorhatten, uns zusammen mit dem Judentum auseinanderzusetzen.

Wenn es Streit in der Familie gab, versuchte meine Mutter immer, Frieden zu stiften. Also brachte sie meinen Vater dazu, mir in Mainz ein Hochzeitskleid zu kaufen und als Hochzeitsgeschenk unsere Flitterwochen zu bezahlen. Doch sie waren nicht bereit, Geld zur Hochzeit selbst beizusteuern. Im Gegenzug musste ich mich bereiterklären, ein Wochenende mit meiner Mutter in einem christlichen Ferienheim zu verbringen, was ich auch tat. Es war ein sehr erholsames Wochenende, obwohl mein Deutsch noch nicht gut genug war, um viel zu verstehen. Es war mir ein Rätsel, warum mein Vater nicht mitgekommen war, denn die Tatsache, dass ich das Christentum nicht zu schätzen wusste, machte ihm zu schaffen. Damals empfand ich das Verhalten meiner Eltern einfach nur als völlig unverständlich, ohne zu merken, dass umgekehrt mein Verhalten für sie ebenso unverständlich gewesen sein musste.

Bernard und ich mussten also zusehen, wie wir unsere eigene Hochzeit organisierten. Seine Eltern wollten gerne eine richtige Hochzeit mit allem Drum und Dran und fanden es unerhört, dass meine Eltern sich weigerten, sich finanziell daran zu beteiligen. Sie wollten gerne ihren Teil beisteuern, hatten aber nicht das nötige Geld, zumal sie gerade erst viel für die Verlobungsfeier ausgegeben hatten. Sie wollten, dass wir noch ein oder zwei Jahre warteten, damit sie etwas zur Seite legen konnten, um uns finanziell zu unterstützen, aber wir wollten nicht warten. Das nächste Problem war, einen Saal zu finden, den wir uns mit unseren mageren Ersparnissen leisten konnten. Die zwei Sekretärinnen an meinem Arbeitsplatz nahmen mich unter ihre Fittiche. Die ältere war Jüdin und sehr verständnisvoll. Ihr Vater gab mir Nachhilfe in Judaismus, und sie selbst fand einen passenden Saal mit entsprechender Bewirtung im Londoner East End, wo das meiste billiger war als in anderen Stadtteilen Londons. Trotzdem musste ich mir noch etwas Geld leihen und war überrascht, wie hilfsbereit der Filialleiter meiner Bank war – er bewilligte die Summe, die wir brauchten. Bernard konnte keinen Kredit aufnehmen, weil er nur einen befristeten Arbeitsvertag hatte. Als seine Eltern sahen, wie besorgt ich war, weil wir so einen hohen Kredit aufgenommen hatten, sagten sie, bei jüdischen Hochzeiten sei es üblich, Geld zu schenken, und wir würden das meiste Geld wieder zurückbekommen. Leider war ihnen nicht klar, dass alle Gäste genauso knapp bei Kasse waren wie wir. Wir bekamen also nicht sehr viel zurück, aber wir waren jung und voller Vorfreude und machten uns deswegen keine Sorgen.

Es gab eine Unmenge zu tun. Wir mussten uns um die Kleider, Blumen, Taxen und die Speisekarte kümmern. Bernard wollte keine Junggesellenabschiedsparty feiern, und damals gab es noch keine Junggesellinnenabschiede, also mussten wir dafür wenigstens schon einmal kein Geld ausgeben. Der Brautführer und die Eltern der drei Brautjungfern waren sehr hilfsbereit – sie besorgten sich ihre wunderschönen Kleider selbst und zahlten auch dafür. Ich kann mich nur an einen kleinen Zwist mit Bernards Familie erinnern, als eine seiner Verwandten sagte: „Ohne geräucherten Lachs ist es keine richtige jüdische Hochzeit", und ich vorschlug, dann könne sie ja nach Schottland zum Angeln fahren, anstatt zu unserer Hochzeit zu kommen. Wie Bernard es geschafft hat, die Sache wieder geradezubiegen, weiß ich nicht, doch irgendwie hat er es hinbekommen. Ich hatte noch nie zuvor eine Hochzeit organisiert und wurde dementsprechend immer nervöser. Als wir 1990 die Hochzeit unserer Tochter organisierten, wusste ich dafür dann aber, wie es ging!

Normalerweise passiert bei jeder Hochzeit in letzter Minute noch etwas Unvorhergesehenes, was alle aus dem Konzept bringt. So war es ein großer Schock für uns, als meine Eltern kurz vor der Hochzeit beschlossen, nicht zu kommen. Außerdem hatte mein Vater Martin, der mit seiner Verlobten teilnehmen wollte, verboten, mich zum Altar zu führen. Ich war am Boden zerstört. Was mich besonders enttäuschte war, dass Martin nicht bereit war, mich zum Traualtar zu führen, nur weil mein Vater es ihm untersagt hatte. Bis dahin hatte ich mich immer darauf verlassen, dass Martin für mich da war und immer auf meiner Seite war. So fühlte ich mich unheimlich hintergangen.

Bernard tat sein Bestes, es wieder gut zu machen. Sein Onkel Morry, der gleich neben der Synagoge wohnte, war bereit, mich zum Traualtar zu führen, und bot den Brautleuten an, sich in seiner Wohnung zu sammeln. Seine Tante Josie war die wichtigste Stütze in Bernards Familie und klärte alle größeren Probleme. Zumindest verlief die Zeremonie anlässlich meines Übertritts, die kurz vor der Hochzeit stattfand, überraschend problemlos, und ich war endlich eine richtige Jüdin.

Dann kam endlich der große Tag im August 1958. Zum letzten Mal verließ ich mein kleines Dachbodenzimmer und trug meine paar Sachen, die ich bereits in zwei Koffer gepackt hatte, hinunter in ein Doppelzimmer im selben Haus, das unser erstes gemeinsames Zuhause werden sollte. Dann ging ich zu Tante Josies Wohnung, wo mein Hochzeitskleid bereits auf mich wartete, und frühstückte mit ihr und Onkel Morry. Ich hatte kaum Appetit, denn ich war sehr nervös und immer noch sehr aufgebracht wegen meines Bruders. Es war ein komisches Gefühl: Eigentlich wollte ich weglaufen und verschwinden so wie früher, wenn ich den Eindruck hatte, dass mir alles zu viel wurde.

Mein Hochzeitskleid saß ein bisschen locker, denn wegen der ganzen Aufregung und der Hektik bei den Vorbereitungen hatte ich abgenommen, und was ich ihm Spiegel sah, gefiel mir ganz und gar nicht. Tante Josie sagte aber, ich sei bildhübsch, was mich ein wenig aufmunterte. Dann kamen Bernards Cousins mit dem Brautführer und den drei Brautjungfern, die blaue Seidenkleider mit weißen Rüschen trugen und großartig aussahen. Als die Kinder mich mit ihren strahlenden Augen ansahen, begann ich, das Besondere des Anlasses zu spüren, und meine Panikattacke ließ nach. Gleich darauf kamen auch schon Martin und seine Verlobte Maria mit ihrem Koffer, um sich für die Hochzeit umzuziehen. Danach machte der Fotograf, ein weiterer Cousin von Bernard, einige Fotos, genauso wie Martin, der zu der Zeit gerade als Fotograf arbeitete. Tante Josie hatte zum Mittagessen Sandwiches gemacht und servierte Tee. Obwohl ich keinen Hunger hatte, schmeckten ihre Sandwiches köstlich und einige von ihnen waren sogar mit geräuchertem Lachs belegt, sodass auf meiner Hochzeit also doch nicht darauf verzichtet werden musste!

Als es Zeit für die Trauung war, schritten wir zur Synagoge. Tante Josie ging voraus, um mit Bernard und seinen Eltern unter der *Chuppa* zu warten. Die *Chuppa* ist ein Baldachin, der auf vier Säulen über der *Bimah*, einer erhöhten Plattform, auf der der Gottesdienst gehalten wird, aufgerichtet ist und das zukünftige Heim des Brautpaars symbolisiert. Der Chor sang meinen Lieblingspsalm, Psalm 23, während Onkel Morry mich zu meinem Platz neben Bernard unter der *Chuppa* führte. Bernards Eltern standen auf der einen Seite, Onkel Morry und Tante Josie auf der anderen, also dort, wo meine Eltern gestanden hätten, wenn sie gekommen wären. Dann hielt der Rabbi den Gottesdienst. Wir legten unsere Ehegelübde ab und tauschten die Ringe. Anschließend musste Bernard ein in Tücher eingewickeltes Glas zertreten. Als man das Glas zerbrechen hörte, rief die ganze Hochzeitsgesellschaft „mazel tov" – viel Glück. Dann durften Bernard und ich uns als Mann und Frau küssen. Was für ein wunderbarer Augenblick! Anschließend mussten wir uns ins Heiratsregister eintragen und bekamen vom Rabbi eine verzierte Schriftrolle überreicht, die *Ketuba*, eine in besonderer Handschrift verfasste jüdische Heiratsurkunde.

Abschließend wurde der Hochzeitsmarsch gespielt, während Bernard mich vom Altar und aus der Synagoge führte. Wir ließen ein paar Fotos machen und stiegen dann ins Taxi, das ganz und gar mit weißen Schleifen verziert worden war und draußen auf uns wartete, um uns zum Hochzeitsempfang zu bringen. Es war so groß, dass Bernard und ich, Maria sowie die drei Brautjungfern und der Brautführer genug Platz hatten. Plötzlich kam mir eine tolle Idee. Ich wollte zum Hyde Park fahren, der nur ein paar hundert Meter von der Synagoge entfernt war, um den Leuten zuzuwinken, wie es die Königin auch tat. Der Taxifahrer fand das auch gut und beschloss, in der Gegend um den Hyde Park herum und am Buckingham Palace vorbeizufahren. Auch die Brautjungfern und der Brautführer fanden die Idee großartig, und wir alle winkten den Leuten zu, die jubelnd zurückwinkten.

Da ich noch nie zuvor auf einer Hochzeitsfeier gewesen war, geschweige denn eine Hochzeit organisiert hatte, kam es mir nicht in den Sinn, dass die Braut und der Bräutigam die ersten auf der Feier sein sollten, damit sie ihre Gäste willkommen heißen können, und so kamen wir als letzte an! Bernards Eltern, Tante Josie und Onkel Morry hatten die Gäste schon ohne uns empfangen, und als wir ankamen, waren die belegten Schnittchen und die Sandwiches schon aufgefuttert und alle Gäste saßen bereits an den Tischen. Sie hatten gedacht, wir wären schon in die Flitterwochen aufgebrochen! Das Hochzeitsmahl und die Reden verliefen bestens, ebenso der Tanz danach. Alle hatten ganz eindeutig Spaß an der Feier.

Wir hatten allerdings nicht darüber nachgedacht, wie wir das Restaurant wieder verlassen sollten. Mein Chef, der auch zu der Hochzeit gekommen war, bot uns an, uns nach Hause zu bringen, und sagte mir, ich solle am nächsten Tag erst nachmittags zur Arbeit kommen. Also nahmen wir unser Hochzeitsfrühstück am nächsten Tag um die Mittagszeit in einem kleinen Lokal bei uns in der Nähe ein.

Eine Woche später machten wir uns auf den Weg in unsere Flitterwochen in einen italienischen Urlaubsort und verbrachten auf dem Weg dorthin noch ein paar Tage mit meinen Eltern im Taunus. Sobald wir erst einmal tatsächlich verheiratet waren, akzeptierten meine Eltern Bernard als meinen Ehemann und ihren Schwiegersohn. Sie hießen ihn in der Familie willkommen und lernten ihn sehr zu schätzen. Ihre plötzliche Zustimmung war eine totale Kehrtwende und kam mir zunächst seltsam vor, aber ich war froh, dass sie nicht nachtragend waren.

Und dann bezahlten meine Eltern unsere Flitterwochen in Italien, die sie für uns ausgesucht hatten. Das war ein etwas heikles Thema, da Bernard und ich eigentlich nach Ibiza gewollt hatten. Stattdessen fuhren wir also mit dem Zug nach Italien und kamen total müde in Milano Marittima, unserem Ferienort an der Adria, an. Der kilometerlange goldene Sandstrand und das blaue Meer waren zwar herrlich, allerdings gab es weder Hügel noch Bäume, weswegen die Gegend nicht besonders abwechslungsreich schien. Jedoch war uns auch klar, dass unser Geld nicht für einen Urlaub gereicht hätte und es für uns überhaupt keine Flitterwochen gegeben hätte, wenn nicht meine Eltern dafür aufgekommen wären. Und

Flitterwochen in Milano Marittima waren definitiv besser als gar keine Flitterwochen.

Unser Hotel stellte sich als kleine Pension heraus, und unser Zimmer war schon von einer jungen Frau belegt. Das Reiseunternehmen dachte, sie sei unsere Tochter, da ihr Nachname „Bergfeld“ unserem Namen „Barnett“ ähnelte. Da Fräulein Bergfeld sich nicht vom Fleck rühren wollte, wurden wir in ein anderes Hotel verlegt. Dieses Mal war es ein großes Hotel, und wir wurden in einer wunderbaren Penthouse-Suite mit traumhafter Aussicht untergebracht, ganz oben im fünfzehnten Stock. Letztendlich lief es also doch sehr gut für uns.

Dort verbrachten wir dann zwei sehr angenehme Wochen. Eines Nachts wütete ein besonders schweres Gewitter. Ich befürchtete, dass ein Blitz in unser Penthouse einschlagen könnte und bestand darauf, herauszufinden, ob es auf dem Dach einen Blitzableiter gab. Bernard fand zwar einen Angestellten, der Nachtschicht hatte, aber leider sprach der kein Englisch. Es dauerte eine ganze Weile, bis wir ihm durch Zeichnungen und wildes Gestikulieren mit Händen und Füßen klarmachen konnten, was wir von ihm wollten, aber letzten Endes schafften wir es. Der Nachtwächter rief also jemanden an, vermutlich den Manager, und sagte danach, es gebe „eine große Stock auf die Dach“. Danach gingen wir wieder auf unser Zimmer und bestaunten die Blitze, bis das Gewitter vorbei war. Zu der Zeit fühlte ich mich absolut sicher und war davon überzeugt, dass mein Mann jedes Problem der Welt lösen konnte.

Nach unseren zweiwöchigen Flitterwochen machten wir uns auf den Weg nach Bayern zur Hochzeit meines Bruders. Seine Verlobte, Maria, war eine von fünf Bauerntöchtern, und sie lebten in einer wunderschönen Gegend mitten auf dem Land. Als wir ankamen, wurden wir sehr herzlich begrüßt und verbrachten dann eine Nacht in einem der Bauernhäuser.

Jeder in dem Dorf war über drei oder vier Ecken mit allen anderen verwandt, daher war es Tradition, dass auf jeder Hochzeit das ganze Dorf erschien. Diejenigen, die ein großes Haus hatten, ließen die Gäste von auswärts bei sich wohnen. Das Dorf hatte große Ähnlichkeit mit Unterreitnau, wo ich 1949 nach meiner Rückkehr nach Deutschland mit meiner Mutter gelebt hatte. Das weckte eine ganze Menge unangenehmer Erinnerungen, aber ich hatte Bernard an meiner Seite, der mir versicherte, dass alles gut gehen werde. Ich konnte nicht umhin, mich zu fragen, was die Erwachsenen dort während des Krieges getan hatten. Hatten sie gewusst, was Hitler den Juden antat? Hatten sie das gutgeheißen oder hatten sie vielleicht sogar aktiv mitgemacht? Bernard brachte mich schließlich dazu, nicht mehr darüber nachzudenken, indem er sagte, es würde nur Martins Feier trüben, wenn ich mir weiter Gedanken darüber machte.

Während wir am nächsten Tag in aller Ruhe frühstückten, schauten immer wieder jede Menge Leute vorbei, um kurz zu plaudern und dann wieder zu verschwinden. Sie alle trugen bereits ihre nobelste Kleidung, und waren bereit für die anstehende Hochzeit. Da sich in dem Dorf jeder kannte wie in einer großen Familie, war es für alle ganz normal, überall ein- und auszugehen. Im Laufe des Vormittags versammelten wir uns alle in der Dorfmitte und stellten uns für den Gang zur Kirche in Reih und Glied auf. Ganz vorne, vor der Braut und dem Bräutigam, standen die Kinder und die Alleinstehenden. Da Bernard und ich noch nicht lange verheiratet waren, folgten wir direkt hinter dem Brautpaar. Hinter uns kamen all die anderen Eheleute, gefolgt von den Witwen und Witwern. Dann gingen wir alle voller Vorfreude und in bester Laune in Richtung Kirche.

Seit unserer Taufe kurz nach der Reichskristallnacht war Martin Christ geblieben, und in Marias Familie waren alle christlichen Glaubens. Der Gottesdienst war ganz anders als unserer, denn es gab weder eine *Chuppa*, noch musste Glas zertreten werden, aber die Kirche war ebenso prächtig geschmückt wie es unsere Synagoge gewesen war. Er dauerte auch länger, da der Priester eine lange Predigt hielt. Bernard und ich verstanden kein Wort davon, da der Pfarrer nicht nur deutsch sprach, sondern noch dazu einen starken schwäbischen Dialekt hatte. Es gab auch kein Heiratsregister, in das sich das Brautpaar hätte eintragen müssen, da in Deutschland die standesamtliche und kirchliche Trauung zwei verschiedene Sachen sind. Martin und Maria hatten schon einen Monat zuvor standesamtlich geheiratet, und zwar kurz vor Bernards und meiner Hochzeit. Darauf hatte mein Vater bestanden! Damals, im Jahr 1958, hätte niemand auch nur im Entferntesten daran gedacht, zuzugeben, vor der Ehe Sex gehabt zu haben. Denn Sex vor der Ehe war nicht nur eine Sünde, es war geradezu eine gesellschaftliche Schande. Mein Vater hätte es sich nicht nachsagen lassen, er hätte seinen Sohn und dessen Verlobte an einer Hochzeit in England teilnehmen lassen, ohne dass sie zumindest von Rechts wegen verheiratet waren.

Nachdem der Priester Martin und Maria vermählt hatte, küssten sich die beiden und führten die Hochzeitsgesellschaft wieder aus der Kirche, um sich für die Feierlichkeiten zu dem einzigen großen Gasthof des Dorfes zu begeben. Dieses Mal wurden die Kinder angewiesen, ganz hinten zu laufen. Eigentlich folgte jeder einfach dem Brautpaar, ohne dabei eine bestimmte Reihenfolge einzuhalten. Auch der Hochzeitsempfang war ganz anders als unserer. Die Eltern mussten die Gäste schließlich nicht empfangen, da sich ja alle kannten, und die wenigen Außenstehenden waren am Tag zuvor vorgestellt und begrüßt worden.

Man konnte sich an den langen Tischen hinsetzen, wo man wollte, nur an einem der Tische waren Sitzplätze für das Brautpaar und die Brauteltern reserviert. Anschließend wurde ein köstliches gutbürgerliches Mittagsmahl serviert. Nach dem Essen gingen die Gäste entweder eine Weile frische Luft schnappen oder setzten sich immer mal wieder auf einen anderen Platz, um hier und da etwas zu plaudern. Den ganzen Nachmittag konnte man sich an den belegten Broten, den Häppchen und Kuchen bedienen, bis dann abends erneut eine üppige Mahlzeit serviert wurde. Auch danach gab es Brot und Kuchen so viel man wollte. Bayerische Kuchen entsprechen so gar nicht den englischen Vorstellungen. Ganze Torten aus mehreren Lagen feinsten Biskuits, die mit schaumiger Buttercreme gefüllt waren, wurden auf den Tischen platziert, und die Gäste bedienten sich nach Herzenslust.

Die schiere Menge an Essen versetzte mich in Staunen. Deutschland hatte sich anscheinend besser vom Krieg erholt als England. Das erschien mir schrecklich ungerecht. Schließlich hatten die Deutschen solch schlimme Dinge getan und den Krieg verloren, und doch ging es ihnen besser als den Briten, die so viele Opfer gebracht hatten, um die Nazis zu besiegen. Und außerdem gab es immer noch Nazis, auch wenn sie es nicht zugaben.

Um Mitternacht verabschiedeten sich Martin und Maria, da sie sich auf den Weg in die Flitterwochen machten. Die verbrachten sie auch in Italien, allerdings in den Bergen im Norden des Landes. Am nächsten Tag war es Zeit für uns, in Richtung Heimat aufzubrechen. Eine traumhafte

Zeit ging zu Ende. Es war eine lange Reise – mit dem Zug vom Süden Deutschlands ganz hoch in den Norden, durch Belgien, dann mit der Fähre nach Dover und schlussendlich noch einmal mit dem Zug nach London.

Kapitel 31
Eine eigene Familie

Alle drei meiner Pflegefamilien lebten auf dem Land, weshalb ich im Laufe der Jahre die Vorstellung entwickelte, das Leben in der Stadt sei völlig anders, ja sogar seltsam. Ich liebte das Land – die Bäume in all ihren herrlichen Grüntönen, die Wiesen, die Bäche, die *Downs* und den frischen Duft der Natur. Wie würde ich je ohne die sanften Hügel leben können, die den Bauernhof schützend umgaben? Ich war fest davon überzeugt, dass ich nie in einer kalten, grauen Stadt mit asphaltierten Straßen leben könnte, wo die Menschen dicht zusammengedrängt in riesigen Häusern wohnten und die Luft verpestet war. Damals ahnte ich natürlich nicht, dass ich einen Großteil meines Lebens in einer der größten Städte der Welt verbringen würde, nämlich in London.

Vor unserer Hochzeit hatten Bernard und ich die Vorstellung gehabt, nach Amerika zu gehen, um weiter zu studieren. Wir bewarben uns für zahlreiche Stipendien. Amerika erschien uns so reizvoll – es war schließlich das Land der unbegrenzten Möglichkeiten. Und so träumten wir von einem wundervollen neuen Leben auf der anderen Seite des Atlantiks. Europa war immer noch sichtlich von den Kriegsjahren gezeichnet – zahllose zertrümmerte Gebäude und zerstörte Existenzen machten dies stets deutlich. Für viele Menschen war das Leben immer noch sehr hart. Auch ich war dabei, mein Leben neu zu gestalten, und versuchte immer noch herauszufinden, wer ich eigentlich war. Amerika verhieß also einen Neuanfang.

Schließlich bot man mir eine Stelle in der Forschungsabteilung für Mikrobiologie an der Universität Illinois an und Bernard wurde ein Stipendium für ein Master-Studium an einer Universität in Philadelphia in Aussicht gestellt. Doch die beiden Universitäten waren beinahe 1000 Kilometer voneinander entfernt, und wir wollten unbedingt zusammenbleiben. Unser Traum war also vorbei, bevor er überhaupt begonnen hatte. Mein ganzes Leben lang hatte ich Trennungen ertragen und mit Bernard wollte ich das auf keinen Fall noch einmal durchmachen.

Bernard fing irgendwann an, sich für Bildungspsychologie zu interessieren, und London war der beste Ort, um ein entsprechendes Studium zu absolvieren. Da er einen Studienplatz und ein Stipendium bekam, blieben wir also in London und ich arbeitete weiterhin in der Keksfabrik – bitter enttäuscht, unseren amerikanischen Traum begraben zu müssen. Später las ich jedoch in einer Zeitschrift, dass die Mikrobiologie-Abteilung in Illinois Botulinum entwickelt hatte, ein tödliches Gift aus Mikroben, das bei der biologischen Kriegsführung eingesetzt werden kann. Im Nachhinein war ich deshalb sehr froh, dass ich daran nicht beteiligt gewesen war.

Da ich mich weder besonders für Kekse interessierte – außer dass ich hin und wieder gern welche aß – noch eine Karriere in der wissenschaftlichen Forschung anstrebte, entschied ich mich, zu kündigen und mich nach einer Stelle als Lehrerin umzusehen. Ich bekam dann auch eine an der *Carlyle Girls School*, einem kleinen Gymnasium im vornehmen Stadtteil Chelsea mitten in London. Bernard war maßgeblich an dieser Entscheidung beteiligt gewesen, denn er wusste, dass die Arbeit mit Menschen genau das Richtige für mich war.

Dieser Schritt bedeutete eine große Veränderung, die meine eigentlichen Interessen widerspiegelte. Dazu wäre es natürlich viel früher gekommen, wenn ich auf meinen Vater und meine Schulleiterin gehört hätte und nicht Agrarwirtschaft, sondern Geisteswissenschaften studiert hätte. Mir wurde bewusst, dass ich mich sehr für Kinder interessierte, ihre Gesellschaft genoss und Spaß daran hatte, sie zu unterrichten.

Ich war für den Biologieunterricht an der gesamten Schule zuständig, aber unterrichtete nicht nur, sondern erstellte auch die Lehrpläne für alle Klassen und betreute die anderen Biologielehrer. Ich war also noch viele Stunden nach Unterrichtsschluss damit beschäftigt, alles vorzubereiten und die Hausaufgaben meiner Schüler zu korrigieren, aber ich arbeitete gerne hart für etwas, das mir wichtig erschien. Und Bildung war wichtig, das hatte ich von meinem Vater gelernt.

Besonders stolz war ich darauf, meine eigene Klasse zu haben. Sie waren damit MEINE Kinder, und mich interessierte alles, was sie machten. Ich hatte immer ein offenes Ohr für sie und ihre Probleme und stand ihnen zur Seite. Ein Mädchen, Naomi, machte oft Ärger, und ich half ihr mehrere Male aus der Klemme. Aber ich konnte nicht verhindern, dass sie wegen Spickens, was als Betrug angesehen wurde, von der Schule verwiesen wurde. Sie hatte einen Geschichtstest gefunden, den der Lehrer auf einer Tafel vorbereitet hatte, diesen abgeschrieben und an die ganze Klasse verteilt. Der Geschichtslehrer war empört, als die ganze Klasse alle Fragen richtig beantwortet hatte. Ich sah das Ganze allerdings nicht als Betrug. Im Gegenteil: Ich lobte Naomi dafür, weil sie so kameradschaftlich gewesen war und die Fragen an die Klasse weitergegeben hatte. Zumindest schaffte ich es, dass Naomi die Prüfungen mitschreiben durfte, und ich bereitete sie bei ihr zu Hause darauf vor.

Bernards Ausbildung zum Bildungspsychologen hatte inzwischen begonnen, und das bedeutete, dass wir mit meinem Gehalt auskommen mussten. Wir beschlossen also, noch drei Jahre zu warten, bis er einen Job bekommen würde, und erst dann ernsthaft über ein Baby nachzudenken. Sehr zu meinem Verdruss brachte Martins Frau Maria im Jahr 1960 eine Tochter zur Welt – meine Nichte Miriam. Das war lange, bevor Bernard und ich eine Schwangerschaft in Betracht ziehen konnten. Egal was ich auch tat, mein Bruder war einfach immer schneller. Er arbeitete immer noch als selbstständiger Fotograf in Mainz, und Maria war dort als Sekretärin tätig.

Meine Nichte war ein ausgesprochen hübsches Baby, und ich war sehr neidisch, als ich die Familie meines Bruders kurz nach der Geburt besuchte. Maria strahlte und war stolz wie eine Königin, wie sie so dasaß und von ihrer Mutter und ihrer jüngeren Schwester umsorgt wurde, die beide extra aus Süddeutschland angereist waren. Dank der großen Unterstützung, die Maria bekam, konnte sie schon nach wenigen Wochen wieder arbeiten.

Der Neid führte mir deutlich vor Augen, dass es Ereignisse gab, die nicht in meiner Macht standen. Trotz aller neu entdeckten Freiheiten und Verantwortlichkeiten war ein Teil von mir immer noch unsicher und ängstlich. Ich hatte nicht damit gerechnet, dass die Begegnung mit Maria und ihrem Baby, denen die gesamte Aufmerksamkeit galt, mein Selbstwertgefühl derartig erschüttern würde.

Dieses Gefühl sollte glücklicherweise nicht lange anhalten, denn einige Monate später wurde ich selbst schwanger. Ich hatte den Wunsch nach einem Kind verspürt, und da Bernard für das letzte Jahr seiner Ausbildung ein Stipendium bekam, waren wir der Meinung, jetzt sei der richtige Zeitpunkt gekommen. Der Sommer des Jahres 1961 war lang und heiß, und der Babybauch machte mir bei dieser Hitze schwer zu schaffen. Auf dem Weg zur Arbeit wurde ich in der U-Bahn sogar ein paarmal ohnmächtig. Manchmal konnten wir auch nicht schlafen, weil es in unserem Schlafzimmer zu heiß und stickig war. Bewaffnet mit Kissen und Decken machten wir uns dann bei Sonnenaufgang auf in Richtung eines nahegelegenen Parks und schliefen dort unter Bäumen.

Unser Sohn Bruce kam im Oktober 1961 um acht Uhr morgens im *University College Hospital* zur Welt, kurz bevor die Geburt künstlich eingeleitet werden sollte, weil er zwei Wochen zu spät dran war. Wir hatten uns für dieses spezielle Krankenhaus entschieden, damit Bernard und ich unser Baby gemeinsam auf dieser Welt begrüßen konnten. Denn damals war es eines von nur zwei Krankenhäusern, in denen die Anwesenheit der Väter bei der Geburt erlaubt war.

Bruce war sehr klein und zart, und wir staunten über seine winzig kleinen Fingerchen und Zehen, die alle einfach perfekt waren. Sein voller dunkler Haarschopf brachte uns alle zum Schmunzeln. Heute, rund 50 Jahre später, hat er immer noch diese dicken dunklen Locken und noch kein einziges graues Haar.

Als ich nachmittags Besuch bekam, fühlte ich mich wie eine Königin. Aber am nächsten Tag ging dann einiges schief. Meine Brüste waren angeschwollen und schmerzten, und Bruce wollte nicht gestillt werden. Die Station, auf der ich untergebracht war, war groß und laut – lauter Mütter mit ihren Kindern. Ich wurde unruhig und depressiv und konnte weder essen noch schlafen. Und wenn ich doch einmal eingeschlafen war, dann wurde ich von einer sehr ruppigen Schwester geweckt, die mir selbst ein Aspirin verweigerte. Als mich Bernard am nächsten Morgen besuchte, war ich nahezu hysterisch.

Als ich ins Krankenhaus gekommen war, war ich voller Vorfreude, Tatendrang und kerngesund, und als ich zehn Tage später entlassen wurde, war ich unsicher, nervös, dünn und depressiv. Bruce und ich holten uns beide einen Infekt und mussten Antibiotika nehmen. Für mich war klar, dass ich beim nächsten Baby auf keinen Fall wieder in ein Krankenhaus gehen würde. Die nächste Geburt würde eine Hausgeburt werden.

Ich wollte nicht wieder zur Arbeit gehen, sondern Bruces Kindheit genießen. Und es sollte nicht die Babysitterin sein, die seine ersten Schritte beobachtete oder seine ersten Sprechversuche miterlebte – wie er den Schmetterling „Schnepperding“ nannte oder „Fats“ statt „Saft“ sagte.

Es war allerdings gar nicht so einfach, ohne mein Gehalt nur mit Bernards magerem Stipendium auszukommen. Meine Mutter hatte versprochen, zu uns zu kommen und mich zu unterstützen, sobald das Baby zu Hause wäre. Als es allerdings so weit war, fühlte sie sich nicht gut genug, um nach England zu reisen. Meine Schwiegermutter, die gleich nebenan wohnte, wollte mir zwar unbedingt helfen, machte mich aber nur noch nervöser und unsicherer. Bruce hatte jeden Abend Blähungen und schrie mindestens zwei Stunden lang wie am Spieß. Ich fühlte mich hilflos, weil ich ihn nicht beruhigen konnte, und Bernard war genauso unsicher wie ich. Wir wechselten uns damit ab, das Baby in den Schlaf zu wiegen, und meistens stand er nachts auf und setzte sich neben das schlafende Kind, um sicherzugehen, dass es noch atmete.

Ein paar Wochen später bekam ich Besuch von einer Freundin mit ihrem Baby. Sie meinte, Bruce habe zu wenig Milch getrunken, sodass meine Milch versiegt war. Deshalb kochte und zuckerte ich verdünnte Kuhmilch. Bruce trank sie gierig und schlief dann tief und fest. Problem gelöst. Schön wär's gewesen, denn dann kam die Säuglingsschwester und sagte, ich dürfe Bruce keine normale Milch geben, sondern müsse ein spezielles Babymilchpulver verwenden. Aber Bruce mochte diese Milch nicht und bekam außerdem starken Durchfall, sodass wir mit ihm zum Arzt gingen. Weil er an Gewicht verloren hatte, gab mir die Ärztin das Gefühl, eine furchtbar schlechte Mutter zu sein, die nicht dazu in der Lage war, ihr Baby am Leben zu halten. Sie ordnete an, dass ich jeden Tag mit Bruce in die Praxis kommen müsse, um ihn wiegen zu lassen. Aber obwohl sie zweimal die Marke der Babymilch wechselte, konnte Bruce die Milch einfach nicht bei sich behalten.

Glücklicherweise kam die Freundin noch einmal vorbei, die mir zuvor schon geholfen hatte. Sie brachte mir ein speziell mit Vitamin D angereichertes Milchpulver aus Vollmilch und bereitete ein Fläschchen vor. Endlich hatten wir etwas gefunden, das Bruce mochte. Für den Fall, dass die Ärztin auch gegen diese Milch Einwände haben könnte, beschloss ich einfach, nicht mehr zu ihr zu gehen. Und von da an gedieh Bruce prächtig.

Als meine Mutter schließlich nach London kam, war Bruce sieben Monate alt und inzwischen schon ein bisschen pausbäckig geworden. Meine Mutter konnte gar nicht verstehen, weshalb ich in meinen Briefen und am Telefon so ein Theater gemacht hatte. Insgesamt war Bruce nämlich recht pflegeleicht. Wenn wir zu Freunden gingen, nahmen wir ihn in einer Art Babytrage mit, und wenn wir ins Kino gingen, ließen wir ihn bei Bernards Eltern.

Mein erster Neffe, Markus, kam im Februar 1962, nur fünf Monate nach Bruce, zur Welt. Unser zweiter Sohn, Barry, wurde im darauffolgenden Jahr geboren. Der Winter war streng und kalt, als ich mit Barry schwanger war, aber mein Babybauch hielt mich warm.

Es schneite, als wir im Januar von unserer Wohnung in ein kleines Haus in Twickenham im Südwesten Londons zogen, um in der Nähe von Bernards erster Arbeitsstelle als Bildungspsychologe zu wohnen. Als wir in dem kalten leeren Haus Feuer machten, tauten gefrorene Leitungen auf und wir hatten mit einem gewaltigen Wasserrohrbruch zu kämpfen. Alles in allem war der Umzug sehr anstrengend. Ich hatte ein sehr lebhaftes Kleinkind zu Hause, und die Geburt rückte immer näher. Ich glaube, Barry spürte, dass ich Erholung brauchte, und beschloss deshalb, einen ganzen Monat früher zur Welt zu kommen. Anstatt im Mai wurde er Anfang April geboren. Und mit ihm kam der Frühling.

Nach der furchtbaren Erfahrung, die ich bei Bruces Geburt im Krankenhaus gemacht hatte, organisierten wir dieses Mal eine Hausgeburt mit einer Hebamme, die wirklich ausgezeichnet war. Obwohl es mitten in der Nacht war, war sie innerhalb einer Stunde bei uns. Sie war sehr vertrauenerweckend, weil sie wusste, was sie tat, und hatte uns im Vorfeld außerdem sehr gut vorbereitet. Da Bernard bei Bruces Geburt dabei gewesen war, bezog sie ihn voll mit ein. Bei Barry dauerte es nur halb so lang wie bei Bruce, bis er auf der Welt war. Er war viel kleiner als Bruce und wog nur fünf Pfund, während Bruce beinahe acht Pfund auf die Waage gebracht hatte. Dieses Mal hatte das winzige Bündel einen goldenen Haarschopf.

Nichts konnte Barry aufwecken, bis er bereit war aufzuwachen – nicht einmal der Lärm, den Bruce mit seinen Spielsachen machte. Später bescherte er uns jedoch viele schlaflose Nächte. Wir waren einfach nur froh, zwei gesunde und glückliche Jungs zu haben.

Mein zweiter Neffe, Martin Bernd, kam im Jahr darauf im September zur Welt und unsere Tochter Tania im Februar 1965. Mit Tania waren es nun sechs Cousins und Cousinen, die bis heute über den Ärmelkanal hinweg in Kontakt geblieben sind. Als ich mit Tania schwanger war, war ebenfalls Winter; dieser war jedoch glücklicherweise mild. Wie Barry kam auch Tania einen ganzen Monat zu früh zur Welt – sie wurde in den frühen Morgenstunden des 17. Februar geboren. Die Hebamme kam gerade noch rechtzeitig, aber Bernard und ich hatten uns selbst um beinahe alles kümmern müssen. Auch Tania wog fünf Pfund; sie war pausbäckig und einfach perfekt! Ihre dichten Haare waren weder golden noch dunkel, sondern irgendetwas dazwischen. Am nächsten Morgen war sie hellwach, als wir sie ihren Brüdern vorstellten. Sie streckte ihnen die Zunge heraus, worüber die beiden lachen mussten. Wir nannten sie Tania Louise Rose – nach ihren beiden Großmüttern.

Nun hatten wir also drei Kinder unter vier Jahren, und das war sehr anstrengend. Wir wohnten am Ende einer Sackgasse. Jeden Tag lief ich dieselbe Straße hoch zum Einkaufen oder zum Park. Tania saß im Kinderwagen, und die zwei Jungs saßen Rücken an Rücken auf einem Teetablett über dem Kinderwagen. Ich hatte nur eine halbautomatische Waschmaschine und musste viel hieven und tragen. Es gab keine Einwegwindeln, und die Frottee- und Mullwindeln mussten vor dem Waschen gekocht werden. Jeder zweite Tag war also Waschtag. Wenn eines der Kinder krank war, kam Bernard in der Mittagspause nach Hause, damit ich einkaufen gehen konnte. Wenn ich zum Arzt musste, fuhr Bernard uns alle vier mit dem Auto dorthin. Für den Fall, dass die Wartezeit lang war, nahm ich ausreichend zu Essen und zu Trinken und genügend Spielsachen mit. Dann musste ich mit den drei Kindern und einem Kinderwagen mit dem Bus nach Hause fahren.

Als Bruce vier war, mussten seine Mandeln entfernt werden. Ich dachte sofort an die schlechte Erfahrung, die ich im Krankenhaus gemacht hatte, als man mir im Alter von zehn die Mandeln entfernt hatte, und erkundigte mich, ob ich Bruce ins Krankenhaus begleiten könne. Der Arzt sah mich an und sagte: „Mit zwei Kleinen zu Hause sollte man meinen, Sie wären froh, ihn eine Woche los zu sein." Bruce bekam es mit der Angst zu tun, und Bernard war wütend und sagte dem Arzt, er sei wohl nicht ganz bei Trost, so etwas zu sagen. Bruce war ein ängstliches Kind, und wir brachten es einfach nicht über das Herz, ihn eine Woche lang allein im Krankenhaus zu lassen.

Dann fand ich heraus, dass ein Krankenhaus in London es zuließ, dass Mütter ihre Kinder ins Krankenhaus begleiteten. Also meldeten wir uns dort an. Bernards Mutter kam und half ihm dabei, sich um Barry und Tania zu kümmern. Die Zeit im Krankenhaus mit Bruce war eine sehr interessante und wertvolle Erfahrung, und ich konnte ihm alles so erklären, dass er es auch verstand.

Als Bruce wieder zu Hause war, trat ich einer Vereinigung bei, die sich für das Wohl von Kindern in Krankenhäusern einsetzte. Viele Jahre lang sprach ich mit Elterngruppen darüber, warum es von Vorteil war, kleine Kinder ins Krankenhaus zu begleiten oder sie zumindest jeden Tag zu besuchen. Ich besuchte auch Krankenhäuser, um mit Schwestern auf Kinderstationen und mit Krankenhausleitern zu sprechen. Einige Jahre später mussten auch Barrys Mandeln entfernt werden, und ich begleitete auch ihn ins Krankenhaus.

Das größte Problem war, dass auch Tania gerne einmal mit Mami ins Krankenhaus gehen wollte, allerdings mussten ihre Mandeln gar nicht entfernt werden. Bruce und Barry waren stolz darauf, schon einmal im Krankenhaus gewesen zu sein, und machten es Tania sehr schwer, indem sie ihr erzählten, was für eine tolle Zeit sie gehabt hatten.

Unser Haus war klein und ich fühlte mich beengt. Hinter dem Haus war ein kleiner Hof, auf dem die Kinder allerdings nicht einmal spielen konnten. Ich ging also jeden Tag mit ihnen nach draußen, wenn das Wetter nicht zu schlecht war. Bernard hatte die Vorstellung, ich könnte die Füße hochlegen, wann immer ich wollte, und ich glaubte, er könnte sich gemütlich bei einer Tasse Tee mit seinen Kollegen austauschen, wann immer er Lust dazu hatte. Aber so war es nicht – weder bei ihm, noch bei mir.

Bernard arbeitete viel, und ich war den ganzen Tag allein und sehnte mich nach der Gesellschaft Erwachsener. Ich versuchte, mich mit anderen Müttern aus der Umgebung anzufreunden, aber ich schaffte es nicht. Immer schrie eines der Kinder oder brauchte etwas, und nie hatte ich Zeit für mich. Ich kam nicht einmal mehr dazu, die Zeitung zu lesen.

Manchmal war ich so frustriert, dass ich glaubte, explodieren zu müssen. Es war, als würde ich den Verstand verlieren. Niemand kann sieben Tage in der Woche arbeiten und dann auch noch die ganze Nacht im Dienst sein. Was ich brauchte, war ein freier Abend. Bernard war einverstanden, und so meldete ich mich für einen Schneiderkurs am Mittwochabend an. Es war, als ob ich eine andere Welt betreten würde: zehn Frauen und eine Lehrerin, sehr höflich und gelassen, alle redeten leise miteinander, niemand heulte oder schrie! Ich lernte das Schneidern, was sehr nützlich war, aber darum ging es gar nicht so sehr. Wichtig war, dass ich mich in Gesellschaft erwachsener Leute befand. Ich verstand mich besonders gut mit einer Kursteilnehmerin, deren Tochter so alt war wie Tania, und die zwei Mädchen wurden später gute Freundinnen. Ich dehnte den zweistündigen Kurs aus, indem ich mich davor mit meiner Freundin auf eine Tasse Tee und einen Schwatz verabredete, und manchmal unternahmen wir auch danach noch etwas. So kam ich wieder zu Verstand. Wenn mir alles zu viel wurde, konnte ich die Tage bis zum nächsten Mittwoch zählen, denn ich wusste, da würde ich wieder auf andere Gedanken kommen.

Als Tania gerade ein Jahr alt war, Barry zwei und Bruce vier, zogen wir in ein größeres Haus im Londoner Stadtteil Wembley. Es befand sich an einer Straßenecke, und man konnte von dort aus in fünf verschiedene Richtungen gehen, nicht mehr nur in eine wie im vorigen Haus. Wenn das Wetter schlecht war, hatten die Kinder im Haus genügend Platz, um zu spielen, und für schöne Tage gab es einen großen Garten, in dem oftmals auch andere Kinder aus der Nachbarschaft beim Spielen dabei waren.

Am ersten Tag, den wir in unserem neuen Haus verbrachten, liefen wir einer Freundin von der Universität in Reading in die Arme, die inzwischen Mutter zweier Kinder war. Durch sie erfuhr ich von einer Mutter-Kind-Gruppe, deren Mitglieder sich morgens mitsamt ihren Kindern zum Kaffeetrinken trafen und Pläne fürs Babysitten erstellten, sodass jeder an ein paar Abenden ausgehen konnte. Das Leben war schön und wurde immer noch besser.

Kapitel 32
Lehrerin und Psychotherapeutin

Von kurz vor der Geburt unseres ersten Sohns Bruce bis zu dem Zeitpunkt, an dem unser drittes Kind Tania mit der Schule anfing, arbeitete ich nur von Zuhause aus. Es war schwierig, mit nur einem Gehalt über die Runden zu kommen, besonders nachdem wir in das größere Haus gezogen waren und eine hohe Hypothek abzuzahlen hatten. Doch es gab einiges, was ich tun konnte, um Geld zu sparen. Ich hatte eine Nähmaschine und eine Strickmaschine und so fertigte ich Pullover, Schlafanzüge und Mäntel für die ganze Familie an und für Tania und mich passende Kleider aus demselben Stoff. Kinderkleidung war teuer, und auf diese Art konnten wir einiges sparen. Die meisten Kinder unserer Freunde mussten Kleidung tragen, aus der ältere Geschwister oder andere Kinder herausgewachsen waren, doch unsere Kinder hatten neue Kleidung, die ich selbst gemacht hatte.

Während der vier Jahre, in denen wir in Wembley wohnten und bevor ich wieder zu unterrichten begann, strich ich unser gesamtes Haus sowohl innen als auch außen neu, und auch das sparte Geld. Manchmal halfen auch die Kinder mit. Im Haus strich ich ein Zimmer nach dem anderen, während die Kinder schliefen, sodass die Farbe am nächsten Morgen getrocknet war.

Ich konnte sogar selbst noch ein bisschen Geld verdienen, indem ich zweimal im Jahr Abschlussprüfungen korrigierte, wobei ich dabei manchmal ein Baby auf dem Schoß sitzen hatte, das ich in den Schlaf wiegte. Außerdem bereitete ich mich in meiner Freizeit darauf vor, die Zulassungsprüfung für den Lehrberuf abzulegen. Normalerweise schaffte ich es, morgens eine Stunde dafür zu lernen, bevor die Familie wach wurde, und dann noch einmal eine Stunde am Abend, wenn die Kinder im Bett waren. Ein Jahr bevor ich es eigentlich geplant hatte, begann ich dann wieder zu unterrichten, um unser Einkommen aufzustocken.

Ich nahm also eine Vollzeitstelle als Lehrerin für naturwissenschaftliche Fächer an der örtlichen Schule, der *Wembley Junior High School*, an, einer Schule für Jungen und Mädchen zwischen 11 und 13 Jahren. Es war gleichzeitig Tanias erstes Schuljahr, und es war mir wichtig, sie in der Mittagspause immer zum Essen nach Hause zu holen, denn das hatte ich für die beiden Jungs auch getan. Doch das bedeutete, dass ich jeden Tag fast einen Kilometer zwischen meiner Schule, ihrer Schule und unserem Haus hin und her hetzen musste, und dann wieder zurück. Nach einem Monat hatte ich ein paar Kilo abgenommen und war am Ende meiner Kräfte.

Bernard machte sich Sorgen um mich und kaufte einen alten, sehr günstigen grünen *Triumph Herald*, der für die Strecke zwischen unseren Schulen perfekt war. Wir nannten ihn unser „grünes T" und behielten ihn viele Jahre. Später kauften wir dann einen VW-Bus und reisten damit quer durch Europa.

Am allerersten Tag, an dem ich mit dem Auto zur Schule fuhr, schlug ich die Autotür hinter mir zu und verriegelte das Schloss – dabei lag mein Schlüssel noch im Auto. Ich brach in Panik aus, bis es dem Sportlehrer gelang, das Schloss zu knacken und meine Schlüssel aus dem Auto zu holen. Tania konnte ein Jahr lang Zuhause zu Mittag essen, bevor sie, wie die beiden anderen auch zum Mittagessen in der Schule blieb. Wir stellten dann eine füllige, mütterliche Dame an, die wochentags für eine Stunde kam, um den Kindern am Nachmittag nach der Schule eine Mahlzeit zu bereiten, sodass ich ein bisschen länger in der Schule bleiben konnte.

Die *Wembley Junior High* war ganz anders als das Mädchen-Gymnasium, an dem ich zuvor unterrichtet hatte. Die große Umstrukturierung der britischen Schullandschaft hatte gerade erst begonnen, als ich 1969 anfing dort zu unterrichten. Die traditionellen Gymnasien vor Ort und die neueren weiterführenden Schulen wurden zusammengeschlossen und in „Gesamtschulen" umbenannt. Die Regierung hatte die Meinungen von Lehrern und Schülern ignoriert, und es gab kaum Erklärungen, Schulungen oder finanzielle Mittel für all die Neuerungen und dementsprechend schwerwiegende Probleme.

Ich musste also meiner Arbeit nachgehen, während das Schulgebäude renoviert und vergrößert wurde. Es war äußerst chaotisch und es kam mir vor wie ein endloser Hindernislauf, wenn ich Gruppen von Kindern an Bauarbeitern und Malern vorbei zu ihrem Klassenzimmer bringen musste. Man hatte nie die Gelegenheit, die Schüler richtig kennenzulernen, da sie die Schule nach zwei Jahren schon wieder verließen, um eine weiterführende Schule zu besuchen. Die Schule erweckte also eher den Eindruck eines Übergangslagers. In den zwei Klassenstufen gab es jeweils zehn Klassen.

Meine Naturwissenschaftsklassen waren nach Fähigkeiten eingeteilt. Die schlauesten Schüler waren in der A-Gruppe, die schwächsten in der E-Gruppe. Der Leiter der Fachschaft unterrichtete die zwei A-Gruppen, und da ich noch nicht lange an der Schule war, bekam ich die zwei E-Gruppen, eine D-, zwei C- und eine B-Gruppe. In der B-Gruppe benahmen sich die Schüler angemessen, doch in den unteren Gruppen wurde das Verhalten zunehmend schlechter, und die beiden E-Gruppen waren ein Albtraum. Ich konnte ihnen nichts beibringen, da sie sich dem Unterricht verweigerten. Ich unterrichtete auch zwei Geografie-Klassen, die von den Fähigkeiten her gemischt waren, und in jeder Klasse saß einer der zwei Schüler aus meinen E-Gruppen, die sich am schlechtesten verhielten. Allerdings war ihr Verhalten in den Geografiestunden relativ anständig, und sie waren durchaus bereit, etwas zu lernen.

Ich sprach mit jedem dieser vier Kinder unter vier Augen und fragte sie, warum ihr Verhalten in den zwei Fächern so unterschiedlich sei. Sie sagten alle mehr oder weniger das gleiche: Geografie sei interessant und Naturwissenschaft langweilig. Als Antwort entgegnete ich ihnen, dass sie den Naturwissenschaften gar keine Chance gäben, interessant zu sein, weil sie nie aufpassten.

Mir war klar, dass sie sich schämten, in die E-Gruppe eingestuft worden zu sein, und ich sprach sie darauf an. Ich sagte ihnen, dass ich sie nicht für dumm halte, sondern vielmehr wütend über diese Einstufung sei, da gemischte Klassen viel besser seien. Sie gaben mir Recht, und ich versprach ihnen, den Leiter der Fachschaft der Naturwissenschaften darauf anzusprechen. Doch der rückte nicht von seiner Ansicht ab, dass Naturwissenschaftsklassen aufgeteilt werden müssten. Zumindest willigte er aber ein, dass sich die E-Gruppen nicht an den Lehrplan zu halten brauchten. Also zeigte ich ihnen interessante naturwissenschaftliche Filme und brachte sie sogar manchmal dazu, Fragen zu stellen und über die Themen zu diskutieren. Dies stellte zwar ein Problem für die anderen

Naturwissenschaftsklassen dar, die meine zwei E-Gruppen beneideten, weil sie Filme schauen durften, doch gleichzeitig stärkte es auch das Selbstbewusstsein der Kinder in den E-Gruppen, zu wissen, dass sie etwas hatten, um das die anderen Kinder sie beneideten. Als ich diese Kinder ein bisschen besser kennenlernte, machte es mich traurig, dass ihr Leben im Vergleich zu den anderen Kindern sehr armselig war. Sie trugen eine Menge Wut und Verbitterung mit sich herum, was sie davon abhielt, sich für das, was sie taten, zu interessieren oder sogar Spaß daran zu haben.

Während dieses ersten Jahres an der *Wembley Junior High* musste ich vor einem Gutachter eine Lehrprobe ablegen. Ich legte es so, dass er in meiner Naturwissenschaftsstunde mit der B-Gruppe anwesend sein würde, da ich überzeugt war, dass sich diese Gruppe angemessen verhalten würde. Ich hatte den Kindern von dem Besucher erzählt und bereitete den Unterricht sorgfältig vor. Am Morgen stellte ich ihnen dann den Gutachter vor und sorgte dafür, dass er einen bequemen Platz hatte. Die Stunde hatte kaum begonnen, als ich merkte, dass sich im Klassenzimmer Unaufmerksamkeit breitmachte, und plötzlich rief ein Junge: „Fräulein, Kevins Maus ist entwischt!“ Und tatsächlich flitzte eine Maus über einen Tisch, sauste kreuz und quer an den Bunsenbrennern und anderen Apparaten vorbei und sprang dann auf den nächsten Tisch, begleitet vom Kreischen der Schüler.

Ich rief der Klasse zu, sie sollten alle ihre Bunsenbrenner ausschalten und dann einfach ganz stillsitzen. Dann wies ich Kevin an, seine Maus zu fangen und zu mir zu bringen. Als sich alle ruhig verhielten, war die Maus nicht mehr so verängstigt und ließ sich leicht von Kevin einfangen. Ich wusste, dass im Vorbereitungsraum ein Karton mit Papier war, holte ihn, leerte ihn aus und setzte die Maus hinein. Außerdem machte ich ein paar Luftlöcher in den Deckel, polsterte den Karton mit ein paar Zetteln aus und legte der Maus ein Stück von meinem Pausenbrot hinein, während ich der Klasse gleichzeitig erklärte, was ich machte. Dann diskutierten wir ungefähr 20 Minuten über Haustierhaltung, wobei die Schüler zu dem Schluss kamen, dass die Schule ein angsteinflößender Ort für Haustiere sei und es deshalb grausam sei, sie mit in die Schule zu bringen. Kevin erklärte sich dann freiwillig dazu bereit, seine Maus in der Pause nach Hause zu bringen, und versprach, sie auch nie wieder mit in die Schule zu nehmen.

Zu dem Zeitpunkt hatte ich den Gutachter komplett vergessen und passte meine Unterrichtsplanung hektisch an die verbleibende Zeit an, denn wir hatten eine halbe Stunde verloren. Am Ende der Stunde waren die Schüler mit Schreiben beschäftigt, während ich ein Auge auf die Maus hatte, damit sie nicht aus dem Karton entkommen konnte. Ich schickte Kevin mit seiner Maus ein paar Minuten vor Unterrichtsschluss los, nachdem ich ihm einen Entschuldigungszettel ausgestellt hatte. Als ich dann die Stunde beendet hatte, erklärte ich dem Gutachter, dass die ganze Maus-Geschichte es mir unmöglich gemacht hatte, mich an meinem Unterrichtsplan zu halten, und bat ihn um eine zweite Chance. Doch er sagte, dies sei nicht nötig, da es eine realistische Unterrichtsstunde gewesen sei und ich gezeigt hätte, dass ich in der Lage sei, mich an die jeweilige Situation anzupassen. Er verlieh mir sogar eine Auszeichnung für die Stunde. In meiner theoretischen Prüfung schnitt ich zwar nicht ganz so gut ab, doch immerhin konnte ich meine Ausbildung zur Lehrerin erfolgreich abschließen.

Im folgenden Jahr erkannten die Behörden vor Ort an, dass die zweijährigen *Junior High Schools* nicht funktionierten, und bestimmten, dass die Kinder bis zum Alter von 18 oder 19 Jahren auf der Schule bleiben sollten. Der Rektor entschied sich dazu, die Schule in vier sogenannte Häuser einzuteilen, und ich wurde zur Vorstehenden eines der Häuser ernannt. Damit war ich für alle Kinder in meinem Teil der Schule verantwortlich, die Schwierigkeiten hatten.

Wann immer es möglich war, bestellte ich deren Eltern nach der Schule zu mir. Denn hinter den Schwierigkeiten ihrer Kinder steckten oft Probleme zwischen den Eltern. Ich fungierte also immer mal wieder als Eheberaterin und verwies Eltern mit Beziehungsproblemen an die örtliche Eheberatungsstelle. Dadurch wurde jedoch mein Interesse an Therapie geweckt, und ich wurde für einen Kurs für Schulpsychologen zugelassen, doch mein Rektor unterstützte meinen Antrag auf eine einjährige Versetzung nicht. Er sagte, er wolle keinen Schulpsychologen, sondern brauche mich als Vorstand für mein Haus, weil ich da gute Arbeit leistete. Als er meinen Antrag im nächsten Jahr zum zweiten Mal abgelehnte, nahm ich eine Stelle an der *Mountview High School* in Harrow im Nordwesten Londons an, nachdem ich sieben Jahre an der *Wembley Junior High* unterrichtet hatte.

An der *Mountview High* war es meine Aufgabe, die internen und externen Prüfungen der Schule zu organisieren. Während der zwei Jahre, die ich dort unterrichtete, entschied ich mich, einen Kurs als Eheberaterin zu machen, was letztendlich dazu führte, dass ich Konrektorin an der *Reynolds High School* in Acton im Westen Londons wurde, wo ich für die Belange der Angestellten und der Schüler verantwortlich war. Diese Arbeit war viel interessanter als die Vorbereitung von Prüfungen.

Ich arbeitete also mit den Eltern von Kindern, die Schwierigkeiten hatten, und mit Lehrern, die persönliche Probleme hatten. Dabei waren meine Kenntnisse als Eheberaterin äußerst hilfreich. Ich konnte die Referendare unterstützen, die der *Reynolds High School* zugeteilt worden waren, sowie neue Lehrer in der Probezeit. Da ich mich noch gut an die Schwierigkeiten erinnerte, die ich selbst mit den E-Gruppen an der *Wembley High* gehabt hatte, stellte ich sicher, dass sie vernünftige Klassen und Hilfestellung im Umgang mit den schwierigeren Schülern bekamen. Zu meiner Überraschung gefiel es den meisten Lehrern, vor allem den älteren, für die Disziplin alles war, überhaupt nicht, dass ich die jungen Kollegen unterstützte. Sie nannten es „Verweichlichung“ und waren der Meinung, neue Lehrer sollten ins kalte Wasser geworfen werden, so wie man es mit ihnen auch gemacht hatte. Wenn die Neuen ohne dieses Verhätscheln nicht in der Lage seien, den Kopf über Wasser zu halten, sollten sie nicht unterrichten, so ihre Überzeugung. Doch ich war anderer Meinung.

Insgesamt war ich in vielem anderer Meinung als meine Kollegen. Zum Beispiel beschwerte sich der Leiter der Fachschaft Mathematik darüber, dass Kinder aus seinem Unterricht geholt wurden, um an Musikproben teilzunehmen. Er sagte, das mache sie undiszipliniert und fördere schlechtes Benehmen. Die Schule hatte eine hervorragende Blaskapelle, die jeden Morgen bei der in britischen Schulen üblichen Versammlung der Schüler und Lehrer spielte, und ein Orchester, das am Ende des Schuljahrs Konzerte gab. Ich argumentierte, dass es kein besseres Mittel gäbe, Selbstdisziplin zu lernen, als zusammenzuarbeiten und gemeinsam Musik zu machen.

Oft prangerte ich auch sexistisches Verhalten an. So weigerte ich mich zum Beispiel, die Vorstellung zu akzeptieren, dass es „Mädchenfächer“ und „Jungenfächer“ gab. Meiner Meinung nach sollten alle Fächer sowohl

Jungen als auch Mädchen gleichermaßen zugänglich gemacht werden. Mein Lieblingsfach war „Kindesentwicklung". Es war nicht schwer, die Jungs von dem Nutzen des Fachs zu überzeugen, denn ich erzählte ihnen, dass sie wahrscheinlich innerhalb der nächsten zehn bis fünfzehn Jahre Väter werden und sich deshalb bald für das Thema interessieren würden. Also war ich auch anderer Meinung, wenn Lehrer oder Eltern meinten, „Kindesentwicklung" sei für Mädchen und „richtige Prüfungen" seien für Jungs. Denn Kinder könnten es um einiges besser haben, wenn ihre Eltern in der Schule etwas über die Entwicklung von Kindern gelernt hätten.

Auch wenn es um Bestrafungen ging, war ich anderer Meinung. Ich war in meiner Kindheit oft genug bestraft worden, um zu wissen, dass das nichts bringt. Die Schläge, die ich als kleines Mädchen fürs Bettnässen bekommen hatte, hatten überhaupt nichts genützt – ganz im Gegenteil. Auch als Strafarbeit Sätze schreiben zu müssen, hatte mich nur geärgert und frustriert, und zusätzliche Hausaufgaben hatten lediglich dazu geführt, dass ich sowohl den Lehrer als auch das Fach hasste. Deshalb habe ich in meiner gesamten Zeit als Lehrerin auch nie eine Strafarbeit gegeben, in der Sätze abgeschrieben werden mussten.

Es ist viel besser, klare Regeln vorzugeben und klare, sinnvolle Konsequenzen, wenn die Regeln gebrochen werden. Die anderen Lehrer schickten Kinder, die sich schlecht verhalten hatten, immer zu mir und erwarteten, dass ich sie bestrafen würde. Doch das tat ich nicht. Stattdessen redete ich mit ihnen darüber, was Verantwortung bedeutet. Manchmal flehte mich ein Kind an: „Fräulein, warum können Sie mich nicht einfach bestrafen?" Und ich antwortete dann, sie seien nur darauf aus, dass ich ihr schlechtes Benehmen durch eine Strafe auslösche, damit sie keine Verantwortung dafür übernehmen müssten und stattdessen losziehen und genau dasselbe wieder machen könnten. Manche Kinder verstanden, was ich damit meinte, manche aber auch nicht.

Mein Ziel war es, die Übeltäter dazu zu bringen, etwas zu tun, womit sie das wiedergutmachen konnten, was durch ihr Verhalten Schaden genommen hatte. Zum Beispiel kann eine Entschuldigung eine beschädigte Beziehung wieder kitten, und Schmierereien können entfernt werden. Ich hatte zwar nicht immer Erfolg, doch war es den Versuch für diejenigen wert, die dadurch in ihre Verantwortung hineinwachsen konnten. Einer meiner größten Misserfolge hatte mit einem Bewährungshelfer zu tun, der einen Jungen zu mir brachte, der bei seinem Wochenendjob in einem Schuhladen 10 Paar Schuhe für seine Freunde gestohlen hatte. Der Bewährungshelfer wollte, dass der Junge als Strafe Prügel bekam. Doch davon hielt ich nichts und sagte ihm das auch. Der Bewährungshelfer wiederum sah keinen Sinn darin, dass der Junge das Geld für die gestohlenen Schuhe von seinem Taschengeld abstottern sollte, denn er sagte, der Laden hätte Diebstähle bereits in sein Budget mit eingerechnet.

Die Lehrer hatten oft auch mit ihren eigenen Schwierigkeiten zu kämpfen. Depressionen und Krankheitsausfälle waren ein großes Problem, was auch wieder Auswirkungen auf die Schüler hatte. Die Schüler hassten es, wenn sie von Vertretungslehrern unterrichtet wurden, und den Lehrern war es genauso zuwider, ihre Korrektur- und Vorbereitungszeit opfern zu müssen. Sie konnten ihre Probleme im Vertrauen mit mir besprechen, was ihnen half, selbst Lösungen für ihre Situation zu finden.

Die Fälle, die am schwierigsten zu lösen waren, waren Feindseligkeiten zwischen Schülern untereinander oder zwischen Schülern und Lehrern. Ich hatte das Gefühl, dass es für manche außerordentlich schwierig war, sich darauf zu einigen und damit zu leben, dass sie verschiedene Meinungen hatten. Manche hatten nur wenig Selbstbewusstsein und konnten nicht klein beigeben, ohne dass sich das für sie wie ein totaler Gesichtsverlust anfühlte. Sie hatten nie gelernt, nachzugeben oder sich zu entschuldigen, da dies als Schwäche gesehen wurde. Also baute ich eine Einheit in den Unterricht ein, wie man Meinungsverschiedenheiten beilegen kann. Ich ließ zum Beispiel den Leiter der Berufsberatung Filme zeigen, nach denen wir eine hitzige Diskussion führten, in die wir auch, wann immer möglich, die Schüler mit einbezogen. Am Ende der Stunde einigten wir uns darauf, dass wir einfach unterschiedliche Meinungen hatten, und verabschiedeten uns dann im Guten. Meist beobachteten die Schüler die Situation ganz gespannt und erstaunt. Für manche war es das erste Mal, dass sie gesehen hatten, wie streitende Erwachsene ihre Schwierigkeiten lösten, ohne gewalttätig zu werden.

Einer der Hauptgründe für Stress an der *Reynolds High School* war der Konflikt zwischen dem Rektor, der die Prügelstrafe an der Schule auslaufen lassen wollte, und denen, die daran festhalten wollten. Es hatte für mich den Anschein, dass diese Lehrer tatsächlich ihren Ärger auf den Rektor an den Schülern ausließen, wenn sie die Schüler schlugen. Natürlich hatte das Prügeln keine Besserung des Verhaltens zur Folge, sondern verstärkte den unterdrückten Ärger nur noch, der regelmäßig in Schlägereien auf dem Schulhof nach oben kochte.

Die Auswirkungen, die dies auf die Lehrer und die Schüler hatte, zu sehen, deprimierte mich. Ich unterstützte mehrere Lehrer dabei, woanders einen Job zu finden, und merkte, dass auch ich an meine körperliche und seelische Gesundheit denken musste. Da ich mir einfach nicht vorstellen konnte, diesen Stress noch zwanzig Jahre lang auszuhalten, unternahm ich zu diesem Zeitpunkt die ersten Schritte auf dem langen und teuren Weg, Psychotherapeutin zu werden.

Nicht lange nachdem ich eine entsprechende Ausbildung angefangen hatte, wurde die *Reynolds High School* mit zwei anderen örtlichen Schulen zusammengelegt und in *Acton High School* umbenannt. Viele Lehrer mussten sich an anderen Schulen bewerben, und ich war froh, dass man mir eine Stelle als stellvertretende Schulleiterin an der *Greenford High School* anbot. Ich hätte zu diesem Zeitpunkt mit dem Unterrichten aufhören können, doch obwohl ich meine Psychotherapie-Ausbildung abgeschlossen hatte, hatten wir Schulden und laufende Ausgaben, die es mir unmöglich machten, auf mein volles Gehalt als Lehrerin zu verzichten.

Die Konrektorenstelle an der *Greenford High School* war schon eine ganze Zeit nicht besetzt gewesen, und die Stimmung war genauso schlecht wie der akademische Anspruch niedrig war – solche Zustände hatte ich noch an keiner Schule vorgefunden. Das Verhalten der Schüler war das schlimmste im ganzen Stadtviertel. Die Schüler stammten aus insgesamt drei unterschiedlichen Kulturkreisen, zwischen denen es wenige Berührungspunkt gab: Asiaten und Menschen mit afro-karibischem Hintergrund trafen auf weiße Nationalisten aus dem rechten Flügel der Gesellschaft.

Alle drei Gruppen standen auf Kriegsfuß miteinander. Die abendlichen Kneipenkämpfe der Eltern wurden einfach am nächsten Morgen von ihren Kindern in der Schule weitergeführt. Die Lehrer, von denen viele äußerst engagiert und auch kompetent waren, waren von den Reibereien und den Feindseligkeiten ausgelaugt, und die Abwesenheitszahlen von Lehrern und Schülern waren gleichermaßen sehr hoch. Viele Schüler, die aus anderen Schulen der Umgebung geflogen waren, landeten an der *Greenford High*.

Außerdem schwappte der Kampf, der gerade zwischen der Lehrergewerkschaft und der Regierung ausgetragen wurde, auch auf die Schule über. Die Lehrer weigerten sich, abwesende Kollegen zu vertreten, und es wurde Teil meiner Aufgaben, Aushilfslehrer zu organisieren. Wenn es nicht genug Aushilfslehrer gab, mussten wir die Schüler nach Hause schicken; doch die meisten gingen dann nicht nach Hause, sondern lungerten auf der Straße herum und richteten allerlei Unheil an, weshalb es viele Beschwerden über ihr Verhalten gab.

Ich vermisste also die *Reynolds High School*, wo ich das Gefühl gehabt hatte, gute Arbeit zu leisten, obwohl es oft auch nicht einfach gewesen war. Aber ich war dazu entschlossen, meine Gesundheit nicht aufs Spiel zu setzen, und nur das Wissen, dass ich bald gehen konnte, ließ mich diese zwei letzten Jahre meiner Lehrerkarriere durchstehen, die ein ziemlicher Albtraum waren.

Kapitel 33
Psychotherapie und die 50-Jahr-Feier des Kindertransports

Obwohl ich den Lehrberuf immer geschätzt hatte, wusste ich, dass ich auf Dauer nicht in der Lage sein würde, den enormen Stress und die Hektik des Berufsalltags zu meistern. Mir wurde klar, dass ich mich darauf vorbereiten musste umzusatteln. In allen Schulen, in denen ich gearbeitet hatte, sah ich Lehrer, die den Kopf nur über Wasser halten konnten, indem sie krankfeierten. Und viele fehlten tatsächlich öfter in der Schule, als dass sie anwesend waren, während andere aufgerieben waren und in Depressionen verfielen. Ich begann also meine vierjährige Grundausbildung zur Psychotherapeutin noch während ich Lehrerin war.

Die Ausbildung war intensiv, aber auch äußerst anregend. Dreimal die Woche konnte ich im Rahmen einer persönlichen Psychotherapie den Alltagsstress an der Schule vergessen, mich entspannen und mir neue Denk- und Gefühlsmuster zu eigen machen. Es gab lange Übungssitzungen – zwei Abende pro Woche im Zentrum für Psychotherapie in *Swiss Cottage* im Nordwesten Londons –, aber mit einer Gruppe gleichgesinnter Kollegen zusammen zu sein, war die Mühe wert.

Nach zwei Jahren Ausbildung durfte ich selbst die ersten Patienten übernehmen und tat das anfangs vor der Schule in der Sakristei einer Kirche in Ealing, während ich die Notizen, die ich gemacht hatte, später am Tag ins Reine schrieb und mit meinen Ausbildern besprach. Nach dem Ende meiner Ausbildung therapierte ich auf diese Art noch fünf Jahre lang Patienten, bis ich es mir leisten konnte, meine Stelle als stellvertretende Schulleiterin aufzugeben.

Ich verließ die *Greenford High School* zu einem günstigen Zeitpunkt, denn der Rückgang der Anzahl schulpflichtiger Kinder in der Gegend bedeutete niedrigere Einschreibezahlen, sodass manche Lehrer entlassen werden mussten. 1986 kündigte ich freiwillig und bekam eine gute Rentenentschädigung, die einen Teil meiner finanziellen Einbußen wettmachte. In den darauffolgenden zwei Jahren fing ich an, bei uns Zuhause eine eigene Praxis aufzubauen, inklusive Sprechzimmer. Unsere drei Kinder waren erwachsen und entweder an der Universität oder anderswo als Zuhause. Darüber hinaus verdiente ich noch etwas Geld durch Privatunterricht für Kinder, die der Schule verwiesen worden waren oder aus anderen Gründen nicht am Unterricht teilnehmen konnten.

Ich hatte vier solcher Schüler: Annie, ein 15-jähriges Mädchen, das gerade Mutter geworden war, war eine davon, die nicht in der Lage war, die Schule zu besuchen. Sie litt an Platzangst, weshalb sie wahnsinnige Angst davor hatte, das Haus zu verlassen. Außerdem war sie angespannt, wenn sie mit ihrem Baby zuhause war. Eigentlich sollte sie für ihre Prüfung zur Mittleren Reife lernen, doch dazu war sie einfach nicht in der Lage. Zweimal die Woche besuchte ich Annie Zuhause, und uns beiden machten diese Besuche Freude. Ich plauderte mit ihr und zeigte ihr, wie sie mit ihrem Baby spielen sollte, und zusammen hatten wir viel Spaß mit dem Kleinen. Ich sagte ihr auch, was für eine gute Mutter sie sei und wie wichtig sie für das Baby sei. All das baute ihr Selbstbewusstsein auf, sodass sie zwischen meinen Besuchen ein bisschen lernen konnte. Gegen Ende des Jahres machte sie sogar mit dem Baby Spaziergänge, nicht nur, wenn ich dabei war, sondern auch alleine. Sie konnte also rausgehen und ihre Prüfungen ablegen und sie bestand sie alle. Es war sehr erfreulich, ihren Fortschritt zu sehen.

Meine drei anderen Schüler waren keine solchen Erfolgsgeschichten. Es waren Jungen aus der Grundschule, die unter elf waren und die von mehr als einer Schule geflogen waren, weil ihr Verhalten eine Gefahr für andere Kinder darstellte. Für den ersten, Mickey, wurde bald ein Platz in einem Internat gefunden, weswegen er nur vier Monate lang zu uns nach Hause kam. Der zweite, Johnny, kam über ein Jahr zu mir. Er steckte oft in Schwierigkeiten und schien die Polizei doch zu bewundern. Vielleicht suchte er nach einer Vaterfigur, da er in seiner Familie keine hatte. Er genoss seine Ausflüge zur Polizeiwache und erzählte mir alles darüber. Es machte uns Spaß, gemeinsam Geschichten zu lesen, und Johnny machte genügend Fortschritte, um die Chance zu bekommen, eine normale weiterführende Schule zu besuchen, als er elf wurde. Ich hatte Angst, er würde es nicht schaffen, ohne wieder in Schwierigkeiten zu geraten, und kontaktierte deshalb die Schule, bevor das Schuljahr anfing. Er betonte, er würde Hilfe brauchen, um zurechtzukommen. Ein paar Jahre später traf ich ihn auf der Straße wieder – da war er gerade in einem Heim für schwer erziehbare Jungs gewesen.

Der dritte Junge, Ganwan, war erst neun und sehr klein und schmächtig. Seine Familie bestand aus acht Erwachsenen, die kurz zuvor aus Afrika nach England gekommen waren. Da er anderen Kindern gegenüber gewalttätig war, hatten alle örtlichen Schulen ihn abgewiesen. Ich wusste genau, wie Ganwan sich fühlte, da ich wusste, wie es war, ein Flüchtlingskind zu sein. Als ich gegen meinen Willen nach Deutschland geschickt worden war, hatte ich mich auch strikt geweigert, zur Schule zu gehen.

Als ich ihn bei sich zu Hause besuchte, stellte ich fest, dass kein Mitglied seiner Familie Englisch sprach. Also musste Ganwan, der die Sprache ein wenig beherrschte, für mich dolmetschen. Sie hatten eine winzige Wohnung, und es war unmöglich, eine ruhige Ecke zu finden. Also nahm ich ihn mit in unser Haus, und von da an kam er regelmäßig zweimal die Woche zu mir, was mich überraschte, da er es nicht zuließ, dass ich ihn unterrichtete. Aber er saß gern auf dem Boden und las Geschichten mit mir. Ich fand nie heraus, wie er Englisch gelernt hatte, oder sonst etwas über seinen Hintergrund. Es war ihm ganz offensichtlich nicht möglich, jemandem zu vertrauen. Ich fragte mich, welche schrecklichen Dinge er wohl in seinem Heimatland gesehen und erlebt hatte. Oft schlief er sehr schnell ein, und ich deckte ihn dann mit einer Decke zu und weckte ihn erst, wenn es für ihn Zeit war, nach Hause zu gehen.

Weil ich mit ihm nicht weiter wusste, nahm ich Kontakt zu einem Bildungspsychologen auf, der ein Kollege meines Mannes gewesen war. Er sagte mir alles, was er über Ganwan wusste, und meinte, der Junge sei in einem Gemütszustand, der es unmöglich machte, ihn zu unterrichten. Er war müde, weil er nächtelang auf der Straße Fahrräder stahl, und er hatte auch begonnen, Autos zu stehlen. Über diesen Bildungspsychologen wurde ich zu einer Sitzung eingeladen, auf der Vertreter unterschiedlicher Organisationen und Fachrichtungen Ganwans Zukunft besprechen sollten. Sowohl der Psychologe als auch ich plädierten dafür, ihn in ein therapeutisches Internat zu schicken. Der Vertreter der örtlichen Behörden sagte nur, das sei zu teuer, aber ich machte ihm deutlich, dass acht Jahre in einem solchen Internat weit weniger kosten würden als ein ganzes Leben im Gefängnis. Doch mir wurde gesagt, dass das Innenministerium und nicht die örtlichen Behörden für einen Gefängnisaufenthalt aufkommen müsse. Leider habe ich nie erfahren, wie es mit Ganwan weiterging.

1989, drei Jahre nachdem ich die *Greenford High School* verlassen hatte, hatte ich mir dann eine private Psychotherapiepraxis aufgebaut. Im Juni desselben Jahres organisierte eine entschlossene und unternehmungslustige Dame namens Bertha Leverton, die selbst den Kindertransport mitgemacht hatte, eine Wiedersehensfeier für die Kinder, die im Rahmen dieser Rettungsaktion mit ihr nach England gekommen waren. Ein Freund hatte sie in einer Radiosendung gehört und erzählte mir davon. Das Wort „Kindertransport" sagte mir zwar überhaupt nichts, aber aus Neugier rief ich Bertha an. Sie erzählte mir, das Treffen sei für all diejenigen, die als Kinder vor den Nazis nach England geflohen waren und während des Krieges von ihren Eltern getrennt waren. Sie sagte, ich müsse kommen, und Bertha war niemand, der ein „Nein" akzeptierte!

Ungefähr 1000 frühere Kindertransportkinder trafen sich zwei Tage lang in einer großen Sporthalle in Harrow. Reden wurden gehalten und es gab Darbietungen auf dem Podium, doch größtenteils saßen wir an Tischen und teilten unsere persönlichen Geschichten miteinander, während wir aßen und tranken. Ich war erstaunt, von so vielen Erfahrungen zu hören – manche den meinen ganz ähnlich, manche ganz anders. Jede Geschichte war einzigartig und jede einzelne ließ mich erkennen, wie wenig ich tatsächlich über meine eigene Geschichte wusste. Bis zu jenem Treffen war mir nicht klargewesen, dass außer meinem Bruder und mir noch andere Kinder als Flüchtlinge nach England gekommen waren, und hier saßen nun auf einmal tausend von uns zusammen. Erst jetzt erfuhr ich, dass insgesamt rund 10000 Kinder von der britischen Regierung gerettet wurden. Endlich erkannte ich meinen Platz in der Geschichte – ich war Teil einer wundervollen Rettungsaktion.

Doch selbst dieses Wissen über den Kindertransport war belastet von großer Trauer und geteiltem Leid. Wir seufzten „Wenn unsere Eltern doch nur hätten mitkommen dürfen!" Dann wären viele von ihnen vor der Ermordung durch die Nazis bewahrt worden und hätten Großbritanniens Kriegsanstrengungen unterstützen können. Viele der Kindertransportkinder erachteten es als großes Glück, dass ich – anders als sie – meine Eltern nach dem Krieg wiedergesehen hatte. Natürlich war es das auch, aber damals empfand ich das nicht so, sondern war vielmehr total verwirrt. Zwar war ich erschüttert und voller Mitleid, als ich die tragischen Geschichten der anderen hörte, aber irgendwie fühlte ich mich auch so, als hätte ich meine Eltern verloren. Denn die Eltern, die ich nach zehn Jahren wiedergesehen hatte, waren mir total fremd und ganz anders als die Eltern, die ich gekannt hatte. In meinem Inneren gab es also zwei paar Eltern und drei paar Pflegeeltern. Wie sollte ich da nicht verwirrt sein?

Dieses Treffen war für mich eine Erleuchtung. Es war der Moment, in dem ich Ruthchen wieder in mein Leben ließ. Es war, als sei plötzlich eine Maske von meinem Gesicht abgefallen, die einen Teil der Welt verdeckt hatte, den ich weder sehen noch hören oder von dem ich wissen wollte. Plötzlich sah ich alles anders. Mir wurde klar, wie viel ich nicht wusste, einfach weil ich es mir selbst nicht erlaubt hatte, es zu wissen. Ab der Wiedersehensfeier war ich dagegen bereit, mit dem Wissen zu leben. Und die Geschichten von anderen zu hören, machte mich wissbegierig. Also begann ich, Bücher aus unserem Bücherregal zu lesen, die ich vorher ignoriert hatte, und ich schlug Querverweise nach und stellte Fragen wann und wo ich nur konnte.

Seit dieser Zeit fingen auch Patienten, die den Holocaust überlebt hatten an, sich mir während ihrer Psychotherapie zu öffnen. Und andere Patienten mit schlimmen Erfahrungen begannen, mir davon zu erzählen. Denn ich war nun bereit zu hören, was diese Patienten vorher nicht auszusprechen gewagt hatten, und sie schienen meine neue Offenheit zu spüren.

Als ich Kollegen davon erzählte, überwiesen sie mir Patienten, deren Familiengeschichte vom Holocaust geprägt war. Auf die Art bekam ich immer mehr traumatisierte Patienten und bildete mich in der Psychotherapie entsprechend weiter. Gleichzeitig nutzte ich meine eigene Therapie dazu, meine eigene Lebensgeschichte zusammenzusetzen und zu verstehen.

Ich versuchte auch, Martin dazu zu bringen, über die Vergangenheit zu reden, aber er sträubte sich sehr. Er wollte nicht an die Gräuel erinnert werden und war der Meinung, es sei besser, seine Energie für die Gegenwart und die Zukunft zu sparen. Er hatte seit 1957 in Deutschland gelebt und hatte immer noch Angst davor, als Jude erkannt zu werden. Zwar verleugnete er seine jüdischen Wurzeln nicht, aber er fürchtete, es könnte ihm zum Nachteil gereichen, wenn seine Nachbarn und Freunde davon erführen.

Es stellte sich dann aber heraus, dass es ihm leichter fiel, mit einer Fremden über seine Vergangenheit zu reden als mit mir. Vor ein paar Jahren kam eine deutsche Studentin nach England, um Kindertransportkinder für ihre Doktorarbeit darüber zu befragen, wie es ihnen nach dem Krieg ergangen war. Sie war an meiner Arbeit als Psychotherapeutin und meinen Ansichten zum Thema Trauma interessiert und lud mich ein, darüber an der Universität von Sussex einen Vortrag zu halten. Als sie wieder in Deutschland war, brachte sie meinen Bruder dazu, mit ihr darüber zu reden, was er während der Reichskristallnacht auf den Straßen Berlins erlebt hatte. Darüber hatte er vorher noch nie mit jemandem gesprochen, denn das war eine so aufwühlende Erfahrung für ihn gewesen, dass er sie in den hintersten Winkel seiner Erinnerungen verbannt und dort jahrzehntelang eingesperrt hatte.

1999 fand ein zweites Treffen der Kindertransportkinder statt, und dieses Mal kamen auch viele ihrer Kinder mit. Gruppendiskussionen gehörten erstmals auch zum Programm, und ich leitete eine solche Gruppe, in der die Eltern und Kinder ihre Erfahrungen auf eine Weise miteinander teilten, wie sie es innerhalb der Familien nicht konnten. Hatten sie einmal angefangen zu reden, wollten sie gar nicht mehr aufhören. Da sie noch weiter diskutieren wollten, organisierte ich zusammen mit einem Kollegen weitere Gruppentreffen für sie, um es ihnen zu ermöglichen, den Dialog zwischen den Generationen weiterzuführen.

Als praktizierende Therapeutin hatte ich ein Interesse daran entwickelt, was Überlebende des Holocaust an ihre Kinder weitergegeben haben, weil sie nicht in der Lage waren, über ihr Trauma zu sprechen. Das war beim Dialog zwischen den Generationen hilfreich. In den Gruppen beschrieben sie, dass sie sehr wohl wussten, dass es da etwas Schreckliches gab, über das nicht gesprochen werden durfte. Ihnen kam das vor wie ein großes, unheilvolles, schwarzes Nichts, und manchmal füllten sie dieses Nichts selbst mit schrecklichen Fantasien. Sie stellten keine Fragen, um ihre Eltern davor zu bewahren, die schrecklichen Geschehnisse noch einmal zu durchleben.

Eltern und Kinder schützten sich auch gegenseitig vor der Katastrophe, die sie erwarteten, wenn sie über die traumatischen Erlebnisse sprechen würden, und das konnte ich gut nachvollziehen, denn ich selbst hatte meine Vergangenheit 50 Jahre lang weggeschlossen, bis ich bereit war, mich ihr zu stellen. Man muss sich stark genug fühlen und wissen, dass man nicht daran zerbrechen wird, bevor man über etwas zutiefst Verstörendes reden kann. Doch vor allem muss es da jemanden geben, von dem man wirklich das Gefühl hat, dass er zuhören will und kann, ohne Schaden zu nehmen.

1992 entschied die britische Regierung, die Geschichte des Holocaust für alle weiterführenden Schulen in den Lehrplan aufzunehmen. Ich wusste, wie schwierig das für Lehrer werden würde, die dafür nicht ausgebildet waren. Wie konnten sie etwas unterrichten, worüber sie nichts gelernt hatten? Lehrer brauchen Hilfestellungen, damit sie verstehen können, was der Holocaust uns über menschliches Verhalten lehrt. Ich bin der Überzeugung, es braucht Mut, zu akzeptieren, dass die Nazis auch ganz normale Menschen waren und auch wir Täter oder Opfer hätten sein können, wären wir zu jener Zeit an jenem Ort gewesen. Es ist einfacher, Gewalt und Hass gegen eine bestimmte Gruppe zu schüren, als Menschen dazu zu bringen, sich gegenseitig zu akzeptieren.

Ich schloss mich also einer Gruppe Holocaust-Überlebender an, die bereit waren, in Schulen ihre persönlichen Geschichten zu erzählen und Lehrern bei ihren Problemen im Umgang mit dem Holocaust als Lehrplanthema zu helfen. Das tue ich bis heute noch für eine Reihe jüdischer und nicht-jüdischer Organisationen, und es macht mir Spaß, wieder in Schulen zu gehen. Schließlich gibt es mir die Chance, beide Bereiche meiner beruflichen Erfahrungswelten miteinander zu verbinden: die Wissensvermittlung und die Psychotherapie. Lehrer, die sich nicht genug wertgeschätzt fühlen, begrüßen meine Unterstützung, und ich kann auch dabei helfen, Schüler für dieses Projekt zu begeistern.

Ich sage Schülern, dass sie erst dann verstehen können, warum meine Generation es nicht geschafft hat, den Holocaust aufzuhalten, wenn sie mehr darüber lernen, und frage sie, wie es möglich wäre, so etwas Furchtbares in Zukunft zu vermeiden. Ich frage sie auch, wie sie sich fühlen würden, im Alter von vier Jahren in ein fremdes Land fortgeschickt zu werden so wie ich, und dann, wenn sie mit vierzehn gegen ihren Willen in ein Land gebracht würden, in dem furchtbare Verbrechen begangen worden sind.

Unweigerlich werde ich dann immer gefragt, wieso Hitler so eine Faszination auf die Deutschen ausüben konnte, denn für viele Schüler scheint er eine abstoßende Figur zu sein. Schließlich war er alles andere als der perfekte, blonde und blauäugige arische „Supermann", den er erschaffen wollte. Ich erkläre ihnen, dass seine Anziehungskraft mit Macht zu tun hat und mächtige Menschen, die böse Dinge tun, eine berauschende Wirkung auf unsere Vorstellungskraft ausüben können.

Kurz nachdem ich begonnen hatte, Vorträge in Schulen zu halten, begriff ich, dass es gefährlich war, sich nur auf den Holocaust zu konzentrieren, da die Problematik dadurch weit in die Vergangenheit gerückt wird. Deshalb antworte ich auf die Frage der Schüler, ob so etwas wie der Holocaust wieder passieren könne, dass alles, was einmal geschehen sei, auch ein zweites Mal geschehen könne, wenn wir es nicht verhindern. Wenn sie argumentieren, dass in England so etwas sicher nicht passieren könnte, erörtere ich mit ihnen, inwieweit jedes einzelne Land Europas seinen Teil dazu beigetragen hat, dass es zum Holocaust kommen konnte. Und schließlich erzähle ich ihnen auch von anderen Völkermorden und wie Schikanen, Vorurteile und Rassismus schließlich zu Völkermord führen können, wenn man dem Ganzen nicht vorher Einhalt gebietet.

Das ist eigentlich mein größtes Anliegen. Denn genauso wie Schüler nicht tatenlos daneben stehen müssen, wenn sie sehen, dass jemand schikaniert wird, müssen wir alle etwas über Völkermord lernen. Und jeder von uns kann etwas gegen schlimme Dinge tun, die sich vor unseren Augen abspielen; sei es durch die Teilnahme an Protestbewegungen, Protestmärschen oder in Form von Briefen an unsere Abgeordneten. Wir können aktiv gegen Unrecht aufstehen.

Ich bin auch der Überzeugung, dass wir Straffreiheit für zukünftige Völkermorde schaffen, wenn wir Genozide ignorieren, die von den Tätern bestritten werden, so wie zum Beispiel die Türkei immer noch den Völkermord im Osmanischen Reich an über einer Million armenischer, griechischer und assyrischer Christen zwischen 1915 und 1923 bestreitet. Schließlich gibt es ein verbürgtes Zitat Hitlers im Gespräch mit seinen

Generälen: „Wer erinnert sich denn heute noch an den Völkermord an den Armeniern?"

Viele Türken haben noch nie vom Genozid an den Armeniern gehört, weil das Thema aus der öffentlichen Diskussion in der Türkei verbannt ist. Diese Ignoranz bedeutet, dass der Völkermord weitergeht. Die Nachfahren der Überlebenden fühlen sich, als würden ihre Vorfahren ein weiteres Mal ermordet, ja, als hätten sie niemals existiert. Um das Bewusstsein für den Völkermord an den Armeniern 1915 zu wecken, bin ich im August 2007 als Teil einer Gruppe nach Armenien geflogen und habe dort im Namen der liberalen Juden Großbritanniens im Garten der Erinnerung in Eriwan einen Baum gepflanzt.

Einige Jahre früher, im Jahr 1984, war ich nach Tasmanien geflogen, um dort mit Joan Goodricke Weihnachten zu feiern. Ich wollte vor allem Mr. und Mrs. Goodricke wiedersehen, bevor sie zu alt sein würden, um ihnen dafür zu danken, dass sie mir während des Krieges ein Heim gegeben hatten. Sie alle empfingen mich mit offenen Armen, doch sie waren auch die Sorte Mensch, die jeden bereitwillig willkommen heißt. An Weihnachten machten wir im Garten ein Picknick und an Silvester fuhren wir zum Feuerwerk im Hafen von Hobart und zündeten um Mitternacht zusammen mit 2000 Besuchern Wunderkerzen an. Der Besuch des Gefängnismuseums in Port Arthur beeindruckte mich jedoch am meisten. Im 19. Jahrhundert wurden verurteilte Verbrecher aus London dorthin gebracht und im Gefängnis brutal behandelt. Gefangene starben vor Hunger, an Schlägen oder wegen der harten Arbeit. Diejenigen, die überlebten und ihre Strafe absaßen, wurden zusammen mit ehemaligen Wächtern und ein paar Abenteurern die ersten Siedler. In sehr kurzer Zeit hatten sie die Ureinwohner ausgelöscht. Das war ein Völkermord, der von Briten begangen wurde, und es ist ein weiterer Grund, warum wir abscheuliche Taten nicht einfach mit einem Achselzucken abtun und uns sagen können, sie passieren immer nur woanders.

Ein einfaches Mahnmal kann uns dabei helfen, uns auf Dinge zu besinnen, die in der Vergangenheit passiert sind und von denen alle Menschen wissen sollten, damit sie nie vergessen werden. Deswegen war es sehr bewegend für mich, das Denkmal für den Kindertransport am Bahnhof in der Liverpool Street in London zu sehen, dort, wo ich – wie tausend andere Kinder auch – zum ersten Mal britischen Boden betreten hatte. Eine bronzene Skulptur zeigt eine Gruppe Kinder mit ihren Koffern und ein kleines Mädchen, das seinen Teddybären fest an sich drückt. Es wurde 2006 errichtet als Ausdruck unserer Dankbarkeit gegenüber Großbritannien dafür, dass das Land uns aufgenommen und uns die Chance gegeben hatte, weiterzuleben. Dazu passt ein Zitat aus dem Talmud: „Wer einen Menschen rettet, rettet die ganze Welt."

Kapitel 34
Enkelkinder

Sobald alle Kinder aus dem Haus sind, beginnt bei Eltern eine biologische Uhr zu ticken, und sie verspüren den Wunsch, Enkelkinder zu bekommen, der genauso stark sein kann wie das Verlangen, Eltern zu werden. Wir wollten aber in dieser Hinsicht keinen Druck auf unsere Kinder ausüben, also holten Bernard und ich uns einen Welpen und ein Kätzchen ins Haus, die wir umsorgen mussten.

Dann, im Dezember 1992, brachte unsere Tochter Tania, unser erstes Enkelkind zur Welt, Adèle. Ich hätte sie stundenlang nur betrachten und mit ihren winzigen Fingerchen und Zehen spielen können. Meine Tochter war sehr großzügig. Sie behielt ihr Baby nicht ängstlich bei sich, sondern wir durften es alle zwischen den Mahlzeiten und den Schläfchen solange auf dem Arm halten, wie wir wollten.

Tania war viel entspannter als ich es als Mutter gewesen war. Wenn meine Mutter bei mir gewesen wäre, als mein erstes Kind geboren wurde, hätte ich möglicherweise auch gelernt, mich zu entspannen. Ich war froh, dass ich Tania helfen konnte und dass sie mir meinen Eifer nicht übelnahm.

Aber zunächst einmal musste ich damit zurechtkommen, dass ich nun Großmutter war. Es fühlte sich so an, als ob Tania mir meine Rolle als Mutter weggenommen hätte. Ich war etwas neidisch und sehnte mich danach, wieder eine junge Mutter zu sein und all das richtig zu machen, was ich damals falsch gemacht hatte. Dann aber wurde mir klar, dass ich das Muttersein Tania überlassen und in die Rolle der Großmutter schlüpfen musste.

Ich erinnerte mich daran, wie mich meine Mutter verwirrt und kritisiert hatte, als sie schließlich aufgetaucht war, und gab meiner Tochter all die Unterstützung, die ich mir damals gewünscht hätte. Ich bot ihr meine Hilfe an und akzeptierte es, wenn sie sie nicht wollte. Und ich hielt mich zurück, wenn ich in manchen Dingen anderer Meinung war als sie. So erblühte meine Tochter zu einer selbstbewussten, liebevollen Mutter, und die ganze Familie hatte ihre Freude an Adèle.

Wie ich so dasaß und staunend meine neugeborene Enkeltochter betrachtete, wurde mir plötzlich etwas bewusst. Sie gab meinem Leben einen Sinn, denn sie war es wert, sowohl für sie zu leben als auch für sie zu sterben. Sie war der Grund dafür, dass ich langsam meinem eigenen Tod entgegenblicken konnte. Wenn ich ewig leben und niemals sterben würde, dann gäbe es keinen Platz für sie und ihre Kinder und schließlich ihre Kindeskinder. Und bis dahin musste ich den Pflichten einer Großmutter nachkommen. Mit drei Onkeln, zwei Tanten, sieben Cousins und Cousinen und vier Großeltern wussten Adèle und ihr Bruder Raphael, der drei Jahre später geboren wurde, Gesellschaft zu schätzen.

Die meisten Kinder derer, die den Kindertransport miterlebt haben, sind ohne Großeltern aufgewachsen, weil diese von den Nazis ermordet wurden. Oft gibt es auch keine Geschichten über ihre Großeltern – entweder, weil die Eltern zu jung waren, um sich an sie zu erinnern, oder weil die Eltern nicht über die schrecklichen Erlebnisse während des Holocaust sprechen wollten.

Die Kinder traumatisierter Flüchtlinge wachsen wie Bäume auf, deren Wurzeln abgetrennt wurden. Wenn die Eltern nicht über die Wurzeln der Familie in ihrem Heimatland sprechen können, dann verspüren diese Kinder eine unsägliche Leere an der Stelle, die normalerweise ihre Großeltern eingenommen hätten.

Glücklicherweise wird die Offenheit mit jeder Generation größer. Wenn diese Kinder irgendwann selbst Kinder haben, ändert sich die Situation innerhalb der Familie oft. Manchmal sind die Überlebenden dazu in der Lage, ihren Enkeln Dinge zu erzählen, die sie ihren eigenen Kindern nicht erzählen konnten. Heutzutage bewegen Enkel ihre Familien oftmals auch dazu, die Städte und Dörfer zu besuchen, aus denen die Flüchtlinge kamen. So kann man sich wieder auf die Wurzeln besinnen, die man jahrzehntelang geleugnet und verschmäht hat, und damit kann der Heilungsprozess einsetzen.

Teil II
Martins Geschichte

Als wir nach England kamen, war mein Bruder Martin sieben, ich dagegen erst vier. Deshalb begriff er besser als ich, was mit uns geschah. Vor seinem Tod 2010 schrieb er viele Erlebnisse nieder, die ich bis heute nur teilweise oder gar nicht verstanden habe oder von denen ich gar nichts wusste.

Plötzlich und viel zu früh für ein Kind wurde mir während der Reichskristallnacht im November 1938 bewusst, wie schlimm die Erwachsenen doch sein können. Ich war sechs Jahre alt und an jenem Abend mit meinem Vater auf den Straßen Berlins unterwegs, als wir sahen, wie Erwachsene von Lastwagen aus mit Ziegelsteinen die Fensterscheiben von Geschäften und Bürogebäuden einwarfen. Das Ganze war eine geplante Aktion, und niemand tat etwas dagegen.

Ich war noch zu klein, um zu begreifen, was da geschah und warum es geschah – ich wusste nur, dass es etwas Böses war und dass dafür nicht etwa Kinder verantwortlich waren, sondern Erwachsene. Das fand ich verwunderlich, denn ich hatte bis dahin immer angenommen, dass die Großen so etwas nie tun würden, wo sie doch ungezogene Kinder immer ermahnten, sich gefälligst zu benehmen. Trotzdem gab es für mich keinen Zweifel, dass meine Eltern und auch viele andere Erwachsene zu den Guten gehörten.

In jener Nacht lernte ich also, dass groß zu werden nicht einfach nur bedeutete, vom Lausejungen zu einem integren Mann heranzuwachsen, sondern dass zum Erwachsenwerden eben auch gehörte, verallgemeinernde Schlussfolgerungen zu vermeiden. Ich begann also darauf zu achten, was die Leute – egal, wie alt sie waren – sagten oder taten, und herauszufiltern, was für mich Sinn ergab und was nicht.

Zwar sollte ich noch viele Jahre lang ein Kind bleiben, aber ohne dass ich es damals gemerkt hätte, wurde ich in jener Nacht auf meine Bestimmung vorbereitet – auf die Bestimmung, Ruth zu beschützen. Nur drei Monate nach der Reichskristallnacht fuhren Ruth und ich alleine nach England und mussten alle Menschen zurücklassen, die wir kannten.

Ich kann mich noch genau an den Tag erinnern, als wir mit dem Zug von Berlin bis zur niederländischen Küste fuhren, um dort die Nachtfähre nach Harwich, einer Hafenstadt nordöstlich von London, zu nehmen. Es war ein sonniger Tag im Februar 1939. Stundenlang saßen Ruth und ich auf einem Bett im Kinderzimmer, wo wir alle unsere Spielsachen ausgebreitet hatten. Ein paar davon durften wir aussuchen und in unsere Koffer packen, und dann hieß es warten, bis es Zeit war, zum Bahnhof zu fahren.

Ich wüsste nicht, dass wir dabei von irgendjemandem behelligt wurden – weder auf dem Weg zum Bahnhof noch beim Betreten des Zugs oder während der Fahrt. Es war ein ganz gewöhnlicher Personenzug und keiner von denen, die speziell für den Kindertransport eingesetzt wurden. Auf dem Bahnsteig in Berlin gab es keinen tränenreichen Abschied wie bei so vielen anderen Familien, denn unsere Mutter und ein Kindermädchen reisten mit uns bis nach London. Mutter begleitete uns sogar bis nach Kent zu unseren ersten Pflegeeltern, den Steads, fuhr dann aber sehr bald wieder nach Deutschland zurück.

Ruth fühlte sich deswegen von ihr im Stich gelassen, aber Mutter hätte keine andere Wahl gehabt. Schließlich war es Eltern, die ihre Kinder nach England brachten, nicht gestattet, länger zu bleiben, und außerdem mussten ja noch die letzten Vorbereitungen für Vaters Aufbruch nach Schanghai getroffen werden. Vater hatte eigentlich angenommen, dass Mutter nach England zurückfahren würde, um uns abzuholen, und wir ihm dann alle gemeinsam nach Schanghai folgen würden, aber der Kriegsausbruch verhinderte unsere geplante Wiedervereinigung, sodass unsere Familie auf drei Orte verteilt blieb.

Wie Ruth bereits beschrieben hat, war die Zeit bei unseren ersten Pflegeeltern in England für uns beide recht schwer. Mr. Stead war Pastor und ein herzensguter Mann. Er machte ausgiebige Spaziergänge mit uns, nahm uns überallhin mit und zeigte uns alles, solange es seine Gesundheit noch zuließ. Ich war ganz angetan von dem prächtigen Wohnzimmer, von dem aus ich durch die großen, ausladenden Fenster auf den Rasen hinausblicken konnte, während er mir Unterricht gab.

Aber Mrs. Stead und unsere Hauslehrerin Miss Wright behandelten uns wahrlich nicht gut. Die Steads hatten vor, uns später auf ein englisches Internat zu schicken, und ich glaube, sie waren besorgt, dass wir es als Ausländer schwer haben würden. Also gaben sie uns nur zu essen, wenn wir höflich auf Englisch darum baten – mit der Folge, dass wir sehr schnell Englisch lernten und bald kein Deutsch mehr konnten. Allerdings war ihre Härte willkürlich, denn es konnte genauso gut passieren, dass wir bestraft wurden, wenn wir zu wenig aßen.

Vieles von dem, was sie taten, war eigenartig und verstörend. So gaben sie Ruth nichts zu essen, weil sie nicht zur Toilette ging, wenn sie gehen sollte. Ihr Verhalten war dabei allerdings wohl weniger auf blanke Böswilligkeit zurückzuführen als vielmehr darauf, dass sie schlichtweg nicht mit kleinen Kindern umgehen konnten. Wenn es um Bestrafung ging, hatten sie jedenfalls recht eigenwillige Vorstellungen.

Wenn Miss Wright uns badete, war sie furchtbar grob und schrubbte uns den Rücken und die Finger- und Fußnägel mit einer harten Bürste, bis ich sie ihr eines Tages wegschnappte, sie aus dem Fenster schmiss und sagte. „Noch einmal und ich werfe Ihnen die Bürste ins Gesicht, also lassen Sie's lieber bleiben". Das hatte ihr Angst gemacht und damit auch einen gewissen Respekt eingeflößt. „Dasselbe wird passieren, wenn Sie Ruth beim Baden in Zukunft nicht sachter anfassen", fügte ich noch hinzu. Nach diesem Zwischenfall war sie beim Baden sogar jedes Mal zum Schwatzen aufgelegt.

Für die Erwachsenen muss es schwer gewesen sein, Tag und Nacht von Kampfflugzeugen und herunterfallenden Bomben umgeben zu sein. Manchmal kam Mrs. Stead aus heiterem Himmel zu mir – mit Tränen in den Augen und dem Anflug einer Entschuldigung: Sie wolle doch nur das Beste für uns und keinen Streit, aber wir seien eben so ungezogen.

Als ich sie nach dem Krieg einmal besuchte, war sie sehr nett und bat mich vielmals um Verzeihung. Sie sagte, sie habe im Krieg eine schwere Zeit durchgemacht, als Ruth und ich noch klein waren und ihr Mann krank wurde. Sie hätte gerne eigene Kinder gehabt, konnte jedoch keine bekommen.

Aber dass sie ihre Probleme an uns ausließ, blieb nicht ohne Folgen. Ruth war noch zu klein, um zu begreifen, warum ihr so viel Schlimmes passierte, und dachte, alles sei ihre Schuld. Sie machte sich für das unverständliche Verhalten der Erwachsenen verantwortlich und bemühte sich umso mehr, es ihnen recht zu machen – eigentlich eine völlig normale Reaktion für ein kleines Kind, wenn sie denn gegenüber liebenden Eltern und anderen Vertrauenspersonen wie Verwandten und Freunden erfolgt wäre.

Das Verhalten der Steads und die ständige Ungewissheit gingen auch an mir nicht spurlos vorüber. In der Reichskristallnacht hatte ich gelernt, dass nicht alle Erwachsenen gleich sind. Ich fühlte mich also verpflichtet, im Notfall Verantwortung zu übernehmen, und hatte das Gefühl, Ruth um jeden Preis beschützen zu müssen. Das war der Grund, warum ich mich gegen Miss Wright und Mrs. Stead zur Wehr setzte. Und ich fand Mittel und Wege, wie Ruth und ich ohne Bestrafung davonkommen konnten. Bestimmt hätten andere Kinder an meiner Stelle dasselbe getan, so wie sich in irgendeinem armen Land das älteste Kind einer verwaisten Großfamilie für das Wohl seiner Geschwister verantwortlich fühlen muss.

Ich gewöhnte mich leichter an das Leben bei wechselnden Pflegeeltern im kriegsgeschüttelten England als die meisten Menschen um mich herum dachten. Die Steads und die Goodrickes waren der Meinung, ich sei weder gut integriert noch glücklich. Ja, die Goodrickes waren sogar so besorgt um mich, dass sie mit mir zum Psychiater gingen, und aus heutiger Sicht kann ich ihnen das nicht einmal verübeln. Nach dem, was ich alles durchgemacht hatte, war ich eben anders als die meisten Kinder. Mal war ich stur und streitlustig, dann wieder ängstlich und verschlossen – jedes Mal aus gutem Grund, wie ich fand. Mag sein, dass die anderen das nicht verstanden, weil ich keine Anstalten machte, mich einzufügen oder irgendjemandem zu gefallen. Stattdessen beschäftigte ich mich damit, möglichst viele verschiedene Dinge in mich aufzusaugen und zu verstehen lernen. Das war nun einmal meine Art, mit den traumatischen Umständen fertig zu werden.

Besonders angetan war ich von den Naturwissenschaften, und bestimmte Unterrichtsdiskussionen und Experimente aus meiner Schulzeit habe ich immer noch in lebhafter Erinnerung. In meinen ersten Schulwochen auf der *Friends' School* behandelten wir zum Beispiel die Phlogistontheorie, bei der es darum geht, was mit brennbaren Stoffen bei der Verbrennung an der Luft geschieht. Später lernten wir dann, dass es auch Verbrennungsprozesse gibt, die ganz ohne Sauerstoff ablaufen. Als ich erfuhr, dass Magnesium unter Wasser verbrennen kann und dabei dieselben Rückstände entstehen wie bei der Verbrennung an der Luft, war ich hin und weg. Ich fand es großartig, im Unterricht Experimente durchzuführen, mit denen eine Theorie bestätigt oder widerlegt werden konnte.

Mr. Goodricke erlaubte mir, zu Hause in einer Art Nebenzimmer, das als Spülküche benutzt wurde, mit Chemikalien zu experimentieren – besser gesagt: Er *duldete* es mit wachsender (und durchaus berechtigter!) Besorgnis, nachdem es die ersten nicht ganz ungefährlichen Zwischenfälle gegeben hatte. Einmal war eine schmutzige, schwarze Rauchwolke durch das ganze Haus gewabert und hatte eine große Putzaktion erforderlich gemacht. Man muss Mr. Goodricke zugutehalten, dass er mir das Experimentieren danach nicht gänzlich verbot, sondern lediglich darauf bestand, dass alles, was auch nur im Entferntesten gefährlich werden könnte, in einem abgelegenen Winkel des Gartens und nicht im Haus vonstatten zu gehen habe.

Daran hielt ich mich natürlich, und tatsächlich gab es bald darauf eine laute Explosion, die im Haus schlimme Schäden angerichtet hätte. Ich wollte die Metallsplitter einer Bombe in einer Glasflasche auflösen, die ich mit einem Gemisch aus Zitronensaure – eigentlich zur Herstellung von Limonade gedacht – und Wasser gefüllt und in ein Handtuch gewickelt hatte. Eine Viertelstunde später explodierte die Glasflasche, und alles, was davon übrig blieb, war ein feines Pulver – das Metall war weg und das Handtuch mit Flüssigkeit vollgesogen.

Meine Lust am Experimentieren, meine Angst vor den *Doodlebugs*, den V1-Raketen, und meine zurückgezogene Art hatten sicherlich dazu beigetragen, dass die Goodrickes mich für unglücklich hielten. Es stimmte ja – manchmal fühlte ich mich wirklich ungerecht behandelt. Dabei wollte ich doch nur gleiches Recht für alle, wollte zur Familie gehören und ein genauso enges Verhältnis zu den Goodrickes haben wie deren leibliche Kinder, ohne das Gefühl zu haben, herumkommandiert zu werden. Ich sehnte mich danach, eine eigene Familie zu haben, so wie die der Goodrickes.

Ich mochte Mr. Goodricke. Wir unterhielten uns oft nett miteinander, und ich konnte eine Menge von ihm lernen, zum Beispiel, wie man Noten liest und einfache Begleitmusik spielt. Leider wurde unser gutes Verhältnis von einigen Missverständnissen getrübt: Einmal, als ich ein Detektorradio baute, um damit das BBC-Programm für das europäische Festland zu empfangen, dachte er fälschlicherweise, ich würde deutsche Sender hören, und rief die Polizei, die bei der Vorstellung lachen musste, dass ich ein Spion sein könnte.

Dann wieder wurde ich zu Unrecht des Diebstahls bezichtigt. Da ich mir mein Essen immer für wenig Geld bei einem Bäcker nahe der Schule in Tunbridge Wells kaufte, blieb mir so viel Taschengeld übrig, dass ich mir öfter kleinere Elektroartikel, Glühlampen, Drähte, Chemikalien und anderen Krimskrams leisten konnte. Mr. Goodricke hingegen nahm zunächst an, ich hätte das Geld dafür gestohlen, gab sich allerdings später mit meiner Erklärung zufrieden.

Zudem hatte er eine falsche Vorstellung von der Freundschaft, die ich als Zwölfjähriger mit seiner vier Jahre älteren Tochter Ursula schloss. Er musste sich erst vom Psychiater überzeugen lassen, dass schon alles seine Richtigkeit hatte und auch seine zahlreichen anderen Sorgen unbegründet waren. Später war er dann sogar bereit, die tiefere und engere Freundschaft zu akzeptieren, die sich zwischen Ursulas jüngerer Schwester Joan und mir entwickelt hatte und die sich drei Jahre lang, bis zu meinem zweiten Jahr als Student an der Universität von Cambridge, per Briefwechsel fortsetzte.

Ursula war anders und in vielerlei Hinsicht erwachsener als die anderen Kinder der Goodrickes. Sie war eine Leseratte und verbrachte viel Zeit auf ihrem Zimmer, der einzigen Dachkammer des Hauses, die nur über eine separate Treppe erreichbar war. In Büchern zu schmökern und darin etwas über die Welt und das Universum zu erfahren, war unser gemeinsames Hobby, und so war es nicht weiter verwunderlich, dass wir uns darüber austauschten.

In einem Wälzer über Astronomie las ich, dass die Sonne nur ein ganz gewöhnlicher Stern ist, was mich faszinierte und, wenn ich heute so darüber nachdenke, wahrscheinlich der Auslöser dafür war, dass ich mich seit jeher für Kosmologie und Astronomie interessiere. Ich erzählte fortan überall herum, die Sonne sei ein Stern wie jeder andere auch, und machte mich damit zum Gespött nicht nur der anderen Kinder, sondern sogar der Eltern. Mr. Goodricke fand einmal mehr, dies sei ein Fall für den Psychiater: „Also der Kerl ist doch nicht mehr ganz richtig im Kopf – die Sonne scheint am Tag und die Sterne leuchten nachts, der Unterschied ist ja wohl kaum zu übersehen!“ Da antwortete der Psychiater: „Warum kommen Sie denn damit zu mir, anstatt einen Lehrer zu fragen, der Ihnen sofort gesagt hätte, dass der Junge recht hat?“

Einzig meine Angst vor den *Doodlebugs* rief den Psychiater auf den Plan. Zwar erschien es ihm völlig normal und angemessen, dass ich mich in meinem Alter vor Bomben fürchtete und die Gefahr erkannte, die von ihnen ausging, aber zu meiner großen Erleichterung schlug er einen Ortswechsel vor, weil es mir in einer Gegend, die nicht so vom Kriegsgeschehen betroffen war, besser gehen würde. So landeten wir schließlich bei unserer dritten Pflegefamilie, den Haltings, was den Goodrickes gerade recht zu kommen schien.

Eine Zeitlang hörte man alle zehn bis zwanzig Minuten *Doodlebugs* über das Haus der Goodrickes fliegen. Die Geschosse machten einen unsäglichen Lärm und flogen so niedrig, dass Flugabwehrkanonen nicht mehr viel gegen sie ausrichten konnten. Außerdem waren sie schneller als bemannte Flugzeuge und deshalb schwer abzuschießen.

Für Ruth war die Bombardierung Großbritanniens wie ein spannendes Feuerwerksspektakel am Silvesterhimmel. Sie war zu klein, um zu begreifen, in welcher unmittelbaren Gefahr wir uns befanden. Ich wusste, dass Deutschland mit dem Bau der Atombombe kurz vor dem Durchbruch stand und damit London angreifen wollte. Der Krieg hätte also auch mit der Zerstörung Londons, nicht Hiroshimas, enden können. Wir dürfen uns glücklich schätzen, dass die meisten der deutschen Physiker, die beschlossen, in ihrer Heimat zu bleiben und dort an einer Atombombe zu bauen, sich alle Mühe gaben, das Projekt hinauszuzögern, während jene, die nach Amerika geflüchtet waren, die Alliierten bei der Entwicklung ihrer eigenen Atomwaffen unterstützten – wenn auch, wie Einstein, nur widerwillig.

Ich war jedenfalls froh, all dem zu entrinnen und bei den Haltings unterkommen zu können. Zum Glück hatte sich Mrs. Halting vehement gegen eine Trennung ausgesprochen und darauf bestanden, Ruth so schnell wie möglich nachzuholen. Obwohl wir im Haushalt und auf dem Hof sehr stark eingespannt wurden und ich es nicht immer leicht hatte, bin ich genau wie Ruth der Ansicht, bei den Haltings eine Lektion fürs Leben gelernt zu haben, nämlich redliche Arbeit zu schätzen, anstatt zu faulenzen und sich durchs Leben zu schnorren.

Mrs. Halting war eine Sklaventreiberin und mutete uns manchmal mehr zu als wir leisten konnten, aber ich lernte eine Menge von ihr. Wasser predigen und Wein trinken war nicht ihre Devise, denn sie schonte auch sich selbst nicht und hatte außerdem immer ein offenes Ohr, wenn ich nicht damit einverstanden war, wie und in welcher Zeit eine Arbeit erledigt werden sollte.

Da ich als Internatsschüler auf dem Gymnasium, der *Midhurst Grammar School*, nebenbei ein wenig Geld verdienen wollte, arbeitete ich in den Sommermonaten auf dem Hof von Mr. Halting, der mich dafür großzügig entlohnte. Eigentlich war es gar nicht erlaubt, abends die Schule zu verlassen, um auf den Feldern zu arbeiten, und so musste ich bei meinen Lehrern einige Überzeugungsarbeit leisten. Sie waren zunächst skeptisch und gaben sich erst dann zufrieden, als ich argumentierte, dass sie mir mit ihrer Erlaubnis ermöglichen würden, ehrliche Arbeit schätzen zu lernen.

Mit Mr. Stuck, der meine beiden Lieblingsfächer Chemie und Schwimmen unterrichtete, kam ich sehr gut aus: Ich war Ordnungsschüler und durfte daher über die Labors wachen und den Schwimmunterricht beaufsichtigen. Viele Jahre später kam Mr. Stuck dann sogar einmal meine Frau Maria und mich bei uns zu Hause in Deutschland besuchen.

Noch während meiner Schulzeit auf der *Midhurst Grammar School* kehrte ich zum ersten Mal nach Deutschland zurück. Weiter oben hat Ruth ihre Zwangsrückkehr nach Deutschland als traumatisches Erlebnis beschrieben, und es war in der Tat deutlich zu spüren, dass sie unglücklich war und es zwischen ihr und meinen vom Krieg zermürbten Eltern Spannungen gab.

Meine erste Reise von England nach Deutschland und wieder zurück war sehr bewegend für mich. Ich wusste nicht, wie mir geschah und wie ich mich verhalten sollte. Ich hatte nicht den Eindruck, zur Rückkehr nach Deutschland gezwungen worden zu sein, zur Rückkehr an einen Ort, an dem ich nicht sein wollte. Aber ich wäre auch nicht auf die Idee gekommen, dass mich irgendjemand daran hindern könnte, wieder nach England zu gehen. Auch während meiner zahlreichen späteren Besuche bei meinen Eltern in Mainz fühlte ich mich – anders als Ruth – in meiner Bewegungsfreiheit nie eingeschränkt. Ich kann mich noch gut daran erinnern, wie ich eines Tages mit meinem Vater in Mainz spazieren ging und zu ihm sagte: „In England ist alles viel grüner als in Deutschland. Ich kann mir nicht vorstellen, wie es wäre, jemals wieder hier leben zu müssen." Und ich weiß noch genau, wie er antwortete: „Mach dir darüber keine Gedanken. Niemand wird dich zwingen, nach Deutschland zurückzukehren. Du wirst die Angelegenheit mit dir selbst ausmachen, wenn die Zeit reif ist."

Damals wussten wir beide noch nicht, dass mich das Schicksal später wieder zurück nach Deutschland bringen sollte. Nach der Schule studierte ich an der Universität von Cambridge, wo ich meine zukünftige Frau Maria kennenlernte, die zweitälteste von fünf Töchtern eines Bauern aus Süddeutschland, die in Cambridge gerade Englisch lernte. Ruth hat bereits geschildert, wie sie unsere Hochzeit erlebt hat.

Anfangs hatten Maria und ich überhaupt nicht vor, nach Deutschland zu ziehen. Nachdem ich meinen zweijährigen Wehrdienst bei der britischen Luftwaffe abgeleistet hatte, wollte ich nach Australien auswandern, wo es noch nie Krieg gegeben hatte. Doch um die dafür notwendigen Voraussetzungen zu erfüllen, mussten wir zunächst in Deutschland heiraten. Meine Eltern hatten nichts gegen die Heirat, wohl aber gegen die Auswanderung, da sie darin eine endgültige Trennung sahen, und das, nachdem wir doch gerade erst wieder zueinandergefunden hatten. Nach einigem Hin und Her gaben Maria und ich schließlich unseren Plan auf und ließen uns in Deutschland nieder, wo wir bis heute geblieben sind.

Inzwischen betrachte ich England und Deutschland als ein einziges Land, alles andere ist für mich der „Rest der Welt". Ich bin komplett zweisprachig, sodass es in England kaum jemandem auffällt, dass ich etwas mit Deutschland zu tun habe, und umgekehrt. Wundersamerweise steht mein Haus in Mainz genau an der Stelle, an der ich damals zu meinem Vater sagte, dass ich mich selbst entscheiden würde, wo ich leben wolle. Das Haus hatte es da noch gar nicht gegeben. Jetzt leben Maria und ich schon seit fünfzig Jahren darin und haben dort unsere drei Kinder großgezogen. Ich glaube, dass der Traum in Erfüllung gegangen ist, den ich schon während meiner Zeit bei den Goodrickes hegte – der Traum von einer eigenen Familie, in der sich jeder dem anderen nahe fühlt und in der die Kinder so sein dürfen, wie sie sind.

Nachwort zur deutschen Ausgabe

Dieses Buch ist eine Autobiografie und kann, solange man lebt, als solche nie wirklich abgeschlossen werden. Die erste Auflage in englischer Sprache wurde 2010 veröffentlicht, und selbst damals musste ich in letzter Minute noch ein paar Änderungen vornehmen, denn mein Bruder starb im Januar 2010, kurz bevor das Buch im März 2010 in den Druck ging. Und seit damals ist vieles geschehen, was einen großen Einfluss auf mich und meine Familie hatte, sodass dieses Nachwort nötig wurde.

Im November 2012 wurde ich eingeladen, vor dem Verein für Sozialgeschichte in Mainz einen Vortrag über meine Erlebnisse als Kindertransportkind und über mein Buch zu halten. Ein paar Wochen vor diesem Ereignis erreichte mich eine E-Mail des Veranstaltungsorganisators, in der er mir schrieb, dass der Roman „Landgericht", in dem es um meinen Vater ging, mit dem prestigeträchtigen Deutschen Buchpreis ausgezeichnet worden war. Er war erstaunt, dass ich nichts von diesem Buch wusste, denn er wollte die Autorin zu der Veranstaltung in Mainz einladen. Ich bestellte das Buch also sofort, und während ich darauf wartete, fand ich Interviews mit der Autorin Ursula Krechel im Internet. Darin gestand sie ein, dass ihr Roman auf der wahren Geschichte eines Mannes beruhte, über den sie in Berliner und Mainzer Archiven Nachforschungen angestellt hatte. Es dauerte nicht lange, bis die Mainzer Lokalzeitung in einem Artikel, der sich über eine ganze Seite erstreckte und Bilder von meinen Eltern samt Martin und mir enthielt, berichtete, dass es sich bei Richard Kornitzer in Krechels Buch um den Richter Dr. Robert Michaelis, meinen Vater, handelte.

Als ich das Buch endlich bekam, stellte ich mit Bestürzung fest, dass Krechels Roman tatsächlich die Geschichte meines Vaters war, in der sie sämtliche Recherchelücken mit ihrer eigenen Fantasie aufgefüllt hatte. Es war extrem aufwühlend, nicht zu wissen, was das Ergebnis ihrer Recherche und was lediglich ihrer Fantasie entsprungen war. Existierte beispielsweise wirklich eine in Kuba gezeugte Halbschwester, die ich nie kennengelernt hatte? Aber mein Vater war nach Schanghai geflüchtet und nicht nach Kuba! Außerdem war es ganz offensichtlich, dass Krechel sich für ein ganzes Kapitel über Martin und mich – in ihrem Buch Georg und Selma genannt – in meiner Autobiografie bedient hatte. Denn bestimmte Details, die sie beschrieb, hätte sie in keinem Archiv finden können.

Ich fragte mich, warum sich weder Krechel selbst noch ihr Verlag, Jung und Jung, vor Veröffentlichung des Buches mit mir in Verbindung gesetzt hatten. Es war doch schlicht und ergreifend eine Frage der Höflichkeit, mich davon in Kenntnis zu setzen! Außerdem war ich für die Verwendung ganzer Passagen aus meinem Buch nicht um Erlaubnis gebeten worden. Da Krechels Buch als Roman erschien, gab es dazu in juristischer Hinsicht zwar keine Notwendigkeit, aber es hätte sich einfach gehört, mir selbst von ihrem Buch zu berichten und mir den Schreck zu ersparen, von einem Fremden davon zu erfahren. Ihre fehlende Rücksichtnahme auf meine Gefühle machte mich neugierig, und so war ich entschlossen, mich mit ihr in Verbindung zu setzen und herauszufinden, warum sie sich so verhalten hatte. Ich traf sie also kurz vor meinem Vortrag am 27. November 2012 in Mainz, nachdem ich ihr zuvor schon eine E-Mail geschickt hatte, um ihr zum Erhalt des Preises zu gratulieren.

Sie erklärte mir, dass sie versucht habe, mit meinem Bruder Kontakt aufzunehmen, doch dieser habe sie abgewiesen, was sie sehr verletzt habe. Sie sagte, ihr sei es zu diesem Zeitpunkt nicht gut gegangen, und sie hätte es gesundheitlich nicht verkraftet, wenn ich sie auch zurückgewiesen hätte. Ich sagte ihr, dass ich enttäuscht sei, dass sie, obwohl sie mein Buch gelesen und Inhalte daraus verwendet hatte, nicht erkannt hatte, dass ich ganz anders bin als mein Bruder. Darauf hatte sie keine Antwort, und ich schätze, sie hatte wohl Bedenken gehabt, ich könnte versuchen, die Veröffentlichung ihres Buches zu verhindern oder sie zu Änderungen zu bewegen. Ich erklärte ihr, dass mein Bruder zu der Zeit, als sie ihn anrief, gerade wegen der Krankheit seiner Frau eine sehr schwere Zeit durchgemacht hatte. Hätte ich von ihrem Versuch gewusst, ihn zu kontaktieren, hätte ich ihn umgestimmt, und ich hätte außerdem nie daran gedacht, ihr Buch zu sabotieren. Im Gegensatz zu mir, die den größten Teil ihres Lebens in England verbrachte, hatte Martin im Nachkriegsdeutschland gelebt und somit in ständiger Angst vor Antisemitismus – und zwar genau dem Antisemitismus, der meinem Vater bei seiner Rückkehr nach Deutschland nach acht Jahren als Flüchtling in Schanghai entgegengeschlagen war, was Krechel in ihrem Buch so treffend beschreibt. Ich dankte ihr dafür, dass sie meinem Vater 40 Jahre nach seinem Tod die Anerkennung und die Gerechtigkeit verschafft hatte, die er zu Lebzeiten nie erlangen konnte, und deutete an, dass auch Martin diese Anerkennung zustehe.

Die Literatur kann historische Ereignisse manchmal besser zu neuem Leben erwecken als offizielle Dokumente oder wissenschaftliche Abhandlungen und somit jenen Gerechtigkeit widerfahren lassen, denen diese versagt wurde und die zu Lebzeiten keine Anerkennung erhielten. Der Titel von Krechels Roman lautet „Landgericht", und ein Landgericht ist eine Institution, an die man sich wendet, wenn man Gerechtigkeit einfordert. Direkt nach dem Zweiten Weltkrieg übten die Landgerichte ihre Staatsgewalt nach den deutschen Gesetzen aus, die die Nazis nach ihrem Gutdünken erlassen und ausgelegt hatten, um im Volk ihre Vorstellungen durchzusetzen. Somit stellte sich die Staatsjustiz für meinen Vater als schreiende Ungerechtigkeit heraus, was Krechels Roman deutlich macht. Deshalb bin ich sehr froh darüber, dass sie diesen Roman geschrieben hat.

Nicht ganz so froh bin ich darüber, dass sie für ihr Kapitel über Martin und meine Erlebnisse beim Kindertransport mein Buch zugrunde gelegt hat. Zwar hat sich das meiste so zugetragen, wie sie es beschreibt, doch hat sie auch ein paar merkwürdige Änderungen vorgenommen. Beispielsweise hat sie meine Darstellung der einfachen Landwirtschaftsformen in Süddeutschland im Jahr 1949 ins Gegenteil verkehrt. So kritisiert meine Mutter in Krechels Buch unerklärlicherweise die Verhältnisse auf dem Bauernhof der Haltings als primitiv im Vergleich zu dem Anwesen in Deutschland, auf dem sie selbst während des Krieges untergebracht war. Ich frage mich auch, ob in dem Roman nicht auch Krechels verletzte Gefühle als Folge der abweisenden Haltung Martins durchscheinen, insbesondere, da sie bis nach der Veröffentlichung ihres Romans mein Buch ohne mein Wissen als Vorlage verwendete.

Durch Krechels Roman kamen einige Dinge über meine Familie ans Licht, die mir nicht bekannt waren, als ich die erste Fassung dieses Buches schrieb. Einige dieser Details riefen in mir starke Gefühle wach und werfen ein ganz neues Licht auf meine Vergangenheit und die komplizierte Geschichte meiner Familie. Anfangs waren meine Nichte und meine zwei

Neffen über die Dinge, die Krechel über ihren Vater Martin geschrieben hatte, ziemlich erbost. Der Herausgeber meines Buches und einige andere Leute rieten mir gar, Krechel und ihren Verlag zu verklagen, doch da ihr Werk ein Roman ist, hätte es dafür keine rechtliche Grundlage gegeben. Allerdings hatte ich überhaupt nie vor, Krechel in irgendeiner Form anzugreifen, denn mir war klar, dass der Wert ihres Buches viel größer ist als das Unbehagen, das sie uns womöglich damit bereitet hatte. Der Roman stellt Probleme im Deutschland der Nachkriegszeit in den Mittelpunkt, die lange Zeit vernachlässigt und unter den Teppich gekehrt wurden. Einer meiner Neffen schrieb einen Zeitungsartikel darüber, und nach einer gewissen Zeit nahmen auch alle drei Kinder meines Bruders Kontakt zu Krechel auf.

Nur ungefähr fünf Prozent der jüdischen Flüchtlinge, die aus Deutschland und Österreich entkamen, kehrten je dorthin zurück, und willkommen waren sie nicht. Krechel beschreibt treffend, wie sich mein Vater gefühlt haben muss, als er nach acht Jahren aus dem Exil in Schanghai zurückkehrte. Sie beginnt ihren Roman „Landgericht" mit zwei kurzen Sätzen: „Er war angekommen. Angekommen, aber wo." Dahinter steht nicht einmal ein Fragezeichen. Das vollkommen zerstörte Deutschland, in dem sich mein Vater bei seiner Rückkehr wiederfand, bot keinen Raum für Fragen, und es barg auch nicht die Möglichkeit, einfach dort weiterzumachen, wo er aufgehört hatte. Ja, es erlaubte ihm noch nicht einmal, die Überreste seines früheren Lebens wiederzufinden. Krechel lässt ihn zwar direkt nach Lindau reisen, wo meine Mutter während des Krieges untergekommen war, doch tatsächlich begab er sich zuerst nach Berlin. Dort waren die Verwüstungen jedoch so massiv, und er fühlte sich so unwillkommen, dass er nicht blieb. Das kriegszerrüttete Deutschland bot nicht die richtigen Umstände, um sein Familienleben neu aufzubauen. Es mangelte beinahe an allem, und viel zu viele Vertriebene hausten in schrecklichen Flüchtlingslagern und hatten alle Hilfe nötig, um die Scherben ihres zerstörten Lebens aufzulesen.

Die zwei Gründe, die mir mein Vater für seine Rückkehr nach Deutschland nannte, waren erstens, dass er nach Hause zurückkehren wollte, und zweitens, dass er helfen wollte, ein besseres Deutschland zu schaffen. Krechel beschreibt, wie er von Anfang an dazu verurteilt war, enttäuscht zu werden. Er sah sich einem gebrochenen, entmutigten Volk gegenüber, das nicht mit den Verbrechen der Nazis und dem von ihnen begangenen Unrecht konfrontiert werden wollte. Der Antisemitismus war nicht etwa bei Kriegsende „über Nacht verschwunden“, sondern er war „in den Untergrund gegangen“. Die Nazipropaganda hatte viele Menschen davon überzeugt, dass die Juden für Deutschlands „Unglück“ und somit für all den Schaden und all die Demütigungen verantwortlich waren. Was sie also sicher nicht wollten, war, dass Juden nach Deutschland zurückkehrten. Rache war im Dritten Reich ein Grundprinzip gewesen, und sie war meist völlig unverhältnismäßig ausgeübt worden. Die Deutschen gingen also davon aus, dass die Juden sich für die in den Konzentrationslagern Getöteten rächen würden. Somit ist es nicht erstaunlich, dass die Einstellung gegenüber den Heimkehrern sehr negativ war, denn die Menschen fürchteten diese Rache.

Wie Krechel in ihrem Buch schildert, tat sich mein Vater schwer, eine Stelle zu finden. Seine erste Anstellung war in einem Entnazifizierungsgericht in Lindau. Mein Vater kämpfte lange dafür, wieder in sein altes Amt als Richter an einem Zivilgericht eingesetzt zu werden. Seine Akte, die von den Nazis angelegt worden war, enthielt Dokumente, in denen es hieß, er sei 1933 „beurlaubt“ worden – was ihr beschönigender Ausdruck für seine „Entlassung“ war. Als Grund für seine Ausreise aus Deutschland war „Auswanderung“ angegeben – eine verharmlosende Bezeichnung für „Vertreibung“. Ehemalige NSDAP-Mitglieder, die nun hohe Justizämter innehatten, nutzten diese Dokumente, um ein falsches Bild von meinem Vater zu zeichnen und es so aussehen zu lassen, als sei er unzuverlässig und nehme seinen Beruf nicht ernst. Folglich untergruben sie seine Autorität und versuchten, ihn zu demütigen.

Die vorherrschende Stimmung in Deutschland war von Wut und Resignation geprägt und von Fassungslosigkeit darüber, dass der „Führer“ tot, das Land verwüstet und von den Siegern besetzt war. Zwölf Jahre Nazipropaganda ließen sich nicht so einfach von einem Tag auf den anderen auslöschen. Viele Deutsche konnten es wahrscheinlich nicht glauben, dass ein Völkermord an den Juden, Sinti und Roma verübt, Behinderte systematisch ermordet und so viele andere Gräueltaten begangen worden waren. Man hatte sie dazu gebracht, zu glauben, dass alles Böse von Juden ausging. Man dachte sogar, die heimkehrenden Exilanten hätten eine schöne Zeit – eine Art Urlaub – im Ausland verbracht und seien so dem Leid entgangen, ausgebombt zu werden und Todesängste vor den Angriffen der Alliierten ausstehen zu müssen.

Krechel erweckt die Erlebnisse meines Vaters bei seiner Heimkehr aus dem Zwangsexil in einer Art Familiendrama zum Leben und beschreibt, wie schwer, ja unmöglich es war, seine Familie wieder zu vereinen und so weiterzumachen wie vor der Zeit, als wir getrennt worden waren und in drei verschiedene Richtungen fliehen mussten. Sie zeigt die verheerenden Auswirkungen, die diese Erlebnisse auf seine körperliche und seelische Gesundheit und auf unsere gesamte Familie hatten. Zu all dem steuert Krechel ihre eigene Einschätzung der Situation bei, die bisweilen schmerzlich genau zutrifft. Ihr Buch ist ein Zeugnis des Leids, das nach dem Krieg manchen Juden, die mutig genug waren zurückzukehren, von genau denen zugefügt wurde, die sie zuvor vertrieben hatten. Hierüber ist bisher kaum gesprochen worden, obwohl es ans Tageslicht gebracht werden muss. Die Enthüllung dieser Ereignisse in der Literatur verschafft den Menschen, denen doppelt Unrecht getan wurde, ein wenig Gerechtigkeit – literarische Gerechtigkeit –, die ihnen in ihrem Leben versagt blieb. Da Martin sich entschied, sich mit seiner deutschen Frau in Mainz niederzulassen, widerfuhr auch ihm grobes Unrecht, und er lebte mit der Angst, als jüdischer Heimkehrer enttarnt und infolge antisemitischer Ressentiments der Möglichkeit beraubt zu werden, seinen Lebensunterhalt zu verdienen.

Durch Krechels Buch erfuhr ich, wo sich in Berlin das Gericht befand, an dem mein Vater Richter gewesen war, bis er entlassen wurde, als die Nazis an die Macht kamen. Ich nahm mit diesem Gericht Verbindung auf und wurde von dessen Präsidenten Bernd Pickel herzlich eingeladen, mich mit ihm und ein paar seiner Kollegen zu treffen. Zu meiner großen Freude bot er mir eine Führung durch das Gerichtsgebäude, dessen einzigartig schönes Foyer mit seinen Kaskadentreppen beeindruckt. Das Gebäude war nach den im Krieg angerichteten Schäden wieder zu altem Glanz restauriert worden. Zu DDR-Zeiten wurde das Haus und die Straße, in der es steht, Hans Litten gewidmet, dem Anwalt, der den Mut hatte, Hitler als Zeuge im Fall gegen seine „Braunhemden" vorzuladen, die ein Arbeiterlokal verwüstet hatten. Als Hitler an die Macht kam, wurde Litten so massiv gefoltert, dass er sich schließlich das Leben nahm. Zwei Richter haben es sich nun zur Aufgabe gemacht, Forschungen zur Karriere meines Vaters – zur wahren, nicht der fiktiven Geschichte in Krechels Roman – als Teil der Geschichte ihres Gerichts anzustellen. Als ich mich im Mai 2014 mit dem Präsidenten und diesen beiden Richtern traf, war ich sehr beeindruckt von ihren Ansichten und von ihrem Vorhaben, dafür zu sorgen, dass die deutsche Justiz künftig mit mehr Fingerspitzengefühl zu Werke geht, insbesondere was den Umgang mit Zeugen angeht. Videoausschnitte des Ausschwitzprozesses, der in den 1960er-Jahren in Frankfurt am Main stattfand, und Interviews mit daran beteiligten Zeugen und Anwälten sind vielerorts in Deutschland zu sehen. Sie zeigen, wie Zeugen durch die unter deutschem Recht zugelassene, höchst aggressive Befragung aufs Neue traumatisiert und gedemütigt wurden.

Bezüglich der Nachwehen des Zweiten Weltkriegs und des Holocaust ist noch viel zu forschen, aufzudecken und der Öffentlichkeit zugänglich zu machen. Immer noch werden Orte entdeckt, an denen Gräueltaten verübt wurden, und da immer mehr Archive für Forscher zugänglich gemacht werden, können diese Orte erkundet werden. Die Geschichte des bewussten Versuchs, die Sinti und Roma Europas auszulöschen, wird gerade erst Stück für Stück zu einem Gesamtbild zusammengefügt. Zumeist werden die Sinti und Roma, von denen bis zu eine halbe Million in denselben Ghettos und Lagern wie die Juden umkamen, beim Gedenken an die Holocaustopfer oder im Unterricht über den Holocaust, wenn überhaupt, nur am Rande erwähnt. Bis 1982 wurde ihnen von der deutschen Regierung der Nachkriegszeit der Status als „Opfer des Nationalsozialismus“ verwehrt. Erst als sie mit einem Hungerstreik im KZ Dachau Druck auf die Regierung ausübten, änderte sich dies.

Die Verfolgung der Sinti und Roma im Holocaust sowie die Verfolgung und den Hass gegen Roma und andere Wandervölker heutzutage unbeachtet zu lassen, ist ein doppeltes Unrecht, das ans Tageslicht gebracht werden muss. Aus diesem Grund habe ich ein weiteres Buch geschrieben, „Jews & Gypsies, Myths & Realities“, das sich speziell an Schulen richtet und die Leser dazu anregen soll, über Klischees und Vorurteile hinauszudenken.

Da der Zeitabstand zu diesen Ereignissen wächst und seit Kriegsende inzwischen zwei oder drei Generationen geboren wurden, herrscht zunehmend die Tendenz, sowohl den Ersten als auch den Zweiten Weltkrieg als längst vergangen zu betrachten. Das ist sowohl vorschnell als auch gefährlich. Es ist vorschnell, denn wir haben immer noch nicht alles lückenlos aufgedeckt und, was noch wichtiger ist, selbst die grundlegendsten Lektionen aus dem Holocaust noch nicht gelernt. Wir sprechen immer noch von „Rassen" und vergessen dabei, dass es nur die eine menschliche Rasse gibt, zu der wir alle gehören. Wir stempeln kulturelle/ethnische Minderheiten als „minderwertige Rassen" ab und sind immer noch weit entfernt davon, alle Menschen als gleichwertig zu behandeln. Nach Greg Stantons Website „Genocide Watch", die sich mit den Warnzeichen für drohende Völkermorde auseinandersetzt, haben wir bereits mehr als die Hälfte des Wegs zum Völkermord gegen Roma und andere Wandervölker zurückgelegt. Sie sind die größte kulturelle/ethnische Minderheit Europas, und dennoch gibt es kein einziges Land in Europa, in dem sie als gleichwertig behandelt werden oder sich willkommen und sicher fühlen können. Inzwischen flüchten sie sich gar von Europa nach Kanada und in andere Länder, wo sie ebenso wenig willkommen sind.

2014 hat mich eine Bachelorstudentin eines Filmstudiengangs für ihren Film über den Kindertransport interviewt, und ihre letzte Frage an mich war: „Nun, da der Holocaust vorbei und Geschichte ist, was sind heute ihre Hauptsorgen?" Ich war entsetzt und antwortete ihr, dass seit dem Holocaust zwar über 70 Jahre vergangen sein mögen, er aber deswegen keineswegs vorbei sei. Vielmehr hat er immer noch große Auswirkungen auf unsere Gegenwart. Schließlich sind noch viele Details aufzudecken, und die psychologischen Auswirkungen des Holocaust richten auch in der zweiten und dritten Generation sowohl der Opfer als auch der Täter immer noch Schaden an. Ein Schlussstrich kann so lange nicht gezogen werden, bis der Gerechtigkeit Genüge getan wird, indem all diese Einzelheiten aufgedeckt und gewürdigt werden.

Durch Ursula Krechels Roman „Landgericht" erfuhr ich, dass meine Mutter bereits Anfang 1946 einen Suchantrag an das Rote Kreuz gestellt hat, um ihre Kinder zu finden. Meine Pflegeeltern wollten mich aber adoptieren und hatten mich daher in dem Glauben bestärkt, dass meine

Eltern mich nicht haben wollten, da sie sich vier Jahre nach dem Krieg immer noch nicht gemeldet hatten. Es war mir nie in den Sinn gekommen, dass der Antrag meiner Mutter, die eine „arische“ Deutsche war, offenbar ganz unten auf der Liste stand, denn bei der Suche nach ihren Familien wurde jüdischen Überlebenden zuerst geholfen. Auch mein Vater konnte nur mit Verzögerung nach Deutschland zurückkehren, denn die wenigen Transportmittel, die unbeschädigt geblieben waren, wurden dazu genutzt, die Truppen nach Hause zu bringen. Zivilisten, insbesondere Flüchtlinge, mussten warten.

Mein Vater sprach nie über die schreckliche Luftfeuchtigkeit und den Gestank verfaulender Leichen in Schanghai. Hungernde chinesische Flüchtlinge flohen vor der japanischen Invasion nach Schanghai und starben dort schneller, als sie begraben werden konnten. Auch die deutsche Kolonie von Nazisympathisanten in Schanghai erwähnte er nie, die forderten, dass die Japaner alle jüdischen Flüchtlinge auf ein Boot treiben sollten, um es im Fluss Huangpu zu versenken. Ebenso wenig sprach er von der 1943 unter japanischem Kommando erfolgten Umsiedlung aller jüdischen Flüchtlinge in ein Ghetto in dem am schlimmsten überfüllten Slum von Schanghai. Ich hörte kein Wort über die Bombardierung Schanghais durch die Alliierten oder über die Angst, lebendig begraben zu werden oder infolge der mangelnden Hygiene und der Knappheit an Nahrung und sauberem Wasser im Ghetto an Krankheiten zu sterben oder zu verhungern. All diese Dinge erfuhr ich mit großem Entsetzen erst lange nach dem Tod meines Vaters im Jahr 1973 aus Zeugenberichten, als ich 2009 mit meiner Tochter nach Schanghai reiste, und insbesondere aus Ursula Krechels Roman „Shanghai fern von wo“, der 2008 veröffentlicht wurde.

Ich wusste, dass es im Jahr 1933 eine der ersten Taten der Nazis gewesen war, alle Fachleute, die Juden waren (nach der Definition der Nazis, nicht ihrer eigenen) aus ihren Stellen zu entlassen. Ich wusste auch, dass Amerika Deutschland nach dem Krieg als Puffer gegen den russischen Kommunismus schnell „wieder auf die Beine bringen“ wollte. Aus Krechels Buch erfuhr ich, dass diejenigen Juden, die in ihre alten Berufe als Mediziner, Juristen und Lehrer zurückkehren wollten, mit Kollegen zusammenarbeiten mussten, die Schandtaten aus Kriegszeiten zu verbergen hatten. Die Nachkriegsinfrastruktur Deutschlands hätte nicht funktionieren können bzw. wäre unzureichend gewesen, um Russland die Stirn zu bieten, wenn alle NSDAP-Mitglieder aus qualifizierten Berufen entlassen beziehungsweise einer gründlichen Entnazifizierung unterzogen worden wären. Es dauerte schließlich nicht lange, bis der Kalte Krieg Europa überzog.

Krechels Buch „Landgericht" hat mir die Augen geöffnet, und ich hoffe, dass es all ihren Lesern genauso geht. Einige Teile des Buches sind verstörend, denn den nackten Tatsachen des Dritten Reichs und seinen Auswirkungen auf Einzelpersonen und die Gesellschaft Europas ins Gesicht zu sehen ist schmerzhaft. Doch genau dies müssen wir tun. Wir lassen immer noch zu, dass Minderheiten erniedrigt, entmutigt und ungleich behandelt werden. Menschen leiden unter ähnlichen Klischees und Vorurteilen wie die Juden und „Zigeuner" unter der rassistischen Verfolgung durch die Nazis. Vielen Menschen in allen Ländern der Welt werden heutzutage Gerechtigkeit und die Würdigung ihres Leids verwehrt, weil die Mehrheit gleichgültig wegsieht. Ich hoffe, mein Buch regt die Leser dazu an, nicht nur über das Scheitern der Entnazifizierung nachzudenken, sondern auch darüber, wie wir heute daran scheitern, gegen Ungerechtigkeit zu kämpfen.

Viele Menschen, die Ähnliches durchlebt haben wie ich, können sich mit meiner Geschichte identifizieren, denn während die Details einzigartig für mein Leben sein mögen, so ist ihr Verlauf doch allgemeingültig. Leser der ersten englischen Ausgabe haben mir berichtet, dass das Buch sie tief bewegt habe, da es Erinnerungen an Aspekte ihres eigenen Lebens und des Lebens der Menschen in ihrem Bekanntenkreis und Arbeitsumfeld wachgerufen habe. Diejenigen, die mein Buch (in englischer Fassung) bei meinen Vorträgen in Deutschland gekauft haben, berichten mir, dass sie ebenso berührt seien. Meine persönliche Geschichte ist die Geschichte des Verlusts meiner deutschen Wurzeln und der Entwicklungsprozesse, die ich durchmachte, bis ich dazu bereit war, diese Wurzeln wiederzufinden. Es war ein langer und beschwerlicher Weg, meine Ablehnung alles Deutschen (einschließlich meiner Eltern) aufzuarbeiten und die Trennung zu überstehen. Doch die Aufarbeitung ließ mich mein Trauma bewältigen und geistig so reifen, dass ich es schaffte, mich mit

Stolz auf meine Wurzeln zurückzubesinnen und mich mit meinen Eltern zu versöhnen. Außerdem konnte ich danach über meine Erfahrungen schreiben und vor Schulklassen und anderen Zuhörern sowohl in Deutschland als auch in England darüber sprechen. Durch die Aufarbeitung habe ich meinen Seelenfrieden gefunden und bedaure gleichzeitig, dass dies leider weder meinen Eltern noch meinem Bruder und seiner Frau zu Lebzeiten vergönnt war.

Daher möchte ich die Gelegenheit, die mir diese Auflage meines Buchs gibt, auch dazu nutzen, meinem Bruder die literarische Gerechtigkeit widerfahren zu lassen, die ihm Krechel in „Landgericht“ nicht zugesteht, da er ihr nicht die Gelegenheit gab, sich mit ihm zu treffen, und auch selbst kein Buch über seine eigenen Erfahrungen geschrieben hat. Vielleicht wäre dies für ihn heilsam gewesen, denn auch Martin litt wie unser Vater unter den Bedingungen, die in Deutschland in den zwei oder drei Jahrzehnten nach dem Zweiten Weltkrieg herrschten. Seine Rückkehr nach Deutschland war alles andere als einfach. Er heiratete eine deutsche Frau, ließ sich in Deutschland nieder und tat sein Bestes, dass „es funktionierte“. Nach außen hin war er trotz vieler Rückschläge erfolgreich, doch ich denke, dass dies auf Kosten seiner Psyche ging, denn er litt unter ähnlicher Zurückweisung wie unser Vater. Privat betrieb er Forschung zu vielen Themen, die den Grad eines Doktortitels weit überschritten, der ihm von den Universitäten verweigert wurde, die sein Diplom aus Cambridge nicht anerkannten und stattdessen ein deutsches Diplom forderten.

Abgesehen vom Wohl seiner Familie war sein größter Wunsch, dass seine Theorie über das Universum neben anderen Entwicklungen der Kosmologie anerkannt würde. Sein Buch über die Akinesetheorie des Universums konnte er zwar nie vollenden, doch vielleicht erhält er noch nach dem Tod Anerkennung. Wenn seine Theorie stichhaltig ist, wird früher oder später ein kosmologischer Wissenschaftler darauf zurückkommen. Martin versicherte mir, dass er die Theorie im Internet „patentiert“ habe, und seinem Sohn Markus sind auf jeden Fall die Details bekannt. Ich kann Martins Geschichte nur so erzählen, wie ich sie erlebt habe und jetzt im Nachhinein sehe. Doch wenigstens kann ich ihm ein wenig Anerkennung seines Leidens und seiner akademischen Leistungen verschaffen und damit literarische Gerechtigkeit.

Hinweise für Lehrer

Ich hoffe, dass sich das vorliegende Buch als nützliche Quelle für Schüler, Lehrer und Eltern erweist. Es wäre schön, wenn es andere dazu anregen würde, ein Zeichen gegen Ungerechtigkeit zu setzen, und ihnen Anleitungen geben könnte, wie man Menschen bei der Bewältigung eines Verlusts oder Traumas unterstützen kann. Jedes Jahr reise ich quer durch England und spreche vor und mit Schülergruppen und anderen Organisationen über den Holocaust. Auch wenn ich kurz vor der Veröffentlichung dieser deutschen Fassung meinen 80. Geburtstag gefeiert habe, hoffe ich, dass ich das noch ein paar Jahre lang machen kann. Doch für die Förderung des nötigen Dialogs in Schulen muss noch viel mehr unternommen werden.

Der Grundstein muss bereits in den prägenden Kinderjahren gelegt werden. Manche Jugendliche haben im Laufe ihrer Entwicklung bereits schwierige Zeiten durchlebt. Sie müssen in die Lage versetzt werden zu verstehen, was ihnen zugestoßen ist, und auch lernen, sich so zu akzeptieren, wie sie sind. Ihre Lehrer und Eltern müssen sich an die Probleme erinnern, die sie selbst als Kinder und Jugendliche hatten, damit sie ihren Schützlingen besser helfen können, das eigene Gefühlschaos zu verstehen. Es ist nicht einfach, das eigene Potenzial dazu, ein „Mörder" zu sein, zu erkennen und dazu zu stehen. Und doch ist das ein Teil unseres Daseins, und wenn wir es ignorieren, werden wir auch unser Potenzial, hilfsbereit und mitfühlend zu sein, vielleicht nie vollständig entwickeln.

Dieser Prozess des Austausches und Verstehens kann mit einem Stuhlkreis für Vorschulgruppen beginnen und dann bei Schulkindern fortgeführt werden. Reflexion, gesunde Neugier, Empathie und Mitgefühl sind wertvolle Eigenschaften, die nicht im Rahmen von Tests oder Prüfungen erlernt werden können, sondern nur durch Dialog entstehen.

Infolge der Nürnberger Gesetze von 1935 wurde mir die deutsche Staatsbürgerschaft aberkannt, und bis ich 18 Jahre alt war, hatte ich keine Staatsangehörigkeit. Erst dann konnte ich die britische Staatsbürgerschaft beantragen. Und obwohl ich nie eine richtige Engländerin sein werde, weil ich nicht in England geboren wurde, bin ich sehr stolz, britische Staatsbürgerin zu sein. Der Wert und die Bedeutung der Staatsangehörigkeit eines Menschen sind zentrale Themen und bieten eine sinnvolle Diskussionsgrundlage. Dabei kann man das Konzept der Staatsangehörigkeit vielleicht am besten verstehen, wenn man sich damit beschäftigt, wie es Menschen geht, die keine besitzen.

Der Holocaust wurde von der gesamten Menschheit als Verbrechen anerkannt. Er wurde betrauert und durch Gedenkstätten in unserem Bewusstsein verankert. Das bedeutet, dass die Überlebenden in gewisser Hinsicht mit der Vergangenheit abschließen können, da die Opfer, die sie in ihren Familien zu beklagen haben, einen Platz im kollektiven Gedächtnis innehaben und ihre Geschichte an die kommenden Generationen weitergegeben wird. Die Schüler könnten sich damit befassen, welchen Stellenwert die Erinnerung an solche Geschehnisse hat, und überlegen, was sie als Akt des Gedenkens unternehmen könnten.

Seit 1945 gab es bisher weltweit mehr als 50 weitere Fälle von Völkermord. Diese umfassten die systematische Tötung von Menschen verschiedener Völker, Ethnien und Religionsgruppen auf der ganzen Welt. Während also der Holocaust langsam von der aktuelleren Geschichte immer weiter zugedeckt wird und die Überlebenden nicht mehr lange Zeugnis ablegen können, gibt es leider eine Vielzahl anderer systematischer Gräueltaten aufzudecken. Die Schüler können lernen, wie es geschieht, dass Unwissenheit, Vorurteile, Rassismus und beiläufige Gewalt in Massen- und Völkermord enden können.

Es gibt viele Menschen aus Ruanda oder Kambodscha, vom Chagos-Archipel, aus Darfur und vielen anderen Regionen der Erde, die als Zeitzeugen von Schulen oder anderen Einrichtungen eingeladen werden könnten, um dort ihre Geschichten zu erzählen. Dafür müsste ihnen aber zuerst deutlich gemacht werden, dass sie willkommen sind und ihre Geschichten Gehör finden werden, und das ist nicht leicht bei Menschen, die auf heimtückische Weise verfolgt und misshandelt wurden. Wenn die Schüler solche Geschichten einmal gehört haben, fühlen sie sich oft dazu bewogen, nicht länger einfach wegzusehen, wenn irgendwo Unrecht geschieht, sondern aktiv dagegen Stellung zu beziehen.

Ich hoffe ebenfalls, dass die Schüler genug Selbstvertrauen entwickeln können und sich dazu inspiriert fühlen, ihre eigenen Familiengeschichten zu erzählen. Jedes Leben ist eine Geschichte, die gerade im Entstehen begriffen ist, und seine eigene zu beschreiben und Menschen anzusprechen, die zuhören wollen, ist eine Möglichkeit, Verständnis für die eigene Identität zu entwickeln und den Sinn des Lebens zu erkennen. Wenn ein Kind oder Jugendlicher niemanden hat, der ihm den Sinn des Erlebten klarmacht, dann kann sich das negativ auf seine weitere Entwicklung auswirken. Mein Bruder vermittelte mir, weswegen unsere Eltern nicht bei uns waren und weshalb unser Leben auf den Kopf gestellt war, indem er auf meine Fragen einging und versuchte, mir Antworten zu geben. Dadurch konnte ich meine Verzweiflung überwinden und an meiner Identität festhalten.

Ich persönlich fand auch bei Tieren Zuflucht, denn sie waren Gefährten, denen ich vertrauen konnte. Sie hatten eine beruhigende Wirkung auf mich und halfen mir dabei, mich nicht ausschließlich auf die Vergangenheit und negative Geschehnisse zu fixieren. Einfach nur im Stall zu sein, reichte schon, dass sich meine Stimmung wandelte und ich mich nicht mehr so allein fühlte. Mein Selbstvertrauen nahm spürbar zu, wenn ich die Tiere über den Bauernhof führte, sie fütterte und hütete. Es ist allgemein bekannt, dass Tiere eine therapeutische Wirkung auf den Menschen haben. Also hoffe ich, dass diese Geschichten Kinder dazu anregen, Zeit mit Tieren zu verbringen. Eltern und Lehrer können ebenfalls etwas dazu beitragen und Kindern interaktive und praktische Erfahrungen mit Tieren ermöglichen; sie können über die Art und Weise sprechen, wie wir mit Tieren umgehen und auf sie reagieren, und sogar darüber nachdenken, wie sie in der Schulumgebung eingeführt werden könnten. Kinder profitieren sehr davon, mit Tieren aufzuwachsen und ihre Verhaltensweisen zu studieren, und solch eine Erfahrung kann Verständnis und Respekt für alles Leben auf dieser Erde fördern.

Durch meine harte Arbeit im Haushalt und auf dem Bauernhof habe ich während meiner Jugendzeit einen wertvollen Beitrag zum Familienbetrieb geleistet. Teenager, die in Städten leben, wollen und müssen das in unserer Zeit oft nicht mehr tun. Meine abschließende Frage lautet also, wie junge Menschen heutzutage an der Gesellschaft teilhaben können, wo sie doch so von Computerspielen, elektronischen Geräten und dem Fernsehen abgelenkt sind?

Wichtige Daten

1933 Adolf Hitler wird Reichskanzler. Die Juden dürfen keine freien Berufe mehr ergreifen.

1935 23. Januar: Ruth Emma Clara Louise Michaelis wird in Berlin-Charlottenburg geboren.
15. September: Mit den Nürnberger Gesetzen wird den Juden die Staatsbürgerschaft aberkannt.

1938 9. und 10. November: Reichskristallnacht: ca. 200 Synagogen werden zerstört, 7500 jüdische Geschäfte geplündert, mindestens 91 jüdische Männer ermordet und 30 000 in Konzentrationslager geschickt. Einige Tage später werden alle jüdischen Schüler von deutschen Schulen verwiesen.

1939 22. Februar: Martin und Ruth kommen in England an und ziehen zu den Steads, ihren ersten Pflegeeltern.
Ruths Vater ist einer von 20 000 Juden, die nach Schanghai fliehen, wofür kein Einreisevisum benötigt wird.
1. September: Deutschland marschiert in Polen ein. Großbritannien erklärt Deutschland den Krieg. Der Zweite Weltkrieg beginnt.

1941 Ruth und Martin besuchen die *Friends' School*, ein von Quäkern geführtes Internat.

1943 Ruths Mutter taucht in Deutschland unter, weil sie am Rosenstraßen-Protest teilnimmt. Sie ist eine von 6000 nicht-jüdischen Frauen, die mit einem Juden verheiratet sind und die Freilassung der jüdischen Ehemänner aus Gefängnissen oder Konzentrationslagern fordern.
Ruth und Martin sind ab Juli in einem Hostel in Richmond untergebracht, bevor sie ab Oktober bei den Goodrickes leben, ihren zweiten Pflegeeltern.

1945 Der Krieg endet. Im Mai kapitulieren die Deutschen, im September die Japaner.
Ein weiterer Umzug für Ruth und Martin, dieses Mal zu den Haltings, ihren dritten Pflegeeltern.

1947 Ruths Vater kehrt von Schanghai nach Deutschland zurück.

1949 Ruths Vater erwirkt einen Gerichtsbeschluss, um ihre Rückführung nach Deutschland zu erzwingen.

1950 Ihre Eltern erlauben Ruth, wieder zu den Haltings auf den Bauernhof zu ziehen, bestehen aber darauf, dass sie künftig die Ferien bei ihnen in Deutschland verbringt.

1953 Am 23. Januar, ihrem 18. Geburtstag, wird Ruth britische Staatsbürgerin. Im Oktober nimmt Ruth ihr Studium an der Universität in Reading, England, auf.

1956 Ruth schließt ihr Studium in Reading erfolgreich ab und besucht dann die Universität in Mainz.

1957 Sie kehrt nach England zurück und beginn in einer Keksfabrik zu arbeiten.

1958 Sie konvertiert zum Judentum und heiratet Bernard.

1959 Sie nimmt ihre Lehrtätigkeit auf.

1960–63 Geburt der drei Kinder des Bruders: Miriam, Markus, Martin.

1961–65 Mutterschaft. Bruce, Barry und Tania werden geboren.

1969 Ruth kehrt in den Lehrerberuf zurück.

1986 Sie gibt die Lehrtätigkeit auf, um eine Psychotherapie-Praxis zu eröffnen.

1989 Sie besucht die 50-Jahrfeier des Kindertransports.

1991 Holocaust-Unterricht wird Teil des für ganz Großbritannien gültigen Lehrplans.

1995 Ruth hält erste Vorträge an Schulen als Zeitzeugin zu den Auswirkungen des Holocaust.

2008 Ruth und Bernard feiern Goldene Hochzeit.

2009 Ruth schließt ihre Psychotherapie-Praxis und zieht sich (fast vollständig) aus der klinischen Arbeit zurück, erhöht aber die Anzahl der Schulbesuche. Im Oktober reist sie zum ersten Mal nach China und besucht die Wohnung ihres Vaters in Schanghai, in der er während des Krieges lebte.
26. Dezember: Schwägerin Maria stirbt

2010 15. Januar: Martin stirbt
März: Veröffentlichung der englischen Auflage von „Staatenlos".

2012 „Landgericht" von Ursula Krechel gewinnt den Deutschen Buchpreis in Frankfurt.

2013 September: Veröffentlichung von „Jews & Gypsies, Myths & Realities".

2014 Der Präsident des Berliner Landgerichts in der Littenstraße und zwei Richter beschließen, Forschungen zur Karriere von Robert Michaelis anzustellen.